COMO O
PRAZER
FUNCIONA

COMO O PRAZER FUNCIONA

PAUL BLOOM

Por que gostamos do que gostamos

Tradução de
Bruno Moreira Casotti

1ª edição

Rio de Janeiro | 2021

CIP-BRASIL. CATALOGAÇÃO NA PUBLICAÇÃO
SINDICATO NACIONAL DOS EDITORES DE LIVROS, RJ

B616c   Bloom, Paul, 1963-
         Como o prazer funciona: por que gostamos do que gostamos /
         Paul Bloom; tradução Bruno Moreira Casotti. – 1ª ed. – Rio de
         Janeiro: BestSeller, 2021.

         Tradução de: How pleasure works : the new science of why we
         like what we like
            Inclui bibliografia e índice
            ISBN 978-65-5712-084-2

            1. Prazer. 2. Conduta. 3. Estilo de vida. I. Casotti, Bruno Moreira.
         II. Título.

                                          CDD: 152.42
         21-68913   CDU: 159.942:17.023.34

         Camila Donis Hartmann – Bibliotecária – CRB-7/6472

         Texto revisado segundo o novo Acordo Ortográfico da Língua Portuguesa.

Título original inglês:
How pleasure works

Copyright © 2010 by Paul Bloom.
Copyright da tradução © 2021 by Editora Best Seller Ltda.

Todos os direitos reservados.
Proibida a reprodução, no todo ou em parte, sem autorização prévia
por escrito da editora, sejam quais forem os meios empregados.

Direitos exclusivos de publicação em língua portuguesa para o Brasil
adquiridos pela Editora Best Seller Ltda.
Rua Argentina 171 - 20921-380 – Rio de Janeiro, RJ – Tel.: 2585-2000,
que se reserva a propriedade literária desta tradução.

Impresso no Brasil

ISBN 978-65-5712-084-2

Seja um leitor preferencial Record.
Cadastre-se e receba informações sobre
nossos lançamentos e nossas promoções.

Atendimento ao leitor e vendas diretas:
sac@record.com.br.

Para meu pai, Bernie Bloom

Sumário

Prefácio	9
1. A essência do prazer	15
2. Gourmets	41
3. Enganos na cama	73
4. Insubstituível	111
5. Desempenho	139
6. Imaginação	181
7. Segurança e dor	207
8. Por que o prazer importa	235
Notas	257
Referências	273
Índice	299

Prefácio

Há um aspecto animal no prazer humano. Quando volto de uma corrida com minha cadela, desabo no sofá e ela, em sua cama. Bebo um copo de água gelada, ela lambe em sua tigela e ficamos muito mais felizes. Este livro é sobre os prazeres mais misteriosos. Algumas adolescentes gostam de se cortar com lâmina de barbear; alguns homens pagam um bom dinheiro para serem espancados por prostitutas. O norte-americano médio passa mais de quatro horas por dia vendo televisão. Pensar em sexo com uma virgem é intensamente excitante para muitos homens. Arte abstrata pode ser vendida por milhões de dólares. Crianças pequenas gostam de brincar com amigos imaginários e podem ser confortadas por objetos transicionais. Pessoas reduzem a velocidade de seus carros para olhar acidentes sangrentos e vão ao cinema para ver filmes que as fazem chorar.

Alguns dos prazeres que discutirei são exclusivamente humanos, como arte, música, ficção, masoquismo e religião. Outros, como comida e sexo, não são, mas argumentarei que o prazer sentido pelos seres humanos com essas atividades é substancialmente diferente daquele de outras criaturas.

O principal argumento aqui é de que o prazer é profundo. O que mais importa não é o mundo apreendido pelos nossos sentidos. Em vez disso, o prazer que temos com algo deriva

10 | PAUL BLOOM

do que pensamos que esse algo é. Isso vale para prazeres intelectuais, como a apreciação de pinturas e histórias, e também para prazeres que parecem mais simples, como a satisfação da fome e do desejo sexual. Em uma pintura, importa quem é o artista; numa história, importa se é verdade ou ficção; num bife, nos importamos com o tipo de animal do qual ele provém; no sexo, somos fortemente afetados por quem pensamos que nosso parceiro sexual realmente é. Essa teoria do prazer é uma extensão de uma das ideias mais interessantes das ciências cognitivas: a de que as pessoas supõem naturalmente que as coisas do mundo — incluindo as outras pessoas — têm essências invisíveis que as tornam o que são. Psicólogos experimentais argumentam que essa perspectiva essencialista é subjacente à nossa compreensão dos mundos físico e social, e psicólogos do desenvolvimento propõem que ela é instintiva e universal. Somos essencialistas por natureza.

No primeiro capítulo, apresento a teoria do essencialismo e argumento que ela pode ajudar a explicar os prazeres misteriosos do cotidiano. Os seis capítulos seguintes exploram domínios diferentes. Os capítulos 2 e 3 analisam a comida e o sexo. O capítulo 4 é sobre nosso apego a certos objetos corriqueiros. O capítulo 5 é sobre a arte e outras apresentações. Os capítulos 6 e 7 são sobre os prazeres da imaginação. Cada um desses capítulos pode ser lido de maneira independente. O capítulo final explora algumas implicações mais amplas e termina com algumas especulações sobre o apelo da ciência e da religião.

O plano ao longo deste livro é entender a natureza do prazer analisando a origem de seu desenvolvimento em indivíduos e sua origem evolutiva em nossa espécie. O estudo das origens é uma fonte de compreensão útil. Como

COMO O PRAZER FUNCIONA | 11

na famosa explicação do biólogo D'Arcy Thompson: "Tudo é como é porque ficou desse jeito." Mas a própria referência à evolução no contexto da psicologia tende a erguer tanto bandeiras vermelhas quanto digressões, portanto alguns esclarecimentos podem ajudar.

Em primeiro lugar, *evolutivo* não significa "adaptativo". Muitos aspectos significativos da psicologia humana são adaptações — existem por causa das vantagens reprodutivas que deram aos nossos ancestrais — e discutimos alguns deles ao longo deste livro. Mas outros aspectos da mente são subprodutos; para usar um termo introduzido pelos biólogos evolutivos Stephen Jay Gould e Richard Lewontin, são *tímpanos*.[1] Este é particularmente o caso do prazer. Muitas pessoas gostam de pornografia, por exemplo, mas não há qualquer vantagem reprodutiva associada a passar dias e noites vendo fotos e vídeos de pessoas atraentes nuas. A atração da pornografia é um acidente: um subproduto de um interesse por pessoas nuas que foi desenvolvido. De modo semelhante, a história da profundidade do prazer é, em sua maior parte, penso eu, a história de um acidente. Desenvolvemos o essencialismo para nos ajudar a dar sentido ao mundo, mas, agora que o temos, ele empurra nossos desejos em direções que nada têm a ver com sobrevivência e reprodução.

Evoluído também não significa "estúpido" ou "simples". Recentemente, falei sobre os prazeres da ficção em uma palestra no departamento de língua inglesa, e um dos participantes se disse surpreso com minha abordagem. Ele revelou que não foi tão ruim quanto pensou que seria. Esperava que eu apresentasse uma história biológica ingênua e reducionista e ficou satisfeito por eu falar sobre o intenso interesse das pessoas pelos estados mentais do autor

12 | PAUL BLOOM

e sobre as ricas e complexas intuições subjacentes à nossa apreciação de histórias.

Foi bom fazer um professor de inglês feliz, mas também foi constrangedor. Eu pensei que *estava* apresentando uma história biológica ingênua e reducionista. Seu comentário me fez perceber que estou defendendo duas alegações que geralmente não andam juntas: primeiro, que o prazer diário é profundo e transcendente, e, segundo, que esse prazer diário reflete nossa natureza humana evoluída. Essas duas coisas parecem contraditórias. Se o prazer é profundo, você poderia raciocinar que tem que ser cultural e aprendido. Se o prazer evoluiu, então deve ser simples; devemos estar constituídos para responder a determinados estímulos de determinadas maneiras, de um modo perceptivo, de nível baixo e superficial — ou seja, estúpido.

Portanto, tenho consciência de que as alegações feitas neste livro — de que o prazer se baseia em intuições profundas, de que ele é inteligente *e* de que ele é evoluído, universal e em grande parte inato — são incomuns. Ainda assim, espero convencer você de que elas são verdadeiras. Também vou argumentar que elas realmente importam. Há sérias lacunas na moderna ciência da mente. O psicólogo Paul Rozin observa que, se você analisar um texto de psicologia, encontrará pouco ou nada sobre esportes, arte, música, teatro, literatura, brincadeiras e religião.[2] Essas coisas são fundamentais para o que nos torna humano, e não entenderemos nenhuma delas se não entendermos o prazer.

Todo mundo tem algo interessante a dizer sobre o prazer, e muitas ideias aqui presentes surgiram de discussões com a família, os amigos, estudantes, colegas e, de vez em quando, com um estranho no avião. Mas quero mencionar a

COMO O PRAZER FUNCIONA | 13

influência de sete estudiosos que pensaram profundamente sobre essas questões: Denis Dutton, Susan Gelman, Tamar Gendler, Bruce Hood, Geoffrey Miller, Steven Pinker e, especialmente, Paul Rozin. Eu discordo de cada um deles em certas considerações, mas grande parte deste livro é uma resposta às ideias deles, e estou feliz por ser capaz de reconhecer essa dívida intelectual.

Sou muito grato a minha agente, Katinka Matson. Bem no início do processo, ela me ajudou a perceber o que eu queria dizer neste livro e mais tarde me apoiou bastante quando precisei de ajuda ou quando estava tendo um ataque de ansiedade. Também agradeço a minha editora na Norton, Angela von der Lippe, por sua confiança neste projeto, por seus sábios conselhos e por seus comentários incríveis sobre uma versão anterior deste manuscrito. Sou grato a Carol Rose por seu copidesque preciso e hábil.

Não poderia haver comunidade de estudiosos melhor do que o departamento de psicologia de Yale, e agradeço a meus colegas, particularmente a meus alunos de pós-graduação e meus companheiros de pós-doutorado, por seu apoio e paciência enquanto eu escrevia este livro. Marcia Johnson chefiava o departamento durante esse período e merece um bocado de crédito por cultivar esse ambiente intelectual de apoio e estímulo.

Parte deste livro descreve experiências que conduzi com a colaboração de outros pesquisadores, incluindo Melissa Allen, Michelle Castaneda, Gil Diesendruck, Katherine Donnelly, Louisa Egan, Susan Gelman, Joshua Goodstein, Kiley Hamlin, Bruce Hood, Izzat Jarudi, Ute Leonards, Lori Markson, George Newman, Laurie Santos, David Sobel, Deena Skolnick Weisberg e Karen Wynn. Agradeço a todos eles.

14 | PAUL BLOOM

Também agradeço àqueles que foram gentis o bastante para fazer sugestões, responder a perguntas ou ler passagens específicas: Woo-kyoung Ahn, Mahzarin Banaji, Benny Beit-Hallahmi, Walter Bilderback, Kelly Brownell, Emma Buchtel, Susan Carey, Emma Cohen, Lisa DeBruine, Rachel Denison, Denis Dutton, Brian Earp, Ray Fair, Deborah Fried, Susan Gelman, Daniel Gilbert, Jonathan Gilmore, Peter Gray, Melanie Green, Lily Guillot, Colin Jager, Frank Keil, Marcel Kinsbourne, Katherine Kinzler, Daniel Levin, Daniel Letivin, Ryan McKay, Geoffrey Miller, Kristina Olson, Karthik Panchanathan, David Pizarro, Murray Reiser, Laurie Santos, Sally Satel, Michael Schultz, Mark Sheskin, Marjorie Taylor, Ellen Winner, Charles Wysocki e Lisa Zunshine. Agradeço aos participantes de meu seminário sobre a ciência cognitiva do prazer por um envolvente semestre de discussões e debates. Sou particularmente grato às bravas almas que fizeram comentários abrangentes sobre uma versão anterior deste livro: Bruce Hood, Gregory Murphy, Paul Rozin, Erica Stern, Angela von der Lippe e Deena Skolnick Weisberg. Estou certo de que lamentarei não aceitar todos os seus aconselhamentos.

Minha família — em Connecticut, Massachusetts, Ontário e Saskatchewan — tem sido uma contínua fonte de apoio. Meus filhos, Max e Zachary, são agora crescidos o bastante para oferecer interessantes dados para o desenvolvimento, mas o melhor é que eles se tornaram interlocutores inteligentes, perspicazes e divertidos, e eu me beneficiei de muitas discussões que tive com eles sobre as ideias deste livro. Minha maior dívida, como de hábito, é com minha colaboradora, parceira e esposa Karen Wynn. Agradeço a ela por todas as ideias, a assistência, o apoio e, sobretudo, o prazer.

1. A essência do prazer

Hermann Göring, nomeado sucessor de Adolf Hitler, estava esperando para ser executado por crimes contra a humanidade quando soube do prazer que lhe fora roubado. Segundo uma testemunha, naquele momento, Göring parecia "ter percebido, pela primeira vez, que havia mal no mundo". Hermann Göring, nomeado sucessor de Adolf Hitler, estava esperando para ser executado por crimes contra a humanidade quando soube do prazer que lhe fora roubado. Segundo uma testemunha, naquele momento, Göring parecia "ter percebido, pela primeira vez, que havia mal no mundo".

Esse mal foi perpetrado pelo pintor e colecionador de arte holandês Han van Meegeren.[1] Durante a Segunda Guerra Mundial, Göring deu a Van Meegeren 137 pinturas, num valor total que hoje estaria em torno de US$ 10 milhões. O que ele obteve em troca foi *Cristo e a mulher adúltera*, de Johannes Vermeer. Assim como seu chefe, Göring era um colecionador de arte obsessivo e já saqueara grande parte da Europa. Mas era um grande fã de Vermeer, e esta era a aquisição da qual mais se orgulhava.

Depois do fim da guerra, as forças aliadas encontraram a pintura e descobriram de quem ele a adquirira. Van Meegeren foi preso e acusado pelo crime de vender essa grande obra-prima holandesa a um nazista. Isso era traição, punível com a morte.

16 | PAUL BLOOM

Depois de seis semanas na prisão, Van Meegeren confessou — mas um outro crime. Ele disse que vendera a Göring uma falsificação. Não era um Vermeer. Ele próprio a pintara. Van Meegeren disse que também reproduzira outras obras que pensavam ser de autoria de Vermeer, incluindo *A ceia em Emaús*, uma das pinturas mais famosas da Holanda. De início, ninguém acreditou nele. Para provar o que dizia, foi solicitado que ele produzisse outro "Vermeer". Durante seis semanas, Van Meegeren — cercado de repórteres, fotógrafos e equipes de televisão, e sob efeito de álcool e morfina (a única maneira como ele conseguia trabalhar) — fez exatamente isso. Conforme um tabloide holandês explicou: "ELE PINTA POR SUA VIDA!" O resultado foi uma criação semelhante a um Vermeer e que ele chamou de *O jovem Cristo ensinando no templo*, pintura obviamente superior àquela que vendera a Göring. Van Meegeren foi considerado culpado do crime menor de obter dinheiro por meio de fraude e condenado a um ano de prisão. Morreu antes de cumprir sua sentença e foi considerado um herói popular — o homem que enganara os nazistas.

Vamos retornar a Van Meegeren mais tarde neste livro, mas pense agora no pobre Göring e em como ele deve ter se sentido quando soube que sua pintura era uma falsificação. Göring era um homem incomum de muitas maneiras — quase comicamente obcecado por si mesmo, barbaramente indiferente ao sofrimento dos outros; foi descrito por um de seus entrevistadores como um psicopata amigável — mas não havia nada de estranho em seu choque. Você teria se sentido da mesma maneira. Parte disso é a humilhação de ser enganado. Mas, mesmo que não tivesse havido qualquer traição, e sim um erro inocente, a descoberta tiraria um

COMO O PRAZER FUNCIONA | 17

certo prazer. Quando você compra uma pintura que pensa ser um Vermeer, parte da alegria que isso dá se baseia na crença sobre quem a pintou. Se essa crença se revela errada, esse prazer desaparece. (Inversamente — e casos assim têm ocorrido —, se você descobrir que uma pintura que pensava ser uma cópia ou imitação é na verdade um original, isso lhe dará mais prazer, e o valor da obra aumentará.) Isso não ocorre só com a arte. O prazer que temos com todo tipo de objeto corriqueiro está relacionado às nossas crenças em suas histórias. Pense nos seguintes itens:

- uma fita métrica que pertenceu a John F. Kennedy (vendida em leilão por US$ 48.875);

- os sapatos jogados contra George W. Bush por um jornalista iraquiano em 2008 (pelos quais um milionário saudita ofereceu, segundo relatos, US$ 10 milhões);

- outro objeto jogado, a bola de beisebol do septuagésimo *home run* de Mark McGwire (comprada por US$ 3 milhões pelo empreendedor canadense Todd McFarlene, que possui uma das melhores coleções de bolas de beisebol famosas);

- um autógrafo de Neil Armstrong, o primeiro homem a pisar na Lua;

- retalhos do vestido de casamento da princesa Diana;

- seu primeiro sapato de bebê;

- sua aliança de casamento;

- o ursinho de pelúcia de uma criança.

18 | PAUL BLOOM

Tudo isso vale mais do que sua utilidade prática. Nem todos são colecionadores, mas todo mundo que conheço tem pelo menos um objeto considerado especial por sua história, seja por sua relação com pessoas admiradas ou acontecimentos significativos ou por sua ligação com alguém de significado pessoal. Essa história é invisível e intangível e, na maioria dos casos, não há teste capaz de distinguir o objeto especial de outro que pareça igual. Mas, ainda assim, ele nos dá prazer e a duplicata nos deixaria frios. Esse é o tipo de mistério de que este livro trata.

PRAZERES ANIMAIS, PRAZERES HUMANOS

Alguns prazeres são mais fáceis de explicar do que outros. Considere a questão de por que gostamos de beber água. Por que há tanto prazer em matar a sede e por que é uma tortura privar alguém de água por um longo período? Bem, essa é fácil. Os animais precisam de água para sobreviver, então são motivados a buscá-la. O prazer é a recompensa por obtê-la; a dor é a punição por ficar sem.

Essa resposta é simples e correta, mas levanta outra questão: por que as coisas se resolvem tão bem? É terrivelmente conveniente que, deturpando a letra dos Rolling Stones, nem sempre possamos ter o que queremos — mas queremos o que precisamos. É claro que ninguém pensa que isso é uma sorte casual. Um teísta argumentaria que essa ligação entre o prazer e a sobrevivência é determinada pela intervenção divina: Deus quis que Suas criaturas vivessem o bastante para crescer e multiplicar, então incutiu nelas o desejo de água. Para um darwinista, essa combinação é produto da

COMO O PRAZER FUNCIONA | 19

seleção natural. Em um passado distante, as criaturas que eram motivadas a buscar água se reproduziram mais do que aquelas que não eram.

De maneira mais geral, uma perspectiva evolutiva — que acredito ter vantagens consideráveis sobre o teísmo ao explicar como a mente funciona — vê a função do prazer como motivar certos comportamentos que são bons para os genes. Como o psicólogo comparativo Georges Romanes observou em 1884:[2] "O prazer e a dor devem ter evoluído como o acompanhamento subjetivo de processos que são respectivamente benéficos ou nocivos ao organismo e, portanto, evoluíram para o propósito ou a finalidade de que o organismo devia buscar um e evitar o outro." A maioria dos prazeres não humanos faz todo o sentido sob essa perspectiva. Quando você está treinando seu animal de estimação, não o recompensa lendo poesia ou levando-o à ópera; você lhe dá prêmios darwinianos, como petiscos saborosos. Animais não humanos gostam de comida, água e sexo; querem descansar quando estão cansados; são acalmados pelo afeto, e por aí em diante. Gostam do que a biologia evolutiva diz que devem gostar.

E nós? Os humanos são animais e, portanto, têm muitos prazeres em comum com outras espécies. O psicólogo Steven Pinker observa que as pessoas são mais felizes quando "saudáveis, bem-alimentadas, confortáveis, seguras, prósperas, bem-informadas, respeitadas, não celibatárias e amadas".[3] Há um bocado de prazer embutido nessa citação, e não duvido nem um pouco que isso se explica pelo mesmo processo que moldou os desejos de animais como chimpanzés, cachorros e ratos. É adaptativamente benéfico buscar saúde, comida, conforto e assim por diante e obter prazer alcançando esses objetivos. Como explica o antropólogo Robert Ardrey, "nascemos de macacos erguidos, e não de anjos caídos".[4]

20 | PAUL BLOOM

Mas essa lista está incompleta. Deixa de fora a arte, a música, as histórias, os objetos sentimentais e as religiões. Talvez estes não sejam exclusivamente humanos. Certa vez, ouvi de um pesquisador que alguns primatas cativos guardam cobertas de estimação, e há relatos de que elefantes e chimpanzés podem criar arte (embora, conforme discutirei mais tarde, eu seja cético em relação a isso). Mas, de todo modo, estas não são as atividades comuns de animais não humanos. São inteiramente típicas de nossa espécie, manifestando-se em cada indivíduo normal. Isso precisa ser explicado.

Uma explicação é a de que nossos prazeres exclusivamente humanos não surgem por meio da seleção natural nem de qualquer outro processo da evolução biológica. Eles são produtos da cultura e são exclusivamente humanos, porque somente nossa espécie tem cultura (ou pelo menos cultura suficiente para reconhecer isso).

Apesar da má reputação que às vezes obtêm de pesquisadores orientados pela adaptação, aqueles que endossam esse tipo de proposta cultural não são necessariamente ignorantes nem rejeitam a biologia evolutiva; eles não duvidam de que os humanos, incluindo os cérebros humanos, tenham evoluído. Mas discordam da noção de que desenvolvemos ideias inatas ou módulos especializados e órgãos mentais. Em vez disso, os humanos são especiais pela maior capacidade de flexibilidade, para criar e aprender ideias, práticas e gostos biologicamente arbitrários. Os outros animais têm instintos, mas os humanos são inteligentes.

Essa teoria deve estar correta até certo ponto. Ninguém pode negar a flexibilidade intelectual de nossa espécie nem que a cultura pode moldar e estruturar o prazer humano.

COMO O PRAZER FUNCIONA | 21

Se você ganha US$ 1 milhão na loteria, pode gritar de alegria, mas a noção de dinheiro surgiu por meio da história humana, e não devido à duplicação e seleção de genes. De fato, mesmo aqueles prazeres que temos em comum com outros animais, como comida e sexo, manifestam-se de maneiras diferentes nas sociedades. Os países têm suas próprias culinárias, seus próprios rituais sexuais, até formas próprias de pornografia, e isso certamente não ocorre porque os cidadãos desses países são geneticamente diferentes. Tudo isso pode levar alguém com uma tendência mais cultural a dizer que, embora a seleção natural tenha um papel limitado em moldar o que gostamos — desenvolvemos a fome e a sede, a libido, a curiosidade, alguns instintos sociais —, tem pouco a dizer sobre as especificidades. Nas palavras do crítico Louis Menand, "cada aspecto da vida tem uma base biológica exatamente no mesmo sentido, que é o de que, se não fosse biologicamente possível, não existiria. Afinal de contas, está aí para quem quiser ver".[5]

Tentarei mostrar nos capítulos seguintes que não é assim que o prazer funciona. A origem do desenvolvimento da maioria dos prazeres é remota; eles não são adquiridos por meio da imersão numa sociedade. E são comuns a todos os humanos; a variedade que alguém vê pode ser compreendida como uma variação sobre um tema universal. A pintura é uma invenção cultural, mas o amor à arte, não. As sociedades têm histórias diferentes, mas as histórias têm certos terrenos em comum. O gosto por comida e sexo difere — mas nem tanto assim.

É verdade que podemos imaginar culturas nas quais o prazer é muito diferente, nas quais as pessoas esfregam a comida nas fezes para melhorar o gosto e não têm interesse algum em sal, açúcar ou pimenta; ou em que gastam fortu-

22 | PAUL BLOOM

nas em falsificações e jogam os originais no lixo; ou se reúnem para ouvir a estática e se contraem de aversão ao som de uma melodia. Mas isso é ficção científica, não realidade. Uma maneira de resumir isso é que os humanos começam com uma lista fixa de prazeres e não podemos aumentá-la. Isso pode parecer muito forte, porque é claro que alguém pode introduzir novos prazeres no mundo, como no caso da invenção da televisão, do chocolate, dos videogames, da cocaína, do vibrador, das saunas, das palavras-cruzadas, dos reality shows, dos romances e assim por diante. Mas eu sugiro que essas coisas são agradáveis porque não são tão novas assim; estão ligadas — de maneira razoavelmente direta — a prazeres que os humanos já possuem. O chocolate belga e as costeletas de porco na brasa são invenções modernas, mas apelam à nossa prévia paixão por açúcar e gordura. Novas formas de música são criadas o tempo todo, mas uma criatura biologicamente despreparada para o ritmo nunca virá a gostar de nenhuma delas; serão sempre barulhos.

ESSENCIAL

Muitos prazeres humanos significativos são universais. Mas não são adaptações biológicas, e sim subprodutos de sistemas mentais que evoluíram para outros propósitos.

Isso é claramente verdadeiro para alguns prazeres. Muitas pessoas hoje adoram café, por exemplo, mas não porque os amantes do café de antigamente tinham mais filhos do que aqueles que odiavam café. É porque o café é um estimulante, e muitas vezes gostamos de ser estimulados. Este é um caso óbvio, mas acho que essa abordagem de

COMO O PRAZER FUNCIONA | 23

subproduto pode ajudar a explicar alguns dos enigmas mais difíceis que nos interessam. A proposta que vou explorar é a de que esses prazeres surgem, pelo menos em parte, como subprodutos acidentais daquilo que chamamos de mentalidade "essencialista".

Um exemplo de essencialismo está num romance de J. D. Salinger que começa com um de seus personagens favoritos, Seymour, contando uma história taoista a um bebê.[6] Na história, o duque Mu pede a um amigo, Po Lo, que encontre para ele alguém capaz de identificar um cavalo excepcional. Po Lo recomenda um especialista, e o duque Mu logo o contrata. O especialista, Kao, volta com informações sobre um animal que atende às exigências do duque, descrevendo-o como uma égua marrom. O duque Mu compra o animal recomendado, mas tem um choque ao descobrir que se trata de um garanhão preto como carvão.

Furioso, o duque Mu diz a Po Lo que o chamado especialista é um tolo, incapaz até mesmo de distinguir a cor ou o sexo de um cavalo. Po Lo, porém, vibra com a notícia:

"Será mesmo que ele chegou a tal ponto?", pergunta em tom excitado. "Ah, então ele é 10 mil vezes melhor que eu. Não há comparação entre nós. O que Kao observa são os elementos espirituais. Certificando-se do essencial, esquece os detalhes comezinhos; concentrando-se nas qualidades internas, perde de vista os sinais exteriores. Ele vê o que quer ver, e não o que não quer ver. Vê o que precisa ver e esquece o que não precisa ver."

O cavalo, naturalmente, revela-se um animal magnífico.

Esta é uma história de essencialismo, a noção de que as coisas têm uma realidade subjacente ou uma natureza

24 | PAUL BLOOM

verdadeira que não se pode observar diretamente, e é esta que de fato importa.[7] A definição clássica é de John Locke:[8] "Ser de qualquer coisa, pelo qual ela é o que é. E, assim, a constituição das coisas realmente interna, mas geralmente... desconhecida, da qual dependem suas qualidades que podem ser descobertas, pode ser chamada de sua essência." Esta é uma maneira natural de dar sentido a certos aspectos do mundo. Considere o ouro. Pensamos no ouro, gastamos dinheiro com ele, falamos sobre ele e, enquanto isso, não estamos pensando e falando sobre uma categoria de objetos que por acaso são parecidos. Se você pinta um tijolo com uma tinta dourada, não se trata de um tijolo de ouro. Afinal de contas, a alquimia é um negócio sério. Se você quer saber se algo é de ouro, precisa pedir a um especialista, talvez um químico, para fazer o teste correto a fim de determinar sua estrutura atômica.

Ou considere os tigres. A maioria das pessoas não sabe precisamente o que torna os tigres o que são, mas ninguém pensa que é apenas uma questão de aparência do animal. Quando é apresentada a uma série de fotografias na qual um tigre é gradualmente levado a parecer um leão, até uma criança sabe que ele continua sendo um tigre.[9] Em vez disso, a ideia é de que ser um tigre tem alguma coisa a ver com genes, órgãos internos e assim por diante — aspectos invisíveis dos animais que não são alterados pelas transformações da aparência.

Nesses exemplos, as pessoas buscam as respostas na ciência, e isso faz sentido. Cientistas trabalham para determinar a essência oculta das coisas. Eles nos dizem que há mais do que os olhos veem, que o vidro é um líquido, que o beija-flor e o falcão têm a mesma classificação mas nenhum

COMO O PRAZER FUNCIONA | 25

dos dois é classificado como um morcego, e que a ligação genética entre humanos e chimpanzés é mais próxima do que entre o golfinho e o salmão. No entanto, você não precisa saber sobre ciência para ser um essencialista. Em toda parte, as pessoas entendem que algo pode parecer um X, mas na verdade é um Y; elas sabem que uma pessoa pode usar um disfarce ou que um alimento pode ser preparado de modo a parecer algo que não é. Em toda parte, as pessoas podem perguntar "O que é isso *realmente?*".

Grupos sociais são muitas vezes vistos como tendo essências. Assim como os artefatos, que são objetos, tais como ferramentas e armas, criados por pessoas — embora aqui as essências não sejam físicas, tenham a ver com história e intenção. Se você quiser saber o que é realmente um artefato estranho de outra época ou de outro país, não perguntará a um químico. Você recorreria a um especialista em arqueologia, antropologia ou história.[10]

O essencialismo permeia a nossa linguagem. Para verificar isso, pense em como seria uma linguagem não essencialista.[11] Jorge Luis Borges inventou a enciclopédia chinesa *O empório celestial de conhecimentos benévolos*, que divide os animais em categorias, incluindo:

Aqueles que pertencem ao imperador.
Aqueles que a distância parecem moscas.
Aqueles que acabaram de quebrar um vaso de flores.[12]

Isso é engenhoso... Porque é muito estranho. A categoria "Aqueles que a distância parecem moscas" é uma maneira possível de agrupar objetos usando a lógica, mas não é como naturalmente damos sentido ao mundo. Nenhuma linguagem real teria um nome para uma categoria dessas,

26 | PAUL BLOOM

porque ela é superficial demais. Nomes reais captam algo profundo; referem-se a tipos de coisas que pensamos ter propriedades profundas em comum. Como explica o teórico evolutivo Stephen Jay Gould, nossas classificações não existem apenas para evitar o caos, são "teorias sobre a base da ordem natural".

Esse fato sobre a linguagem[13] faz diferença no mundo real, principalmente quando falamos sobre pessoas. Eu trabalhei com crianças autistas, que constantemente me lembravam de chamá-las de "crianças com autismo", em vez de "autistas" — o argumento era de que essas pessoas são mais do que seu distúrbio. O nome essencializa; a desajeitada frase "crianças com _____", não.

É fácil satirizar a correção política aqui, mas os nomes realmente carregam um peso essencial.[14] No filme *Amnésia*, Leonard Shelby diz: "Eu não sou um assassino. Sou apenas alguém que queria fazer as coisas certas." Quando diz isso, Shelby sabe que matou muitas pessoas. Mas isso não o torna um assassino porque um assassino não é apenas alguém que matou; ser um assassino é ser certo tipo de pessoa, ter certa propriedade profunda, e Shelby nega que isso seja verdade para ele. Quando foi criticado por fazer um comentário racista numa entrevista, o jogador de beisebol John Rocker disse mais tarde que não era racista: "Você faz um *home run* nas grandes ligas e isso não o torna um fazedor de *home runs*... Fazer um comentário como esse não torna você um racista."[15]

Num exemplo mais brando, jantei com uma amiga algum tempo atrás e ela mencionou que nunca come carne. Mas se irritou quando mais tarde me referi a ela como vegetariana. "Não sou fanática com isso", disse ela. "Eu apenas não como carne." Ela via sua dieta como uma propriedade incidental, e não essencial.

COMO O PRAZER FUNCIONA | 27

O PROBLEMA DO ESSENCIALISMO

Com frequência, o essencialismo é racional e adaptativo: se você se atém apenas ao superficial, leva para casa o cavalo errado.[16] Uma pessoa que olhava o mundo das plantas e dos animais e não percebia que membros da mesma categoria têm profundos pontos em comum — como a docilidade de certos tipos de animais e o poder curativo de plantas específicas — podia não viver tanto quanto alguém com um olhar mais essencialista. Nos tempos modernos, as vitórias prenunciadas e explicativas da ciência provam que a suposição de uma realidade mais profunda é o que está certo. Mas o essencialismo às vezes nos leva a confusões. O psicólogo social Henri Tafjel iniciou uma linha clássica de pesquisa com "grupos mínimos".[17] Ele descobriu que, se você separa as pessoas em grupos baseados nas mais arbitrárias considerações — em alguns estudos, literalmente um cara ou coroa —, elas não apenas favorecerão seu próprio grupo como também acreditarão que existem diferenças significativas entre os grupos e que o grupo delas é, num sentido objetivo, superior. A propensão essencialista nos leva a ver profundos pontos em comum mesmo quando eles não existem.

Não é surpreendente, portanto, que quando as diferenças são patentes, como o formato do rosto ou a cor da pele, nós não as descartemos como uma variação arbitrária; pensamos que elas importam. E, até determinado ponto, importam. Se você conhece a aparência de uma pessoa — por exemplo, a cor de sua pele — está agora preparado para supor muitos fatos invisíveis sobre ela, como sua renda relativa, sua religião, sua afiliação política e assim por diante. (Enquanto escrevo isso, um norte-americano de pele escura tem uma

28 | PAUL BLOOM

probabilidade muito maior de votar num democrata do que um norte-americano de pele clara.) A raça importa em grande parte porque pessoas de aparências diferentes vêm de países diferentes, estabelecem-se em bairros diferentes e têm histórias diferentes.

Mas nosso essencialismo vai além disso; as pessoas tendem a pensar em grupos humanos, incluindo raças, em termos biológicos. A psicóloga Susan Gelman conta sobre alguém que afirmou: "Não posso namorar ninguém que não seja um judeu mitocondrial."[18] O DNA mitocondrial é transmitido pela linhagem materna, e esta foi uma maneira inteligente de expressar certa definição de judaísmo, mas capta bem o modo como pensamos sobre grupos humanos de maneira biológica. Antes do DNA, costumava ser o sangue, como na noção de que uma simples gota é suficiente para considerar alguém descendente de africanos.

O essencialismo biológico em relação à raça não está *inteiramente* equivocado. Os suecos são mais altos que os japoneses, que são mais altos do que os pigmeus, e parte disso se deve claramente a genes. E quando nos classificamos em uma categoria ou outra, mesmo as pessoas mais liberais e determinadamente antirracistas entendem que isso é uma questão de origem biológica. O psicólogo Francisco Gil-White observa que, quando alguém se diz metade irlandês, um quarto italiano e um quarto mexicano, não está falando sobre o quanto domina diferentes culturas ou sobre a que grupos resolveu se afiliar — está falando sobre a etnicidade de seus avós.[19]

Mas as categorias não são tão reais quanto as pessoas pensam. Os genes não determinam se alguém é judeu, por exemplo. Um adulto pode se tornar judeu por conversão; uma criança pode se tornar judia ao ser adotada por uma família judia. Meus filhos descendem de um pai judeu e uma mãe não judia — seriam eles judeus, metade judeus ou nem um pouco judeus? A resposta é política ou teológica, não científica. Talvez este seja um caso óbvio, mas o mesmo argumento se sustenta de maneira mais geral. Considere que o presidente Barack Obama geralmente é descrito como afro-americano ou preto, embora um de seus pais seja tipicamente definido como preto e o outro seja tipicamente definido como branco. Considerando o contexto social, o preto vence o branco. De modo mais geral, categorias como "preto" incluem pessoas de grupos radicalmente diferentes — do haitiano ao australiano nativo — que são postas juntas por força de uma propriedade em comum que, literalmente, tem apenas a profundidade da pele. Pensar que elas têm uma ligação mais profunda é um essencialismo delirante.

A CRIANÇA ESSENCIAL

Susan Gelman inicia seu maravilhoso livro *The Essential Child* [A criança essencialista, em tradução livre] com uma história de quando ela tinha 4 ou 5 anos e perguntou a sua mãe em que os meninos e as meninas eram diferentes. Sua mãe disse: "Os meninos têm pênis e as meninas, não."[20] Gelman ficou incrédula e perguntou: "É só isso?" Considerando que meninos e meninas se vestiam, agiam e brincavam de modos diferentes, ela estava procurando algo mais interessante, algo mais profundo. O objetivo de sua história é ela se mostrar como uma criança essencialista, um preâmbulo para seu argumento de que todas as crianças são essencialistas.

30 | PAUL BLOOM

Esta é reconhecidamente uma alegação controversa no campo da psicologia. A visão dominante, estabelecida pelo psicólogo do desenvolvimento suíço Jean Piaget, e defendida hoje por alguns estudiosos respeitados, é de que as crianças de início têm uma orientação superficial em relação ao mundo, limitada pelo que elas podem ver, ouvir e tocar. Sob essa perspectiva, o essencialismo tem origens históricas e culturais. Nos domínios físico e biológico, foi uma descoberta, uma realização intelectual alcançada primeiramente por filósofos e mais tarde por cientistas. A maioria das pessoas jamais a teria descoberto sozinha. O filósofo Jerry Fodor afirma: "*É claro* que Homero não tinha noção alguma de que a água tem uma essência escondida, ou uma microestrutura característica (ou de que todas as outras coisas têm)."[21] Aprendemos isso na escola. Nos domínios de raça, sexo e casta, o essencialismo é um mito inventado por poderosos para convencer as pessoas de que essas categorias sociais são naturais e imutáveis.

Estamos longe de uma teoria completa sobre o essencialismo. Mas acho que agora há provas suficientes de que grande parte do essencialismo não tem origens culturais. É um universal humano. Homero provavelmente pensou, *sim*, que a água tem uma essência.

Grande parte da pesquisa aqui provém da psicologia do desenvolvimento. Sabemos que até mesmo bebês podem inferir propriedades invisíveis baseados na aparência das coisas.[22] Se crianças de 9 meses acham que uma caixa faz um som quando você a toca, elas esperam que outras caixas iguais façam o mesmo som. Crianças maiores fazem mais; fazem generalizações baseadas na categoria a que algo pertence. Num estudo, crianças de 3 anos são apresentadas à imagem de um tordo e informadas de que ele tem uma

COMO O PRAZER FUNCIONA | 31

propriedade escondida, tal como uma certa substância química em seu sangue. Em seguida, elas são apresentadas a outras duas imagens: a de uma animal parecido, mas que pertence a uma categoria diferente, como um morcego; e outra de um animal que parece diferente mas pertence à mesma categoria, como um flamingo. Qual deles tem a mesma propriedade escondida? As crianças tendem a generalizar com base na categoria, escolhendo o flamingo. Isso não mostra que elas são totalmente essencialistas, mas que são sensíveis a algo mais profundo que a aparência.[23] Outros estudos com procedimentos modificados encontraram o mesmo efeito em crianças com menos de 2 anos.[24]

Outras experiências revelam que crianças pequenas acreditam que, se você retirar as partes internas de um cachorro (o sangue e os ossos), ele deixará de ser um cachorro, mas se retirar as características externas, continuará sendo um cão.[25] E as crianças têm uma probabilidade maior a dar um nome em comum a coisas que compartilham propriedades profundas ("têm o mesmo tipo de material dentro"), comparadas a coisas que compartilham propriedades superficiais ("vivem no mesmo tipo de jardim zoológico e têm o mesmo tipo de jaula").[26]

Frank Keil, meu colega em Yale, fez algumas das demonstrações mais incríveis de essencialismo em crianças. Ele mostrou a crianças uma série de transformações: um porco-espinho transformado cirurgicamente de modo a parecer um cactus, um tigre dentro de uma roupa de leão, um cachorro de verdade modificado para parecer um brinquedo. O resultado foi que crianças rejeitaram essas transformações radicais como uma mudança de categoria — independentemente da aparência, ainda era um porco-espinho, um

32 | PAUL BLOOM

tigre e um cachorro. Só quando foram informadas de que as transformações haviam ocorrido por dentro — as partes internas daquelas criaturas haviam sido mudadas — se convenceram de que essas transformações levavam a uma mudança real de categoria.[27]

Assim como os adultos, as crianças pequenas esperam que os nomes se refiram a objetos com propriedades profundas escondidas em comum. Susan Gelman mostrou certa vez a seu filho de 13 anos um botão de sua camisa e o chamou de "botão". Ele então começou a pressioná-lo, porque, embora não se parecesse muito com um botão de seus brinquedos eletrônicos, ele sabia a que categoria isso pertencia e o que se faz com um botão. Em crianças maiores, você obtém a mesma avaliação sutil da força de um nome encontrada em adultos. Uma criança de 4 anos observou, ao descrever um colega violento: "Gabriel não machucou só a mim! Machucou outras crianças também! Ele é um *machucador*! Certo, mamãe? Ele é um *machucador*!"[28] A criança presumivelmente está enfatizando que esse tipo de comportamento reflete um aspecto mais profundo da natureza de Gabriel. E, em seu trabalho experimental, Gelman e Gail Heyman contaram a crianças de 5 anos sobre uma menina chamada Rose, que comia cenoura com frequência, acrescentando para metade das crianças: "Ela é uma comedora de cenoura."[29] Esse nome teve um efeito; levou aquelas crianças a pensar em Rose como uma comedora de cenouras mais permanente — ela as comerá no futuro, mesmo que sua família a desestimule. Isso faz parte de sua natureza.

Alguns estudiosos têm argumentado que o essencialismo nas crianças surge de um sistema especializado que existe apenas para pensar sobre plantas e animais. Mas,

COMO O PRAZER FUNCIONA | 33

em meu próprio trabalho, demonstro que as crianças são altamente essencialistas para artefatos diários. Quando ouvem um nome usado para se referir a uma nova criação humana, elas estendem o nome a objetos criados com a mesma intenção, independentemente de sua aparência.[30] As crianças também são essencialistas para categorias de pessoas. Um dos exemplos mais fortes de essencialismo diz respeito à diferença entre os sexos. Antes mesmo de aprender fisiologia, genética, teoria da evolução ou qualquer outra ciência, as crianças pensam que existe algo interno e invisível que distingue meninos de meninas. Esse essencialismo pode ser explícito, como quando uma menina explicou por que um menino pesca em vez de se maquiar: "Porque esse é o instinto do menino."[31] E crianças de 7 anos tendem a endossar afirmações como "Os meninos têm coisas diferentes das meninas por dentro" e "Porque Deus os fez assim" (uma essência biológica e uma essência espiritual). Só numa fase mais avançada do desenvolvimento as crianças aceitam explicações culturais, como "Porque é assim que somos criados". Você precisa ser socializado para pensar em socialização.[32]

Essa pesquisa está em andamento, mas está surgindo o consenso de que as crianças são essencialistas inatas. A dimensão desse essencialismo é ampla; atribuímos essências a animais, artefatos e tipos de pessoas.[33]

FORÇA DA VIDA

Descrevi o essencialismo até agora como um modo de pensar em categorias. Trata-se da noção de que há algo profundo dentro de cada tigre, digamos, que o torna um tigre. Mas

34 | PAUL BLOOM

agora considere a visão de que há uma essência dentro de cada indivíduo que o torna especial: não tigres *versus* leões, mas esse tigre *versus* esse aquele tigre.

A capacidade de pensar em indivíduos específicos é um aspecto significativo da vida mental e se estende à maioria das coisas desinteressantes. O filósofo Daniel Dennett dá o exemplo de alguém que leva uma moeda de um centavo de Nova York à Espanha e a joga impulsivamente numa fonte. Ela agora está lá com outros centavos, e não há como diferenciá-la dos outros, mas ainda assim ele sabe que aquele, só um deles, é o seu. Se ele fosse apanhar um centavo na fonte, seria aquele que trouxe de Nova York ou um centavo diferente.[34]

Pensar em indivíduos é uma capacidade cognitiva significativa, mas não é essencialismo. Você pode entender que cada um dos centavos tem sua própria história, mas isso não significa que eles contenham alguma coisa a mais, algo a ser considerado sua essência.

Mas pensamos que alguns indivíduos têm sua própria essência. Este é particularmente o caso de pessoas ou objetos que têm relações próximas com outras pessoas. Em muitas culturas, essa essência é entendida em termos de uma força invisível. Os psicólogos Kayoko Inagaki e Giyoo Hatano argumentam que as crianças de início são "vitalistas" — supõem que os seres vivos têm uma força animadora dentro deles.[35] Essa crença é comum em sociedades, conhecida como "chi", "ki", "elã vital", "mana", "força da vida" — ou "essência". Pensa-se que ela faz parte de uma pessoa, que algumas pessoas têm mais do que outras e que ela pode ser transmitida de pessoas para objetos e depois voltar. A antropóloga Emma Cohen me contou sobre sua pesquisa sobre o Axé na religião afro-brasileira.

As pessoas com as quais conversei explicaram como coisas simples, artefatos e objetos corriqueiros podem se tornar sagrados por meio de rituais que dão o Axé. Este também está presente em todos os humanos, em graus variados, e pode ser "recarregado" ao se participar de rituais. Tê-lo expressa poder. Quando você está doente, por exemplo, deve buscar a cura em alguém que tem um Axé maior. E como você não pode dizer quem tem mais e quem tem menos simplesmente olhando, pode culpar o Axé fraco pelo fracasso de um ritual, como as pessoas fazem. Algumas casas religiosas têm mais Axé do que outras, e os religiosos afro-brasileiros dizem que, quando você está numa casa com mais Axé, sente-se melhor.[36]

Este é um exemplo de como a força da vida está envolvida em rituais religiosos, mas esta se manifesta em nossas vidas seculares também. Buscamos contato com pessoas especiais. Uma coisa simples que foi tocada por uma pessoa especial adquire valor, um dos motivos pelos quais as pessoas pagam bastante por objetos como a fita métrica de JFK. De fato, conforme será descrito num capítulo posterior, meus colegas e eu descobrimos que pessoas pagam caro por um suéter de uma pessoa admirada (como George Clooney) — mas o preço cai se a peça foi esterilizada, porque isso apaga a essência.[37]

Existe também o contato com a pessoa em si. Às vezes o simples fato de ser olhado por um indivíduo de status elevado pode fazer diferença. Numa discussão intrigante, a escritora Gretchen Rubin relaciona essa experiência à noção de *darshan* na filosofia hindu, um termo em sânscrito que significa "visão". Isso pode exaurir a pessoa que se pensa que está emitindo energia, tanto que algumas celebridades têm contratos proibindo seus funcionários de fazer contato visual com elas.[38]

36 | PAUL BLOOM

Melhor do que um olhar é um tapinha no ombro, e melhor do que isso é um aperto de mão. Expressões como "Não vou lavar minha mão durante uma semana" captam a noção de que resta algo da pessoa famosa em sua mão, algo que você não quer perder. Mais íntimo do que um aperto de mão é uma relação sexual, o que é um dos muitos motivos pelos quais os poderosos têm pouca dificuldade para encontrar parceiros sexuais.

No entanto, você pode se tornar mais íntimo fisicamente do que com o sexo. Considere a conversa ao telefone ouvida secretamente em que o príncipe Charles expressa seu desejo de ser reencarnado como o absorvente de sua amante — um desejo ao mesmo tempo assustador e docemente romântico.[39] Existe o ato de cortar em pedaços o corpo de alguém especial e comê-los na esperança de obter o poder dessa pessoa, uma prática que abordaremos no próximo capítulo. E existe o transplante de órgão, em que uma pessoa passa a possuir uma parte de outra, um ato particularmente íntimo — o eticista Leon Kass descreveu isso como "uma forma nobre de canibalismo".[40] De fato, muitos acreditam que os receptores dos transplantes adquirem propriedades dos doadores.[41]

Há diferenças entre o essencialismo de categoria com o qual começamos e esse tipo de essencialismo de força da vida: as essências de categoria são consideradas permanentes e imutáveis, enquanto as essências de força da vida podem ser adicionadas, subtraídas e transmitidas. O que elas têm em comum é que são invisíveis, podem determinar o que um objeto é e podem importar muito.

Um exemplo de como o essencialismo importa se baseia em relatos testemunhais sobre a busca do 14º Dalai Lama.[42] A parte relevante diz respeito aos testes com um menino de

COMO O PRAZER FUNCIONA | 37

2 anos na vila remota onde morava. Um grupo de burocratas levou os pertences do falecido 13º Dalai Lama, juntamente com um conjunto de itens não autênticos semelhantes ou idênticos a esses pertences. Quando apresentado a um rosário preto e uma cópia, o menino apanhou o verdadeiro e o pôs no pescoço. Quando apresentado a dois rosários amarelos, novamente apanhou o autêntico. Quando lhe ofereceram dois bastões, ele primeiramente apanhou o errado e em seguida, após examiná-lo mais de perto, pôs de volta e escolheu aquele que pertencera ao Dalai Lama. Em seguida, identificou corretamente a colcha autêntica, entre três. Como teste final, o menino foi apresentado a dois tambores: um deles bastante simples (autêntico) e o outro um belo *damaru*, bem mais atraente que o original. Ou seja, foi forçada uma escolha entre um objeto desinteressante com a propriedade essencial e outro para confundir, que se destacava muito. Eis o relato do que eles descobriram: "Sem qualquer hesitação, ele apanhou o tambor. Segurando-o com a mão direita, tocou-o com um grande sorriso no rosto, movendo-se para que seus olhos pudessem olhar cada um de nós de perto. Assim, o menino demonstrou seus poderes ocultos, que foram capazes de revelar o mais secreto fenômeno."

Outro observador descreveu essa capacidade de reconhecimento como um sinal de "inteligência sobre-humana". (Note que o uso de cópias exatas significa que o menino podia não ser bem-sucedido na memória de vidas passadas; algum poder especial de discernir essências invisíveis seria necessário.) O argumento aqui não é de que os objetos autênticos estavam realmente imbuídos da essência do 13º Dalai Lama; o que importa é que os burocratas tibetanos acreditavam que estavam e construíram um procedimento que pressupõe a existência de essências invisíveis — es-

38 | PAUL BLOOM

sências que requerem poderes especiais para serem percebidas — e usaram esse procedimento para tomar uma decisão importante. O menino, Tenzin Gyatso, se tornou o 14º Dalai Lama.[43]

MAIS INTELIGENTES
DO QUE PARECEMOS

Nos capítulos seguintes, argumentarei que o prazer que temos com muitas coisas e atividades se baseia em parte no que acreditamos ser a essência delas. Nosso essencialismo não é apenas uma maneira fria de dar sentido à realidade; ele está subjacente às nossas paixões, apetites e desejos. Muita coisa está acontecendo no essencialismo psicológico, diferentes noções de essência estão sendo exploradas. Existe o essencialismo de categoria e o essencialismo de força da vida; existem as essências físicas de coisas naturais, como animais e plantas, e as essências psicológicas de coisas feitas pelo homem, como ferramentas e obras de arte. Minha tentativa de estender o essencialismo ao prazer será analogamente ampla. Em alguns momentos irei relacionar o prazer a essências de categoria do tipo padrão, como na discussão sobre sexo, em que categorias como *macho, fêmea* e *virgem* se mostram altamente relevantes. Às vezes, a essência é mais semelhante à força da vida invisível, como quando discutimos como certos produtos de consumo adquirem seu valor. Às vezes, o foco estará no papel da estrutura interna inferida, como em nosso gosto por água engarrafada; outras vezes, estará na história humana, como em nossa experiência com pinturas e histórias. E o livro terminará discutindo a intuição mais geral sobre a existência de uma

COMO O PRAZER FUNCIONA | 39

realidade subjacente que transcende a experiência cotidiana, uma intuição que pode estar na base do prazer advindo da prática religiosa e da investigação científica. Esta é reconhecidamente uma abordagem complicada sobre o prazer. Pois que seja: as pessoas são criaturas complicadas. Muitas vezes não percebemos essa complexidade. Certos fatos sobre nossa psicologia são tão imediatos e óbvios que é difícil exigir deles uma explicação qualquer. William James apresentou esse argumento com típica eloquência em 1890:[44]

> *Somente ao metafísico essas perguntas podem ocorrer: Por que sorrimos quando satisfeitos, e não fazemos caretas? Por que não conseguimos falar com uma multidão como falamos com um amigo? Por que uma moça específica vira nosso juízo de cabeça para baixo? O homem comum só pode dizer: "É claro que sorrimos, é claro que nosso coração palpita ao vislumbrar a multidão, é claro que amamos a moça."*[45]

Ele prossegue explicando como esses sentimentos são propriedades acidentais da composição de um animal:

> *E, portanto, provavelmente, cada animal sente as coisas específicas que tende a fazer na presença de certos objetos... Para o leão, é a leoa que é feita para ser amada; para o urso, a ursa. Para a galinha que está chocando, provavelmente pareceria monstruosa a noção de haver uma criatura no mundo para a qual um ninho cheio de ovos não é o objeto completamente fascinante, precioso e sobre-o-qual-nunca--é-demais-se-sentar que é para ela.*

Quando se trata do prazer, é tentador atribuir nossa reação a uma coisa a propriedades da coisa em si. *É claro* que ficamos de queixo caído diante da moça — ela parece tão sensual. Como ela poderia não virar nosso juízo de cabeça para baixo? *É claro* que ficamos encantados com um bebezinho — ele é tão adorável.

A profundidade do prazer é escondida de nós. As pessoas insistem que o prazer que têm com o vinho se deve ao gosto e ao cheiro deste, ou que a música é prazerosa por causa de seu som, ou que vale a pena assistir a um filme por causa do que aparece na tela. Em cada um desses casos, o prazer é afetado por fatores mais profundos, incluindo o que a pessoa pensa sobre a verdadeira essência daquilo com o qual está tendo prazer.

2. Gourmets

Em 2003, Armin Meiwes, um especialista em computadores de 42 anos, entrou na internet para procurar alguém para matar e comer. Depois de várias entrevistas, escolheu Bernd Blandes. Os dois homens se encontraram certa noite na casa de fazenda de Meiwes, numa cidadezinha da Alemanha. Eles conversaram durante algum tempo, e Brandes tomou vários comprimidos para dormir e meia garrafa de schnapps. Meiwes então cortou o pênis de Brandes e o fritou em azeite de oliva. Os dois homens tentaram comê-lo, sem sucesso. Meiwes leu uma história de *Jornada nas Estrelas* e Brandes, sangrando muito, deitou numa banheira. Algumas horas depois, Meiwes matou Brandes esfaqueando-o no pescoço com uma faca de cozinha, beijando-o antes.[1]

Em seguida, Meiwes cortou Brandes em pedaços e os guardou no congelador, ao lado de uma pizza. Nas semanas seguintes, ele descongelou e cozinhou os pedaços de Brandes em azeite de oliva e alho, devorando aproximadamente vinte quilos dele. Usou seus melhores talheres, acendeu algumas velas e acompanhou suas refeições com um vinho tinto sul-africano.

Esse episódio é interessante em vários aspectos. Em primeiro lugar, embora o ato tenha sido consensual, muitas pessoas acham que Meiwes fez algo terrivelmente errado. Ele foi condenado por homicídio culposo; mais tarde, quando a

42 | PAUL BLOOM

acusação apelou, foi considerado culpado de assassinato. Articular apenas a parte desse ato de canibalismo consensual considerado tão imoral pelas pessoas — incluindo aquelas de inclinação liberal, que tendem a acreditar na autonomia e liberdade humanas e em geral concordariam que os indivíduos devem ser livres para fazer o que quiserem contanto que não infrinjam a vontade dos outros — pode nos dar algum insight sobre raciocínio e princípios morais. Existe também a questão clínica sobre por que Meiwen desenvolveu um gosto por carne humana. Como se esperaria de uma criatura de nosso tempo, ele tinha sua história psicológica — seu pai o abandonou, ele era solitário, fantasiava sobre ter um irmão mais novo que poderia guardar para sempre ao comê-lo. Essa ideia de fidelidade por meio do consumo parece ser um tema comum nesses casos. Um especialista teve uma explicação semelhante para Jeffrey Dahmer, o assassino canibal norte-americano, argumentando que Dahmer comia seus amantes porque queria que eles nunca o deixassem.[2]

(E Brandes? Posso compreender alguém querer morrer, mas quem gostaria de ser morto por um estranho que pretende comer seu corpo? Brandes não foi o único a ter esse interesse — cerca de duzentos homens responderam ao anúncio de Meiwes na internet. Foi assim que ele foi apanhado; um estudante, navegando na internet, monitorou essas discussões e notificou as autoridades.)

Ainda assim, o que essa história tem a ver com o prazer diário da comida? Sociedades em que pessoas comem pessoas são raras, tão raras que alguns duvidam de sua existência. Assassinos canibais são mais comuns em filmes de terror do que na realidade. Quando Dahmer foi entrevistado na prisão, perguntou aos médicos melancolicamente se havia alguma outra pessoa como ele no mundo.[3]

COMO O PRAZER FUNCIONA | 43

Há dois motivos pelos quais o canibalismo é uma área ideal para começar uma discussão sobre o prazer da comida. Primeiro, oferece uma maneira útil de abordar a questão de por que algumas coisas são boas para comer e outras não. Explorar os motivos pelos quais sentimos com tanta força que pessoas não se encaixam na categoria comida pode nos dar um insight sobre gostos e aversões mais comuns. Além disso, a psicologia do canibal vem a refletir uma versão radical do que as pessoas normais pensam sobre os alimentos que normalmente comem. Isso ilustra a crença essencialista em sua forma mais nítida.

Ao comer Brandes, Meiwes acreditou que estava fazendo algo mais do que simplesmente consumir proteína e gordura; ele estava consumindo a *essência* de Brandes. Ele insistiu que havia benefícios psicológicos em devorar uma pessoa. Sentiu-se mais estável depois e incorporou algumas qualidades de Brandes: "A cada mordida, minha lembrança dele se tornava mais forte." Brandes era fluente em inglês, e Meiwes alegou que depois de comê-lo seu inglês melhorou. Essa noção de incorporar a essência de uma pessoa foi captada por uma canção inspirada por esse acontecimento e apresentada por uma banda de metal alemã. O refrão diz "Denn du bist was du isst", que significa "Porque você é o que você come".

EXIGENTE

Quando comecei a me interessar pelo prazer de comer, supus que a explicação de por que gostamos de alguns alimentos e não de outros viria da psicologia e da biologia evolutiva. Explicaríamos o que os humanos comem a partir de um es-

44 | PAUL BLOOM

tudo sobre gosto e cheiro, a partir da anatomia dos sentidos. Seríamos capazes de prever os alimentos de que gostamos a partir de fatos sobre as principais necessidades de nossos corpos e sobre os ambientes em que nossa espécie se desenvolveu. Nosso gosto para arte e música poderia, de modo plausível, ser o resultado de cultura, temperamento, experiência e sorte, mas certamente o gosto para comida é uma questão biológica, formado pela história de nossa espécie. Isso não está inteiramente errado. Existem, de fato, algumas preferências bem fixadas. Os humanos naturalmente gostam de coisas doces, porque o açúcar é uma boa fonte de calorias, e não gostam de coisas amargas, porque o amargor é um sinal de toxicidade. Alguns alimentos, como a pimenta, causam uma "queimação" desagradável; em algumas culturas, mães põem pimenta em seus seios para iniciar o processo de desmame, e seria cruel esguichar molho de pimenta dentro da boca de um bebê.[4]

Mas isso diz respeito aos universais humanos. Como observou o psicólogo Paul Rozin, somos onívoros — comemos praticamente qualquer coisa que possamos digerir.[5] Em relação a outros animais, há poucas restrições biológicas na dieta humana.

E as diferenças humanas? Em parte, isso pode ser explicado geneticamente. A maioria das pessoas no mundo tem intolerância a lactose; o leite é suportável apenas para uma minoria de humanos. Uma descoberta fascinante é a de que existe mais de um tipo de língua — mais ou menos um quarto de nós tem uma alta densidade de receptores e é, como Linda Bartoshuk originalmente explicou, um *superdegustador*.[6] Você pode descobrir se é um deles comendo algum alimento que deixe sua língua azul e pedindo a um amigo para contar seus botões gustativos que ainda estão

COMO O PRAZER FUNCIONA | 45

cor-de-rosa. Suas papilas fungiformes, onde ficam os botões gustativos, não absorvem a cor. Num procedimento mais simples, você pode pegar um papel com 6-n-propiltiouracil (PROP) (acessível na internet) e enfiá-lo na boca. Se tiver gosto de papel, você é como a maioria das pessoas; se for desagradável e amargo, parabéns, você é um superdegustador! Os superdegustadores são mais propensos a não gostar de uísque, café preto, couve-de-bruxelas e repolho. São especialmente sensíveis à acidez de uma laranja e à ardência de uma pimenta. Embora o status de superdegustador esteja relacionado a preferências alimentares, este é um indicador imperfeito. Minha mulher, uma superdegustadora, tem o comportamento previsível de não gostar de cerveja e refrigerantes diet, mas gosta de vegetais amargos, como nabo. É surpreendentemente difícil interpretar diferenças de gosto a partir da nossa fisiologia.[7]

Alguns anos atrás, houve uma discussão sobre a fisiologia da língua entre especialistas em vinho, desencadeada por um simpósio em Napa, Califórnia, no qual os participantes fizeram o teste do PROP. Previsivelmente, os degustadores de vinho que passaram no teste se gabaram de seu status de superdegustadores. O que complica a questão, porém, é que há não prova alguma de que os superdegustadores — apesar do *super* no nome — discriminam sabores diferentes melhor do que o resto de nós. Na verdade, eles tendem a ser *menos* propensos a gostar de vinho, devido à sua aversão à adstringência e à acidez.

Ninguém pode ainda explicar a maioria das variações nas preferências alimentares. Você pode pegar irmãos criados juntos na mesma casa e que têm em comum a metade de seus genes e ainda assim haverá diferenças. Eu odeio queijo, minha irmã adora e não sei explicar por quê.

46 | PAUL BLOOM

Ainda assim, há alguns fatores que fazem diferença. Se você quer saber o que uma pessoa gosta de comer, a melhor pergunta é: de onde você vem? A cultura explica por que algumas pessoas gostam de *kmichi*, outras de tortilhas, outras de Pop-Tarts. Explica por que norte-americanos e europeus não comem insetos, ratos, cavalos, cachorros ou gatos, enquanto outros comem. Alguns gostam até de carne humana, embora em circunstâncias restritas. Tudo isso é mais bem-explicado pelo lugar de onde eles vêm e pelo modo como foram criados.

Podemos agora passar a responsabilidade para um sociólogo ou um antropólogo, perguntando sobre as forças que levam as sociedades a estabelecer certos gostos. O antropólogo Marvin Harris desenvolveu um método conhecido seguindo essas linhas, baseado na teoria do forrageamento ótimo.[8] Para Harris, há uma lógica nessas escolhas. Alguns alimentos não valem a pena o trabalho de comer. Norte-americanos não comem cachorros, por exemplo, porque estes valem mais vivos — oferecem companhia e proteção. Os insetos não são adoráveis, mas coletá-los exige tempo; não vale a pena o esforço. (As exceções são os maiores, ou que se juntam em enxames de grande densidade, ou que vale a pena matar porque são ruins para as plantações; por isso, insetos como gafanhotos às vezes são bons de comer — conta-se que João Batista sobreviveu no deserto comendo apenas gafanhotos e mel.) Em lugares onde não se comem vacas, elas valem mais vivas do que mortas.

Embora as especificidades dessas propostas sejam controversas, Harris provavelmente está certo ao dizer que essas restrições não são acidentais. Mas o problema do ponto de vista do psicólogo é que não há qualquer ligação óbvia entre a explicação cultural e a explicação psicológica. A teoria de

COMO O PRAZER FUNCIONA | 47

Harris não explica as preferências alimentares de indivíduos. Fui criado no Canadá, e sem dúvida Harris poderia elucidar por que os canadenses não comem ratos, mas isso não explica por que eu pessoalmente evito ratos. Considerações racionais podem determinar escolhas culturais, mas não formam gostos individuais. Posso ser convencido de que a carne de rato é nutritiva, saudável e (para um degustador sem preconceitos) apetitosa, mas, ainda assim, teria ânsia de vômito ao ver um prato de rato frito diante de mim. Em contrapartida, fui convencido de que há excelentes motivos morais e práticos para não comer vacas. Mas um bife ainda tem um gosto delicioso.

Isso é típico do aprendizado cultural — a explicação no nível cultural geralmente nada tem a ver com a explicação no nível pessoal. Existem razões históricas pelas quais as pessoas em Damasco tendem a falar árabe e as pessoas em New Haven tendem a falar inglês, ou pelas quais os moradores de Damasco são provavelmente muçulmanos sunitas e os de New Haven, cristãos. Esses não são eventos aleatórios; têm explicações históricas. Mas as crianças criadas nessas culturas não sabem desses fatos históricos quando começam a falar sua língua e a venerar seu deus.

Então, o que determina as preferências individuais? Uma direção promissora é olhar para a experiência pessoal. Os humanos e outros animais têm sistemas neurais especiais que nos afastam de alimentos prejudiciais a nós. Se você come um alimento novo e depois fica doente ou enjoado, evitará esse alimento em outra ocasião — só de pensar em comê-lo, seu estômago ficará revirado.[9] Quando falo sobre esse assunto em minha aula de Introdução à Psicologia, peço histórias de aversão a comida, e sempre há quem não consiga comer alguma coisa porque ficou doente quando a experimentou pela primeira vez. Para uma estudante, foi comer sushi quando ela estava ficando gripada. Para mim, foi misturar *ouzo* — uma bebida grega — com cerveja quando eu estava na escola secundária e ficar violentamente doente. Quatro anos depois, eu ficaria enjoado com o cheiro inconfundível de alcaçuz.

Outro tipo de aprendizado é por meio da observação dos outros. Talvez, assim como os filhotes de ratos, nós descubramos quais são os alimentos seguros para comer — e consequentemente quais deles nos dariam prazer — monitorando o que nossos pais nos dão para comer e observando o que eles próprios comem. Os pais compartilham ambientes com os filhos, tendem a amá-los e a cuidar do bem-estar deles, portanto esse parece ser um mecanismo de aprendizado confiável.

Curiosamente, porém, para os humanos não é tão simples assim. Existe apenas uma relação pequena entre as preferências dos pais e as de seus filhos jovens.[10] Há evidências de uma relação mais forte entre irmãos, bem como entre casais casados. Essa última descoberta é particularmente intrigante, uma vez que você não está geneticamente relacionado a seu cônjuge.

Esses fatos podem ser explicados levando a sério a ideia de que o aprendizado alimentar é, em parte, uma forma de aprendizado cultural. Está mais do que verificado o que é nutritivo e não letal. Isso faz parte de estar socializado dentro de um grupo humano. E o aprendizado social se dá prestando atenção a seus semelhantes, como enfatizaram a psicóloga Judith Harris e outros. Você não come como seus pais pela mesma razão por que não se veste como eles, ou não xinga como eles, ou não gosta da mesma música. Isso explica a falta de relação entre pais e filhos e também a ligação próxima entre irmãos e entre marido e mulher.[11]

Para o bebê muito novo, não há alternativa além de prestar atenção nos adultos. Ainda assim, os bebês são inteligentes o bastante para ter algum raciocínio social. Num estudo sobre inteligência, bebês norte-americanos de 12 meses observaram dois adultos desconhecidos comendo comidas estranhas. Os dois estranhos falaram com os bebês, um deles em inglês e o outro em francês. Quando, mais tarde, os bebês foram solicitados a escolher entre as duas comidas, preferiram aquela que havia sido comida pelo adulto que falava inglês, o que reflete uma tendência a aprender com uma pessoa mais semelhante a você.[12]

NOJENTO

O problema com a carne humana não é o gosto ruim, num certo sentido objetivo. De acordo com a opinião geral, se você gosta de carne de porco, ficaria perfeitamente confortável comendo uma pessoa, contanto que não soubesse o que estaria comendo. (Dizem que a coisa mais próxima de comer uma pessoa é comer fiambre enlatado.)[13] Na verdade, há muitas histórias, charadas e fábulas que supõem que uma pessoa pode ser levada a comer carne humana e gostar, descobrindo apenas mais tarde o que era.

O que está errado na carne humana é a maneira como pensamos nela. Marvin Harris explica bem isso considerando os insetos: "O motivo pelo qual não os comemos não é por serem sujos e repulsivos; na verdade, eles são sujos e repulsivos porque não os comemos."[14] De modo semelhante, o que nos incomoda na carne humana é sabermos o que é. Isso é repulsivo. É nojento.

A emoção do nojo tem um papel interessante no que gostamos de comer. O nojo se desenvolveu como uma aversão

50 | PAUL BLOOM

ao podre e à contaminação, particularmente ao risco de uma carne em putrefação.[15] Uma pessoa pode não gostar, por exemplo, de inhame, torta de maçã, alcaçuz, *baklava*, passas ou macarrão integral, mas tipicamente há uma reação mais forte à carne, a comer cachorro, cavalo e rato. As aversões fortes ao que não é carne, e que de fato existem, tendem a provar a regra — tendem a ser a derivados de animais (como queijo e leite) e a alimentos que lembram animais na aparência ou na textura (Rozin observa que mariscos muitas vezes são vistos como semelhantes à genitália).

Charles Darwin expressou nossa reação a carnes novas em termos excepcionalmente fortes: "É incrível como uma ânsia de vômito ou o próprio vômito são induzidos imediata e instantaneamente em uma pessoa pela simples ideia de comer uma comida incomum, como um animal que normalmente não se come, embora não haja nada nessa comida que leve o estômago a rejeitá-la."[16] Isso é extremo; ou Darwin está exagerando ou seus contemporâneos vitorianos eram particularmente frágeis — não conheço ninguém que vomitaria apenas por pensar em comer um animal incomum. No entanto, ele está certo ao afirmar que é nojento.

Contei a história do desenvolvimento do nojo em detalhes em meu livro anterior, *Descartes' Baby* [O bebê de Descartes, em tradução livre].[17] Eis uma versão resumida: os bebês e as crianças pequenas não sentem nojo. Não se importam com seus dejetos nem com os de qualquer outra pessoa, aliás. Eles comerão gafanhotos e outros insetos. Paul Rozin e seus colegas fizeram uma experiência em que ofereceram fezes de cachorro a crianças pequenas (na verdade, era uma combinação de manteiga de amendoim e um queijo fedorento).[18] Elas comeram. Até onde eu sei, jamais um psicólogo deu um hambúrguer a uma criança

COMO O PRAZER FUNCIONA | 51

pequena e o descreveu como carne humana, mas aposto que a criança o devoraria alegremente.

O nojo começa a surgir mais ou menos aos 3 ou 4 anos. As crianças, depois, se desviarão de fezes e urina e saberão que um copo de suco ou de leite com uma barata dentro não é adequado para se beber.[19] Às vezes elas são hipersensíveis, obsessivamente preocupadas com aquilo no qual sua comida encosta e onde ela esteve. William Ian Miller, em *The Anatomy of Disgust* [A anatomia do nojo, em tradução livre], fala sobre seus filhos exigentes: a filha que se recusava a se limpar no vaso sanitário porque temia sujar a mão e o filho que tirava a calça e a cueca quando uma gota de urina se extraviava.[20]

Ninguém sabe o que desencadeia o surgimento do nojo. A noção freudiana de que isso está ligado ao treinamento para usar o vaso sanitário não é plausível. Há enormes diferenças sociais no modo como as crianças são ensinadas a urinar e defecar, e em muitas culturas não há vasos sanitários. Entretanto, todo mundo, em toda parte, tem nojo de urina e fezes. Outro problema para Freud é que o sangue, o vômito e a carne podre são universalmente nojentos, mas certamente não aprendemos isso no treinamento para usar o vaso sanitário. Parece mais provável que o desencadeador do nojo seja o tempo biológico, que é parte do desenvolvimento neural.

Algumas substâncias, como as fezes, são universalmente repugnantes, mas há também uma variação cultural, particularmente no que diz respeito à nossa reação à carne. A observação de Darwin nos diz algo importante sobre como esse aprendizado acontece. Não é que as crianças aprendam, uma a uma, quais são as carnes nojentas. Em vez disso, a carne é culpada até que se prove o contrário.

52 | PAUL BLOOM

Ou seja, as crianças monitoram os tipos de carne que as pessoas à sua volta comem e passam a ter nojo de tudo o que não é consumido. Nesse aspecto, a carne é especial. Um adulto pode querer comer novas frutas e vegetais e outros alimentos — quando eu era criança, nunca comia barras de granola, rolinhos Califórnia, bolinhos de camarão ou bolos de caranguejo, mas hoje em dia gosto de tudo isso. Eu jamais sequer experimentaria rato ou cachorro.

Algumas pesquisas sobre esse tema têm sido feitas por militares, porque soldados — e particularmente pilotos — podem se ver em situações em que sua dieta preferida não está disponível. Levar pessoas a comer coisas nojentas também é uma maneira perfeita de estudar sua receptividade a aceitar ordens.

Essa foi a motivação de um estudo publicado em 1961 por Ewart E. Smith, que começa com esta frase um pouco sinistra: "O Intendente do Exército apresentou recentemente à Matrix Corporation o problema de determinar os melhores métodos para mudar atitudes na organização militar." Eles exploraram diferentes técnicas para levar as pessoas a comer alimentos nojentos, inclusive insetos, gafanhotos fritos e "sanduíches de mortadela exposta a radiação". A principal descoberta é que você pode fazer as pessoas comerem essas coisas, mas não pode fazê-las gostar delas.[21]

POR QUE PESSOAS COMEM CARNE HUMANA?

Pessoas comem carne humana por desespero e fome, mas uma das coisas mais repugnantes para se dizer sobre as pessoas é que elas têm um estilo de vida canibal por opção.

COMO O PRAZER FUNCIONA | 53

Em 1503, a rainha Isabel determinou que os espanhóis só podiam tomar como escravos aqueles cuja sorte melhoraria com a escravização, o que motivou exploradores espanhóis a contar histórias horríveis sobre outras culturas. E o que poderia ser pior do que o canibalismo? Notando o forte estigma, um estudioso, nos anos 1970, escreveu um livro argumentando que não existem culturas canibais; tudo isso é um mito.[22]

No entanto, algumas acusações são verdadeiras, e há evidências claras de que essas sociedades existem. Seria estranho se fosse de outro jeito. De uma perspectiva evolutiva, a vida é uma disputa por, entre outras coisas, proteína. Quando se está numa sociedade industrial rica, é fácil esquecer que a maioria dos humanos vive desesperada por mais carne.[23] Devia ser óbvio que a solução para esse problema estava bem em frente a eles, em seus filhos, amigos, vizinhos e, certamente, naqueles que odiavam. Certamente outros primatas descobriram isso; uma causa importante de morte de bebês chimpanzés e gorilas é o infanticídio. Isso acontece por muitos motivos, mas uma consideração, como explica a antropóloga Sara Hrdy, é a de que os bebês são "uma fonte deliciosa de proteínas e lipídios".[24]

Existem duas maneiras de ser um canibal, ambas com vantagens e desvantagens distintas e ambas pressupondo a absorção da essência ou do espírito da pessoa digerida.[25]

Opção 1: Endocanibalismo: Espere as pessoas morrerem de causas naturais. Depois, coma-as.

Pelo lado positivo, este é um trabalho leve. Não exige esforço nem violência. O lado negativo é que suas refeições tendem a ser velhas, murchas e muitas vezes cheias de doenças perigosas. Em 1976, Carleton Gajdusek ganhou o Prêmio Nobel em parte por sua descoberta de que a doença de kuru no povo Fore, em Papua Nova Guiné, é resultado de práticas canibalescas, em particular a ingestão de cérebros.

Se você é um endocanibal, há muitas maneiras de comer seus mortos. Às vezes, é um modo solene; outras vezes, é frívola. Em raras ocasiões, as pessoas comem o corpo inteiro, mas tipicamente a carne não é consumida; em vez disso, os ossos são moídos ou o corpo é queimado até virar cinzas e então o pó é misturado a uma bebida ou a algo como banana amassada. O roqueiro Keith Richards descreveu uma variante moderna na revista de música britânica *NME*:[26]

> *A coisa mais estranha que já cheirei? Meu pai. Eu cheirei meu pai. Ele foi cremado, não consegui resistir e o misturei com um pouquinho de coca.*

O ponto-chave não é a ingestão de proteína. A ideia é absorver a essência de alguém amado. Para os endocanibais, deixar de fazer isso pode significar saúde ruim, infertilidade ou filhos fracos.

Opção 2: Exocanibalismo: Encontre pessoas jovens e saudáveis de outros grupos. Mate-as e coma-as.

Esta tem a vantagem de que pessoas jovens e saudáveis são boas fontes de proteína, e as desvantagens de que elas não querem ser comidas e são altamente motivadas a tomar medidas para evitar esse destino, medidas potencialmente perigosas para o aspirante a canibal.

COMO O PRAZER FUNCIONA | 55

Algumas pessoas comem seus prisioneiros. Este é um evento violento, que reflete certas crenças essencialistas. Os prisioneiros podem ser obrigados a lutar, na esperança de que sua bravura se transmita para os corpos daqueles que os comerão. Os astecas, por exemplo, amarravam o prisioneiro pela cintura, davam-lhe uma arma e o atacavam repetidamente até ele cair. Em seguida, ele era esticado e esfolado, para que a pele pudesse ser usada como capa e a carne fosse cortada e comida. Algumas sociedades têm rituais elaborados, inclusive diálogos preparados entre os canibais e os prisioneiros. Em um registro do Brasil, em 1554, há o seguinte diálogo:[27]

> *Membro da tribo*: Eu sou aquele que matará você, porque você e os seus mataram e comeram muitos amigos meus.

> *Prisioneiro*: Quando eu estiver morto, ainda haverá muitos para vingar minha morte.

Os dois tipos de canibalismo, portanto, têm como motivador a apropriação do espírito e da essência dos outros. Seria este o verdadeiro motivo pelo qual pessoas comem pessoas? Um cínico poderia se perguntar se o ritual surge por outro motivo e depois essas crenças essencialistas são aplicadas a ele, da mesma maneira que alguns seguidores das leis da Kashrut falam sobre os benefícios dessa dieta, embora não seja a motivação original de sua escolha.

O exocanibalismo pode, de fato, ter começado por causa dos benefícios à saúde resultantes de comer humanos saudáveis, com a vantagem adicional de aterrorizar os inimigos.

56 | PAUL BLOOM

Mas isso não é plausível para o endocanibalismo. Não há um benefício tangível em moer pessoas idosas e comê-las. É melhor acreditar no que dizem os canibais: eles as comem para preservar e proteger as essências invisíveis de seus entes queridos.

CANIBALISMO COTIDIANO

A discussão sobre canibalismo até agora se concentrou no exótico, no primitivo e no criminalmente insano. Você provavelmente não é nada disso e, por conseguinte, não é um canibal. Mas você tende a fazer coisas canibalescas e a ter pensamentos canibalescos. A ideia de poder adquirir a essência de uma pessoa ingerindo-a é comum.[28]

Um exemplo conhecido disso diz respeito à Eucaristia, um ritual praticado regularmente por milhões de católicos, que acreditam estar ingerindo o corpo e o sangue de Cristo.[29] A associação canibalesca aqui é fácil e foi usada em ataques aos católicos no século XVI, quando pessoas argumentaram que o ritual refletia uma propensão mais geral a comer carne humana. Isso por si só lembra a difamação sanguinária contra os judeus, acusados de cozinhar bebês cristãos e usá-los para fazer o ázimo. Há um rico debate teológico sobre se a Eucaristia realmente pode ser considerada canibalismo, mas, independentemente disso, ela com certeza *parece* canibalesca.

Aquele que come minha carne e bebe meu sangue tem a vida eterna, e eu o ressuscitarei no último dia.[30]

Não sou católico, mas há algo que faz sentido nisso, em absorver a essência de uma pessoa comendo-a. Trata-se de um ato de amor, que lembra os monstros de *Onde vivem os monstros*, de Maurice Sendak. Quando o menino, Max, começa a voltar para casa, eles gritam: "Ah, por favor, não vá embora. Nós vamos comer você. Gostamos tanto de você!"[31]

O único exemplo que conheço de canibalismo contemporâneo socialmente aprovado e honesto com Deus (não simbólico, mas de carne e sangue de verdade) é a ingestão de placentas. Isso é mais comum em algumas regiões da Ásia, mas ocorre nos Estados Unidos e na Europa, onde é parcialmente motivado pelo movimento New Age. Um site discute o assunto no contexto de "solidariedade a outros mamíferos" e descreve várias receitas:

> *O método mais popular, ao que parece, é preparar a placenta fresca com alho e molho de tomate. Também se fazer com ela uma lasanha ou uma pizza, misturá-la a um suco de vegetais ou fazer um smoothie de placenta, ou ainda secá-la e salpicá-la na salada. O máximo da culinária de placenta é o sashimi de placenta e o tartar de placenta (superfácil de preparar — apenas fatie e sirva!).*[32]

Diz-se, corretamente, que a placenta é uma boa fonte de proteína, mas não há qualquer deficiência de proteína no estilo de vida de um norte-americano moderno. Não é por isso que algumas pessoas se dão ao trabalho de comê-la. Às vezes se diz, em vez disso, que a placenta tem certos poderes, como imunização contra a depressão pós-parto.

Houve pelo menos um caso de ingestão de placenta televisionado. Num episódio da série britânica *TV Dinners*, em 1998, um chef famoso criou um jantar surpresa para uma mulher que acabara de ter um filho. Ele fez um patê de placenta e o serviu sobre uma focaccia. Muitos dos convidados do jantar ficaram chocados e o programa foi seriamente criticado pela British Broadcasting Standards Commission.[33]

Esta pode até ser uma diversão inofensiva, mas existem manifestações terríveis de canibalismo moderno. Há tráfico de partes de corpos, principalmente de jovens, como parte do sistema de crença africano conhecido como *muti*.[34] Na Tanzânia, médicos bruxos comercializam pele, ossos e cabelo de albinos em poções que dizem trazer boa sorte. Dezenas de albinos foram mortos, incluindo várias crianças pequenas.[35]

VOCÊ É O QUE VOCÊ COME

Uma mentalidade essencialista pode levar você a parar de comer certos alimentos. Quando Gandhi comeu cabra pela primeira vez, afirmou sentir que a alma do animal estava gritando em sua barriga, um excelente incentivo a se tornar vegetariano.[36] O essencialismo pode levar você a comer mais certos alimentos. Antes da invenção do Viagra e de seus derivados, homens desesperados comiam animais e partes de animais como afrodisíacos. A refeição era escolhida por diferentes motivos, às vezes por causa da juventude do animal, às vezes por sua virilidade, às vezes porque a parte representava o pênis ereto desejado e às vezes por nenhuma razão óbvia. Algumas supostas curas para a impotência eram:[37]

- partes de corpos humanos;
- chifres de rinoceronte;

COMO O PRAZER FUNCIONA | 59

- pênis de tigre;

- pênis de foca;

- ostras;

- camarão;

- dentes de crocodilo;

- pênis de lobo assado.

Diz-se que carne é bom para esse tipo de coisa e, num trabalho não publicado, Paul Rozin argumenta que humanos de todos os lugares associam a carne à masculinidade.[38] Na pós-graduação, tive um colega de quarto russo que insistia na relação entre ingestão de carne e virilidade sexual e zombava da potência de seus amigos vegetarianos.

Um efeito bastante diferente é associado à água. Os norte-americanos gastam cerca de US$ 15 bilhões por ano em água engarrafada, mais do que gastam em entradas de cinema.[39] Bebem mais água engarrafada do que leite, café ou cerveja. Isso é intrigante, porque na maioria dos lugares do país a água engarrafada não é mais saudável ou mais saborosa do que a água de torneira (com frequência é pior). Há também o custo ambiental considerável da produção de garrafas plásticas e do transporte de água em caminhões. E a água engarrafada custa mais, por volume, do que a gasolina. O que a torna tão atraente?

Uma resposta é que somos atraídos por sua pureza. Em geral, as pessoas preferem o natural ao artificial.[40] Desconfiamos de medicamentos antidepressivos, mas nos sentimos confortáveis com remédios com ervas, como ginkgo biloba. Alimentos geneticamente modificados são repulsivos para

60 | PAUL BLOOM

muitos. Essa fome de natural representa um problema do ponto de vista do mercado. Como explica o escritor e ativista Michael Pollan em *O dilema do onívoro*, é difícil ganhar dinheiro com alimentos naturais integrais. Em parte porque, como disse a ele o vice-presidente da General Mills, você não consegue distinguir facilmente o milho ou o frango de sua empresa do milho e do frango de qualquer outra pessoa. Para ter lucro, ajuda transformar o milho num cereal com uma marca e o frango num produto congelado embalado. Pollan conta que, nos anos 1970, um fabricante de aditivos de alimentos chamado Flavors & Fragrances tentou convencer as pessoas a deixar de lado os alimentos naturais, argumentando que os artificiais seriam melhores para você. Os ingredientes naturais seriam "uma mistura desordenada de substâncias criadas por plantas e animais para objetivos completamente não alimentares — sua sobrevivência e reprodução". Nós os comemos por nossa própria conta e risco.[41]

Entretando, essa nunca foi uma estratégia viável. Uma atitude mais inteligente é explorar as propensões das pessoas, criar novos produtos e vendê-los como naturais. A água engarrafada é o exemplo mais bem-sucedido disso.

Agora, há uma alternativa a essa teoria essencialista, muitas vezes apresentada como explicação de preferências presumivelmente irracionais e que tem, penso eu, um mérito considerável. É a de que a água engarrafada é um sinal de status. Isso é um exemplo do que o sociólogo Thorstein Veblen chamou de "consumo conspícuo", uma maneira de anunciar quanto dinheiro você tem ou, de modo mais geral, de exibir suas características positivas como pessoa. Se fosse grátis ou tivesse benefícios óbvios para a saúde, a água seria inútil como um sinal disso e, de acordo com a justificativa da sinalização, menos pessoas a beberiam.

COMO O PRAZER FUNCIONA | 61

Essa teoria da sinalização tem um alcance considerável.[42] Muitas vezes é aplicada à compra de arte moderna. Qualquer imbecil pode comprar e apreciar uma bela pintura, mas gastar milhões de dólares em arte abstrata pode demonstrar uma combinação de riqueza e discernimento. Depois que começa a pensar em sinalização, você a vê em toda parte. Às vezes me pergunto se a sinalização pode explicar por que escolas particulares caras ensinam latim. As escolas insistem que se trata de um estudo que intelectualmente vale a pena, mas a alternativa é de que é popular apenas porque combina a dificuldade, a associação com o poder... E a total inutilidade, o que o torna um sinal ideal de status. Se o latim ajudasse as crianças a aprender outras línguas e melhorasse suas mentes de alguma maneira, as escolas públicas talvez começassem a ensiná-lo, e um proponente da teoria da sinalização preveria que as escolas privadas desistiriam de lecioná-lo e fariam seus alunos estudarem sânscrito ou caligrafia uma hora por dia.

Esse tipo de teoria geralmente é considerado uma sinalização para outras pessoas e, como estratégia, é para isso que existe. Talvez, porém, nós também sinalizemos para nós mesmos. Eu posso querer assegurar *a mim mesmo* que sou o tipo de pessoa que pode e se importa em pagar por algo especial, e então posso comprar uma Perrier para meu uso particular. Como diz o jingle da propaganda: Porque eu mereço.

Mesmo que a sinalização tenha algum papel, o essencialismo ainda é necessário para explicar outros fatores, como o medo de alimentos geneticamente modificados, as crenças no canibalismo e o uso da comida como afrodisíaca. O essencialismo explica nossa intuição de que as propriedades invisíveis do que comemos — como a coragem de

PAUL BLOOM

um guerreiro ou a pureza da água engarrafada — vão nos impregnar. Então não pode ser tudo sinalização; as evidências apontam também para uma mentalidade essencialista.

SABOROSO

Como fundador e CEO da Perrier North America, era importante para Bruce Nevins transmitir às pessoas como é bom o sabor de seu produto. Ele teve um dia ruim quando foi a um programa de rádio ao vivo e foi solicitado a escolher a Perrier num conjunto de sete copos d'água, acertando apenas na quinta tentativa.

Não há nada de errado em seus botões gustativos. Em testes cegos de sabor com águas em temperaturas iguais, é quase impossível perceber a diferença entre a água de torneira e as águas engarrafadas luxuosas.

Eu apostaria que, depois de sair do programa de rádio e voltar para sua vida, Nevins ainda considerava o gosto da Perrier realmente bom — o teste na rádio não provara o contrário. Se isso aconteceu, ele estava certo. Ou seja, uma pessoa que prefere o gosto da Perrier ao de outras águas, mas fracassa num teste cego, não é desonesta nem está confusa. A Perrier realmente tem um gosto ótimo. Só que para apreciar seu gosto ótimo, você tem que saber que é Perrier.[43]

Vários estudos têm mostrado que o modo como você pensa sobre comidas ou bebidas afeta o modo como as julga.[44] O esquema desses estudos geralmente é simples. Você pega dois grupos de pessoas, dá a ambos exatamente a mesma coisa para comer e beber, mas a apresenta de maneiras diferentes. Em seguida, pergunta se gostaram. Os estudos verificam, por exemplo, que:

COMO O PRAZER FUNCIONA | 63

- as barras de proteína têm um gosto pior quando descritas como "proteína de soja".

- o suco de laranja tem um gosto melhor quando tem um tom laranja forte.

- o iogurte e o sorvete são mais saborosos quando descritos como tendo teor de gordura normal ou elevado.

- as crianças acham que o leite e a maçã têm gostos melhores quando estes são retirados de sacolas do McDonald's.

- a Coca-Cola tem uma avaliação melhor quando é bebida num copo com o logotipo da marca.

Este último estudo foi repetido com uma diferença cerebral: com os participantes numa máquina de ressonância magnética. Quando foi feito o teste cego para Coca-Cola e Pepsi, com os líquidos sendo esguichados na boca das pessoas por um tubo, o sistema de recompensa do cérebro se iluminou e as pessoas ficaram divididas por igual.[45] Mas quando elas foram informadas sobre o que estavam bebendo, um padrão de ativação cerebral diferente surgiu: a preferência das pessoas mudou de acordo com a marca de que elas gostavam mais.

As descobertas mais provocativas têm a ver com o vinho. Você pode tomar o mesmo vinho e rótulo de maneiras diferentes, e isso afeta o modo como as pessoas o classificam, inclusive especialistas. Num estudo, um Bordeaux recebeu um rótulo de *grand cru classe* ou de *vin du table*.[46] Quarenta especialistas disseram que o vinho com o rótulo sofisticado era bom, enquanto apenas 12 disseram o mesmo do rótulo barato. O *grand cru* era "agradável, com um traço de madeira, complexo, equilibrado e redondo", enquanto o *vin du table* era "fraco, limitado, leve, sem graça e imperfeito".

Isso piora. Você pode pensar, no mínimo, que a diferença entre o vinho tinto e o vinho branco é óbvia. Mas talvez não seja. Numa festa, leve um vinho branco, ponha-o numa taça escura e pergunte a seus amigos o que eles acham do vinho tinto que você está lhes oferecendo. Quando Frederic Brochette fez isso, muitos enólogos o provaram como tinto e o descreveram como tal, usando termos como "encorpado" e "frutas vermelhas esmagadas".

Minha descoberta recente favorita foi relatada num artigo chamado "Can People Distinguish Pâté from Dog Food?" ["As pessoas conseguem distinguir patê de comida de cachorro?", em tradução livre]. Se você tritura um produto chamado Canned Turkey & Chicken Formula for Puppies/ Active Dogs num processador de alimentos e o enfeita com salsinha, as pessoas não conseguem distingui-lo, com confiança, de musse de fígado de pato, patê de fígado de porco, linguiça de fígado ou fiambre.[47]

Há duas maneiras de dar sentido ao que está acontecendo aqui.

Uma delas é que existe um processo com duas etapas. Primeiro, o modo como você prova alguma coisa se baseia nas propriedades físicas daquilo que é provado — isso está no nariz e na boca. Depois, na segunda etapa, sua crença sobre o que está provando transforma, modifica e elabora a lembrança do gosto.

Presenciei uma conversa entre um adulto e um menino de 4 anos chamado Jonah na qual o pequeno foi explícito em relação a essas duas etapas.

Adulto: O que você prefere? Iogurte congelado ou sorvete?

Jonah: Os dois têm o mesmo gosto. Na verdade, eu gosto mais de iogurte congelado.

Adulto: Por que você gosta mais se os dois têm o mesmo gosto?

Jonah: Provar iogurte congelado foi o momento mais feliz da minha vida. Normalmente sou muito, muito feliz. Quando provei iogurte congelado na casa da vovó e do vovô, quando eu estava provando, eu estava muito, muito, muito, muito feliz.

Jonah está fazendo uma distinção entre o gosto de uma coisa e o quanto gosta dela. Sorvete e iogurte congelado têm o mesmo gosto, mas ele gosta mais de iogurte congelado. Talvez seja assim que o conhecimento afete as preferências. O conhecimento não muda a experiência em si, mas o valor dado a ela, e isso altera o modo como falamos sobre ela e pensamos nela.

A segunda possibilidade é mais forte: a crença afeta a experiência em si. Ou seja, as pessoas não dizem: "Parece um vinho mais ou menos, mas como eu sei que é um *grand cru*, deve ser mais do que isso." Elas dizem: "Bom!"

O psicólogo Leonard Lee e seus colaboradores fizeram uma experiência brilhante para distinguir essas possibilidades. Eles foram a pubs em Cambridge, Massachusetts, e pediram às pessoas para provar "MIT brew" — Budweiser ou Sam Adams com várias gotas de vinagre balsâmico adicionadas. Num teste cego, as pessoas tenderam a preferir MIT brew à cerveja sem vinagre — mas se você apenas pergunta a elas, elas *acham* que o vinagre piora o gosto da cerveja.

A principal experiência foi feita com outro grupo de pessoas. Metade delas foi informada que o vinagre havia sido adicionado e depois bebeu a cerveja. E a outra metade bebeu a cerveja e depois foi informada que o vinagre havia sido adicionado. Em seguida, perguntou-se aos dois grupos o quanto eles haviam gostado de MIT brew.[48]

A lógica é essa. Suponha que a teoria fraca esteja certa — você prova o que bate em sua língua e o que você sabe afeta sua opinião sobre esse gosto. Se é assim, então não deveria importar quando você fica sabendo que o vinagre foi adicionado. Se você acha que isso piora o gosto da cerveja, deveria afetar sua percepção sobre esse gosto. Mas se a opção forte está certa, o momento deve importar. Se as pessoas são informadas que a cerveja tem vinagre antes de bebê-la, deveriam achar o gosto pior, porque seu conhecimento modifica a experiência. Mas se elas só são informadas depois, é tarde demais. Elas já provaram e, portanto, esse conhecimento não pode afetar a experiência em si.

A teoria forte vence. Se você espera que o gosto seja ruim e depois bebe, o gosto é ruim. Mas se você já provou, saber o status da bebida não faz diferença. Pelo menos no caso da cerveja, as expectativas afetam nossa experiência em si, não nossa interpretação da experiência depois do fato.

Essa conclusão é reforçada por um estudo engenhoso em que foram mapeados os cérebros de pessoas enquanto elas provavam um vinho.[49] O vinho era sempre o mesmo, mas era descrito como tendo o preço de US$ 10 ou US$ 90. Como você esperaria dos estudos descritos anteriormente, as pessoas disseram gostar mais do vinho descrito como mais caro. O mais interessante é que, embora algumas partes do cérebro fossem insensíveis à manipulação do preço (ou seja,

COMO O PRAZER FUNCIONA | 67

num nível sensorial bruto, o cérebro estava respondendo apenas às sensações de gosto e cheiro), o padrão geral é compatível com um efeito de fusão, em que as expectativas com o sabor são integradas à experiência sensorial num nível baixo. A proposição é de que isso acontece no córtex orbitofrontal medial, a mesma parte do cérebro ativada no estudo da Coca-Cola/Pepsi descrito anteriormente.

Foi feito um estudo semelhante em que cientistas apresentaram a pessoas um odor descrito ou como "queijo cheddar" ou como "odor do corpo" (era ácido isovalérico com um pouco de aroma de queijo cheddar); a descrição teve o efeito esperado na experiência e levou a uma diferença de ativação na mesma parte do cérebro.[50] Isso lembra um episódio de um programa de televisão que vi certa vez (*Family Guy*) em que um personagem cheira e comenta: "Ou isso é carne ruim ou é queijo bom." Os estudos sugerem que, quando você sabe a resposta, sente o cheiro de maneira diferente.

Não quero superestimar o poder da expectativa. Se o gosto fosse inteiramente uma questão do que alguém acredita, as pessoas não precisariam de botões gustativos e bulbos olfatórios. Afinal de contas, estes evoluíram para nos fornecer informações sobre o mundo externo. Podemos não saber muito sobre uma comida e dar uma mordida para ver como é. Às vezes, nossa experiência física pode suprimir nossas crenças: "Eu sei que isso é um *vin du table*, supostamente nada especial, mas é o melhor vinho que já provei", ou "Eu sei que essa carne tem a essência de um grande guerreiro, mas, eca, é meio fedorenta".

Não é que a sensação não tenha papel algum na experiência. Na verdade, a sensação é sempre disfarçada por nossas crenças, incluindo nossas crenças sobre essências. Isso pode levar a um ciclo que reforça mutuamente. Suponha que você pense que a Perrier é mais pura do que a água de torneira, de algum modo superior. Isso melhora a sua experiência com o gosto dela: quando você bebe Perrier, gosta mais dela. Isso, por sua vez, reforça sua crença, o que melhora o seu gosto, e assim por diante. Se você acredita que alimentos geneticamente modificados têm um gosto estranho, você os experimentará como tendo um gosto estranho, o que sustentará sua suposição de que há algo errado nesse tipo de alimentos, o que tornará o gosto deles pior no futuro etc.

Esse tipo de ciclo não é específico para comidas e bebidas. Se você é aficionado por música e acredita que caixas de som caras melhoram significativamente sua experiência musical, estará propenso a experimentar isso, o que reforçará sua crença sobre o valor das caixas de som caras. Não é específico sequer para o prazer. Suponha que você acredite que homens gays são afeminados. Isso afetará sua experiência e você ficará mais propenso a interpretar o ato de um homem gay como afeminado do que se você visse o mesmo comportamento em um heterossexual. Sua experiência — "Ei, aquele cara era bem afeminado!" — reforçará, assim, seu estereótipo. Ao distorcerem as experiências, as crenças, incluindo as crenças essencialistas, acumulam apoio a si próprias, motivo pelo qual é tão difícil mudar nossas mentes em relação a qualquer coisa.

PRAZER, DOR E PUREZA

Pode ser que nunca saibamos como é ser um cachorro ou um gato, mas o comportamento, a fisiologia, o nicho adaptativo, a estrutura cerebral e a neuroquímica desses animais sugerem totalmente que eles têm prazer com a comida. O que é exclusivamente humano, porém, é o nosso rico sistema de crenças sobre o que comemos e por que comemos. Não

COMO O PRAZER FUNCIONA | 69

importa para um cachorro, por exemplo, se sua comida é natural ou artificial, feita por uma pessoa querida ou um inimigo desprezado. Pôr a palavra "Perrier" na tigela de água não fará um cachorro beber mais rápido.

Há também uma diferença entre o que as pessoas gostam e o que elas escolhem. Para mim, a Coca-Cola comum tem um gosto melhor do que a Coca Diet, mas bebo a Diet por causa das calorias da outra. As escolhas humanas podem estar dissociadas do prazer; as de outras criaturas, não. Se meu cachorro tem uma dieta, a escolha é minha, e não dele.

Por fim, existe uma autoconsciência em nossos prazeres. Os humanos podem observar o prazer ou a dor sentida e podem ter mais prazer ou dor com essa observação. As emoções podem alimentá-los. Você pode gostar de estar com seus amigos, digamos, e pensar em sua própria felicidade pode agradá-lo — você é *um bon vivant*, fazendo o melhor de sua vida, o que é um pensamento agradável. O outro lado da moeda, mais conhecido por alguns de nós, é que uma pessoa pode se sentir miserável por se sentir miserável.

O que é mais interessante é que sentimos dor com o prazer e prazer com a dor. Somente os humanos gostariam dessa receita do (felizmente fictício) *Livro de culinária do masoquista*:[51]

Nozes-pecãs com canela e calda de rum com laranja
Serve 4 pessoas

2 ½ xícaras de nozes-pecãs cruas
1 xícara de rum
2 colheres de chá de açúcar mascavo
¼ de colher de chá de sal
½ colher de chá de canela em pó
casca de 1 laranja

Torre as nozes-pecãs a 176 graus por 5 minutos. Numa panela grande, acrescente o rum, o açúcar, a canela e a casca de laranja. Leve à fervura. Nesse momento, pode ser que você queira telefonar para o serviço de emergência. Tire a calça. Morda uma luva de forno e derrame a mistura escaldante sobre a genitália.

Esta é uma forma radical de masoquismo, envolvendo sérios danos corporais. Uma forma mais moderada é a que Rozin e seus colegas descreveram como "masoquismo benigno" — parece que gostamos de experiências um pouco desagradáveis. Banhos quentes. Passeios na montanha-russa. Forçar-se até o limite ao correr ou levantar pesos. Filmes de terror. Não gostamos dessas coisas *apesar* da dor; gostamos, pelo menos em parte, *por causa* da dor.

Há diferentes teorias sobre os motivos. Talvez seja o prazer da descarga de adrenalina. Talvez sejam as demonstrações viris de como somos fortes — mais sinalização. Talvez sejam os opiáceos liberados juntamente com a dor — e a onda dos opiáceos supera a dor. Tenho minhas teorias favoritas, sobre as quais falarei em outro capítulo, mas aqui quero apenas observar, como faz Rozin, que isso acontece o tempo todo com a comida. Algumas comidas e bebidas muito comuns são repugnantes. De início, poucas pessoas gostam de café, cerveja, tabaco ou pimenta.

O prazer proveniente da dor é exclusivamente humano. Nenhum outro animal come esses alimentos quando há alternativas. Filósofos têm procurado a característica definidora dos humanos — linguagem, racionalidade, cultura e assim por diante. Eu defenderia isto: o homem é o único animal que gosta de molho de pimenta.

Há também a dor proveniente do prazer. Uma versão moderada disso está relacionada às violações da etiqueta.[52]

COMO O PRAZER FUNCIONA | 71

Para o ser humano, comer é mais do que um prazer sensorial e uma necessidade biológica; é um ato social carregado de significados.[53] As regras para comer diferem de cultura para cultura, mas sempre há regras — aqui você deve arrotar, ali você deve usar uma colher, aqui você usa a mão direita, mas não a esquerda. Violar essas regras pode levar à vergonha e à culpa. Leon Kass, em seu fascinante livro *The Hungry Soul* [A alma faminta, em tradução livre], leva isso além, sugerindo que as práticas de comer mostram um reconhecimento autoconsciente que nos difere de outros animais. Para Kass, nossa resposta às violações, em nós mesmos e nos outros, reflete uma preocupação com a nossa humanidade.

Kass teme que esses rituais estejam acabando, e num certo sentido ele está certo. As proibições de comer em público estão quase completamente extintas, e o ato de comer muitas vezes está destituído de seu significado social. Segundo uma estimativa, aproximadamente uma em cada cinco refeições nos Estados Unidos é feita no carro e, por causa disso, uma das maiores invenções relacionadas à comida no século passado foi uma maneira de comer frango com apenas uma das mãos: os nuggets de frango.[54]

Embora a etiqueta possa estar desaparecendo, a moralidade está expandindo para tomar o seu lugar.[55] A comida é um domínio particularmente moral. Há algumas coisas que não se deve comer. Muitas pessoas estão moralmente horrorizadas com o sofrimento dos animais criados para virar nossa comida. E lembre-se que uma objeção ao canibalismo — mesmo o canibalismo consensual — tem a ver com a moralidade. Você pode duvidar que Brandes, a vítima de Meiwess, tivesse capacidade para fazer a escolha que fez; e mesmo quando você come alguém que teve morte natural, isso pode ser visto como uma demonstração de

72 | PAUL BLOOM

falta de respeito, talvez uma desconsideração geral pela dignidade humana.

O filósofo Kwame Anthony Appiah tem um argumento revelador sobre pureza e política, no qual observa que os conservadores podem ser obcecados pela moralidade do sexo, mas os liberais têm uma obsessão semelhante por comida. Conforme ele explica (admitindo que isso é um pouco caricatural), o liberal sofisticado

> *preza a comida orgânica que não é contaminada por pesticidas e aditivos e se arrepia com o modo como os agronegócios têm devastado o meio ambiente. Seu compromisso com a comida orgânica e de produção local é mais do que uma preferência de consumidor; é uma política e uma ética.*

Às vezes somos tentados a dicotomizar nossos desejos em apetites animais simples *versus* gostos humanos mais civilizados. Mas talvez essa dicotomia não exista. Mesmo um prazer como o de satisfazer a fome é afetado por preocupações com a essência e a história, com a pureza e a ofensa moral. Há sempre uma profundidade no prazer.

3. Enganos na cama

Imagine descobrir que você estava enganado em relação à pessoa com a qual acabou de fazer sexo. Talvez você tenha pensado que era seu marido, mas era o irmão gêmeo dele. Ou tinha acreditado que era uma prostituta, mas era sua mulher, disfarçando-se para testar sua fidelidade. Talvez a confusão ou decepção não seja com quem você está dormindo, mas com o que — alguém que pensara ser um homem era uma mulher, ou uma mulher era um homem, ou um adulto era uma criança, ou um estranho era um parente —, assim como aconteceu com Édipo, condenado a se casar com sua mãe e a matar seu pai. Na ficção, uma pessoa pode descobrir que um parceiro sexual era um robô, um monstro, um alienígena, um anjo ou um deus.[1]

O termo *bedtrick* foi cunhado por estudiosos de Shakespeare que ficaram impressionados com a repetição desse contexto em suas peças. Em seu extraordinário livro sobre o tema, a estudiosa de religiões Wendy Doniger observa que não é possível encontrar um gênero, um lugar ou um período histórico em que os enganos (ou trapaças) na cama não sejam um tema recorrente. Somos obcecados por isso — e sempre fomos.

Há uma passagem encantadora, por exemplo, na *Odisseia* — escrita há cerca de 2.500 anos — em que Ulisses retorna de suas viagens, mas sua mulher rejeita seus avanços, incer-

74 | PAUL BLOOM

ta se aquele é realmente seu marido. Ulisses está zangado, mas Penélope insiste, dizendo que eles devem dormir em quartos separados. Ela começa a agir para que a cama de casal deles seja retirada do quarto, mas ele afirma que não pode; e lembra a ela que ele a construiu. Nesse momento, Penélope está certa de que ele é seu marido, mas a essa altura Ulisses está furioso com ela por duvidar. Ela implora por seu perdão:[2]

> Mas agora não te encolerizes nem enfureças contra mim
> porque, no princípio, quando te vi, não te abracei logo.
> É que o coração no meu peito sentia sempre
> um calafrio quando pensava que aqui poderia
> vir algum homem que me enganasse com palavras
> Muitos só pensam no mau proveito.*

Um engano na cama pode ser uma fantasia, uma infidelidade sem culpa, em que você pode dormir com uma pessoa nova sendo ainda fiel a seus votos. Mais frequentemente, porém, é um pesadelo. Um engano na cama pode ser, legal e moralmente, um estupro — particularmente humilhante, pois a vítima é enganada para se tornar cúmplice. Em geral, a vítima é uma mulher, embora uma variante popular na ficção seja o homem heterossexual ser enganado para fazer sexo com outro homem. A revelação pode levar à repulsa; em *Traídos pelo desejo*, ao descobrir que Dil tem um pênis, Fergus se sente mal fisicamente e vomita.

A Bíblia hebraica é repleta de enganos na cama. Num dos mais conhecidos, Jacó leva seu pai a acreditar que ele é Esaú e a lhe entregar seu direito de primogenitura (não

---

*Homero. *Odisseia*. Trad. de Frederico Lourenço. Lisboa: Cotovia, 2010. (*N. do E.*)

há sexo, mas isso acontece na cama). Quando as filhas de Ló o embebedam e têm relação sexual com ele, é um tipo de engano na cama; e um caso claro é quando Tamar se disfarça de prostituta para fazer sexo com seu sogro. Mais famosa é a história em que Jacó trabalha vários anos para Labão a fim de ganhar o direito de se casar com Raquel, mas na noite de núpcias Labão o engana, trocando uma filha por outra: "E aconteceu que, pela manhã, viu que era Lia; pelo que disse a Labão: Por que me fizeste isso? Não te tenho servido por Raquel? Por que então me enganaste?"[3] (Num reconhecimento simbólico desse acontecimento, na cerimônia de casamento judaica contemporânea o noivo abaixa o véu sobre o rosto da noiva, para se assegurar de que está se casando com a mulher certa.[4])

O engano na cama ilustra bem como o prazer sexual não se resume à sensação física, tendo também raízes nas crenças sobre quem e o que alguém realmente é. Neste capítulo, argumentarei que o essencialismo pode proporcionar uma nova maneira de dar sentido ao sexo e ao amor.

Para contar essa história, preciso começar bem do início.

SEXO SIMPLES

A história simples do prazer é que os animais evoluem para aproveitar o que é bom para eles; o prazer é a cenoura que os conduz para atividades reprodutivamente úteis. (A dor é a vara.) É boa a sensação de beber quando se tem sede e comer quando se tem fome porque os animais que tendiam a sentir esses prazeres produziam mais filhotes do que aqueles que não o faziam.

76 | PAUL BLOOM

Essa lógica se aplica facilmente ao sexo. Se um animal busca oportunidades para se acasalar e outro é indiferente, todo o resto permanecendo igual, o primeiro terá mais filhotes no futuro. Sob uma perspectiva evolutiva, a castidade é um suicídio genético: você não pode ter filhos sem fazer sexo, e o sexo, assim como a comida, é o tipo de coisa que alguém geralmente tem que trabalhar para conseguir, não vem simplesmente até você. Portanto, desenvolvemos uma motivação para buscá-lo, assim como os cachorros, os chimpanzés, as cobras e muitas outras criaturas.

Esse apelo à seleção natural não é controverso. Existem muitos tipos de atividade humana cujo valor adaptativo não é claro e que não parecem relacionados de qualquer maneira óbvia às atividades de outras espécies. Podemos discutir razoavelmente as origens evolutivas dos nossos prazeres, digamos, com a música, as artes visuais ou as descobertas científicas, e isso é parte do que faremos no resto do livro. E alguns aspectos do sexo são bastante misteriosos. (Seria o orgasmo feminino uma adaptação biológica ou um acidente anatômico? Por que algumas pessoas são exclusivamente homossexuais? Qual é a origem dos fetiches sexuais?) Mas o prazer da intimidade sexual não tem mistério algum. Gostar de sexo tem muito a ver com fazer sexo, e fazer sexo tem muito a ver com fazer filhos. É difícil pensar num exemplo melhor de como um desejo seria um resultado da seleção natural.

Mas essa análise evolutiva simplista não nos leva muito longe. Ela nos diz pouco sobre a natureza precisa desse desejo evoluído. Talvez não haja mais nada a ser dito. Pode--se imaginar que desenvolvemos um "instinto sexual", uma espécie de impulso indiscriminado para o cio, e nada mais. Um observador descreve o sapo da seguinte maneira:

Se um macho vê algo se movendo, há três possibilidades: se ele é maior do que eu, eu fujo dele; se é menor, eu o como; e se é do mesmo tamanho, eu me acasalo com ele. Se a criatura com a qual ele estiver se acasalando não reclamar, provavelmente é da espécie certa e do sexo certo.[5]

Em sua discussão sobre isso, Wendy Doniger observa: "Todos nós sabemos que os homens são como esse sapo." A maioria concordaria que a sexualidade humana é mais complicada do que isso, mesmo para os homens, mas talvez essa complexidade adicional tenha pouco a ver com a evolução. Sabemos, afinal de contas, que grande parte da atividade sexual é inútil em termos reprodutivos, como a masturbação, a homossexualidade e o sexo com contracepção. Portanto, essas atividades específicas não podem ter se desenvolvido por meio da seleção natural. Talvez a história humana do sexo de maneira mais geral seja mais bem-explicada por meio da história pessoal, da imersão cultural e da livre escolha.

Tenho alguma simpatia por essa visão. Por exemplo, os sentimentos do sexo e do amor evoluíram para motivar nosso comportamento em relação a pessoas reais, mas, conforme discutirei mais tarde, podemos gerar pessoas irreais como alvos de sentimentos sexuais e românticos. Para os humanos, e para nenhuma outra criatura, o sexo e o amor foram do mundo real para o mundo da imaginação. Isso não é uma adaptação; é um acidente — e profundamente significativo.

Ao mesmo tempo, porém, a teoria simples do "instinto sexual" é simples demais; nossas predisposições desenvolvidas são ricas e estruturadas. Isso fica claro quando consideramos as diferenças sexuais. Enquanto algumas criaturas minúsculas têm apenas um sexo e se reproduzem

78 | PAUL BLOOM

por clonagem, a maioria se encaixa nas categorias macho e fêmea. Para a reprodução funcionar, portanto, o instinto sexual tem que ser discriminado de algum modo — afinal de contas, até mesmo o sapo é inteligente o bastante para se aproximar das sapas.

Mas isso não é tudo. De fato, uma das vitórias da biologia evolutiva é que ela responde a certas perguntas difíceis sobre diferenças sexuais. Por que os animais com pênis são, em média, maiores e mais violentos do que aqueles com vagina? Por que os animais com vagina são tipicamente mais seletivos do que aqueles com pênis? E por que os animais com pênis muitas vezes têm uma apresentação mais atraente — como a plumagem elaborada dos pavões — ou têm armas especializadas, como as presas enormes dos elefantes-marinhos?

Enigmas desse tipo confundiram Darwin, mas são bem explicados pela teoria do investimento parental, desenvolvida pelo biólogo evolutivo Robert Trivers nos anos 1970 e extensamente aprimorada nos anos seguintes. O ponto de partida é que nossas mentes e corpos são adaptados pela seleção natural para o sucesso reprodutivo, mas existe uma diferença típica nas estratégias ideais de machos e fêmeas que reflete a assimetria entre espermatozoides e óvulo. Os espermatozoides são minúsculos e numerosos, mal passam de meros genes com um motor para ajudá-los a se mover em direção ao óvulo. Os óvulos são comparativamente enormes e contêm toda a maquinaria para o desenvolvimento de um ser humano. Além disso, no projeto padrão dos mamíferos, a fertilização acontece dentro da fêmea; e depois, após o nascimento, o bebê é alimentado por meio do corpo da fêmea. Para um mamífero macho, portanto, o investimento mínimo necessário para gerar um bebê — e,

COMO O PRAZER FUNCIONA | 79

com isso, transmitir os genes — são alguns momentos de inserção e ejaculação. Para uma fêmea, são meses ou anos.[6]

Isso faz uma grande diferença, porque enquanto está criando e alimentando um bebê, a fêmea não pode ter outro. Como resultado, um macho pode ter filhotes com muitas fêmeas de uma vez só, mas não o contrário.

A ideia de Trivers foi de que essa discrepância acarreta uma diferença entre macho e fêmea na estratégia reprodutiva ótima. As fêmeas seriam propensas a investir mais em seus filhotes do que os machos, porque podem ter menos filhotes e, portanto, cada um deles importa mais. Isso faria as fêmeas tenderem a ser mais seletivas ao escolher seus parceiros, de olho naqueles com os genes certos e — em espécies nas quais isso é uma opção — com uma tendência a ficar por perto e proteger a parceira e os filhotes. Como os machos se beneficiam de ser escolhidos pelas fêmeas, haveria uma tendência correspondente de competir uns com os outros pelo acesso às fêmeas, portanto eles tendem a ser maiores e mais fortes e, com frequência, desenvolvem armas especiais. Eles também se promovem para as fêmeas e, por isso, desenvolvem características como caudas elaboradas e marcas no corpo. Por isso, a cauda vistosa pertence ao pavão, e não à pavoa.

Isso capta as diferenças habituais entre machos e fêmeas, mas o que torna essa explicação tão convincente é fazer fortes predições sobre onde as diferenças sexuais devem ocorrer e onde não devem. Do ponto de vista dessa teoria, não é a genitália em si que importa; não há nada mágico em ter um pênis ou uma vagina. É apenas o fato de que os animais com pênis tendem a investir menos em seus filhotes do que aqueles com vagina. Isso faz a clara predição, portanto, de que, nos casos raros em que os investimentos de macho e fêmea são idênticos ou invertidos, as diferenças sexuais devem mudar de acordo. E é isso que acontece. Se você tem uma espécie cujo investimento parental é igual — seja porque o macho e a fêmea trabalham juntos para proteger filhotes extremamente frágeis (pinguins) ou porque eles apenas espalham os espermatozoides e os óvulos no mar e os filhotes não precisam de mais cuidados depois disso (espécies de peixes) — você obtém uma igualdade entre os sexos em termos físicos e de sedução. Se você tem uma espécie em que os machos cuidam dos filhotes e as fêmeas são doadoras de óvulos anônimas, você tem machos seletivos e fêmeas maiores e agressivas, com plumagem ostentosa.

SEXO MAIS COMPLICADO

Onde os humanos se encaixam aqui? Como conclui o geógrafo e escritor Jared Diamond em *Por que o sexo é divertido?*, a sexualidade humana é, na maioria dos aspectos, típica de espécies em que os filhotes são fertilizados internamente e se beneficiam dos cuidados de ambos os pais. Não somos adoráveis pinguins com vínculo de casal, mas também não somos leões, lobos ou chimpanzés, animais cujos machos sequer sabem quais são seus filhotes. (Os cientistas que se importam com isso precisam fazer testes de DNA para descobrir qual filhote é de qual macho.) Estamos entre uma coisa e outra.[7]

Nossa história evolutiva está refletida em nossos corpos. Diferenças de tamanho entre machos e fêmeas de uma espécie refletem a dimensão da disputa por parceiras entre os machos, o que por sua vez está relacionado à diferença no investimento parental. Por isso é difícil diferenciar um pinguim macho de uma fêmea — eles são pais igualitários. Os machos humanos são, em média, um tanto maiores que as fêmeas humanas — não somos pinguins — mas a diferença entre o macho e a fêmea não é tão grande quanto nas espécies em que os machos não têm nada a ver com seus filhotes.

Nossa história evolutiva está refletida também em nossas mentes. Os machos humanos tendem a ter mais interesse por sexo com muitas parceiras e ficam mais facilmente excitados com — e interessados em — sexo anônimo. Até onde sabemos, isso é verdade em todos os lugares do planeta; o estudo das diferenças sexuais é uma das poucas áreas da psicologia em que os cientistas têm feito pesquisas relevantes comparando culturas. A prostituição existe em grande parte para satisfazer esse desejo masculino de variedade, assim como a pornografia. Existem prostitutos, bem como representações da nudez masculina e da sexualidade masculina na pornografia, mas em sua maioria para homossexuais.[8]

Isso está começando a parecer a história — atribuída a Dorothy Parker e William James, entre outros — da escritora que acorda no meio da noite convencida de que fez uma grande descoberta, anota-a, volta a dormir e, ao acordar, descobre que escreveu isto:

> *Hógamo Hígamo*
> *Homem é polígamo.*
> *Hígamo hógamo*
> *Mulher monógama.*

Estatisticamente, isso está no caminho certo, mas é incompleto. Precisamos explicar por que os homens costumam ser monógamos e as mulheres, polígamas.

82 | PAUL BLOOM

Uma consideração é que as crianças humanas são criaturas particularmente frágeis, que nascem cedo demais, com um longo período de dependência de adultos para ter comida, abrigo e proteção contra predadores animais e humanos. O pai é importante, portanto, porque ajuda a proteger e criar os filhos, e também porque protege a mãe (porque, se ela morre quando está alimentando o bebê, este provavelmente morre também).

Isso não significa que mães e pais sejam intercambeáveis. Uma guerra dos sexos evolutiva persiste, porque é do interesse genético do macho ter aventuras sexuais nas horas vagas. Isso seria uma notícia ruim para a fêmea, que estaria em situação melhor com um parceiro que ficasse com ela e seu filho em vez de dividir seu tempo e seus recursos com outros filhos e mulheres. Esse conflito molda as preferências femininas em relação a com quem se acasalar — elas estão procurando homens que mostrem sinais de futura fidelidade. Os homens podem evoluir de modo a falsear esses sinais, mas se as mulheres sabem perceber esse fingimento, os homens que tendem a ser sexual e romanticamente fiéis podem se reproduzir mais do que os safados. É atraente ser fiel. Assim, a seleção sexual servirá para reduzir a distância entre as preferências sexuais de homens e mulheres.

Há mais uma peculiaridade nisso. As fêmeas humanas têm a característica incrivelmente comum da ovulação escondida.[9] Elas podem ter e apreciar a relação sexual a qualquer momento durante o ciclo menstrual. Uma teoria para isso é de que, quando a ovulação é aparente — o *status quo* dos mamíferos —, é mais fácil os machos terem aventuras sexuais e ao mesmo tempo assegurarem que os filhotes sejam seus. Eles precisam apenas monitorar sua parceira em horários específicos, para garantir que ela não tenha

COMO O PRAZER FUNCIONA | 83

relações com outro macho, e podem passar o resto do tempo procurando fêmeas disponíveis ou que tenham parceiros desatentos. Mas se as fêmeas humanas podem acasalar o tempo todo, e se é impossível prever se esse acasalamento levará a um filho, isso obriga o macho a ficar por perto. Se não ficar, ele corre o risco de gastar recursos num filho com o qual não está relacionado geneticamente.[10]

(Como um à parte, a lógica aqui supõe que a infidelidade feminina é um fato da história de nossa evolução. Esse tipo de chantagem da ovulação só funciona se as mulheres de vez em quando têm aventuras sexuais. A infidelidade feminina existe claramente aqui e agora, inclusive a infidelidade do tipo geneticamente relevante — alguns homens estão criando, sem saber, filhos com os quais não têm relação biológica. E existem evidências físicas de que a infidelidade feminina existia ao longo do período da evolução: os testículos do macho humano, grandes em comparação aos de outros primatas. Isso é coerente com uma explicação de "guerra de espermatozoides", em que mulheres acasalam com vários homens, tornando adaptativo para os homens aumentar a produção de espermatozoides. Portanto, a estrofe *Hígamo hógamo* também não está muito certa.)

Consideramos que o desamparo dos filhos oferece uma base evolutiva para a monogomia, mas há outra consideração, algo especial para os relacionamentos humanos. Podemos ser inteligentes e podemos ser bons. Inteligentes e bons o bastante, por exemplo, para nos distrairmos com fantasias, para negar a nós mesmos prazeres que acreditamos estarem errados, para aceitarmos a perspectiva de outra pessoa, para computarmos racionalmente custos e benefícios e assim por diante. Podemos optar por ser como aqueles pinguins adoráveis.

ENGANOS NA CABEÇA

Eis algo que homens e mulheres têm em comum: todos gostam de olhar para rostos bonitos.

Isso não é apenas sexual. Homens e mulheres heterossexuais gostam de olhar para rostos atraentes do mesmo sexo. Independentemente do sexo, rostos de boa aparência iluminam o cérebro, ativando circuitos neurais dedicados ao prazer.[11] Até mesmo bebês, que (Freud à parte) não têm qualquer desejo sexual, não resistem a um rosto bonito e desde muito pequenos preferem olhar para ele.[12]

Esse resultado dos bebês teria surpreendido Darwin, que acreditava que os padrões de beleza são culturalmente arbitrários e, portanto, precisariam ser aprendidos.[13] Mas há características que todo mundo em todos os lugares acha atraentes: pele imaculada; simetria; olhos claros; dentes intactos; cabelo exuberante; mediania. Esta última pode parecer surpreendente, mas se alguém escolhe dez rostos aleatoriamente — sejam dez homens ou dez mulheres — e os combina num só, o resultado seria uma boa aparência.[14] E quando esse rosto composto é mostrado a bebês, eles provavelmente preferem olhar para ele do que para qualquer um dos outros rostos individuais. Você também prefeririria.[15]

Por que essas considerações importam? Fatores como suavidade da pele, simetria, olhos claros, dentes intactos e cabelo bonito são sinais evidentes de saúde e juventude, características positivas a serem observadas quando se procura um parceiro. Este é particularmente o caso da simetria; é difícil ser simétrico, e coisas ruins como má nutrição, parasitas e simplesmente o desgaste do tempo a corroem. A simetria é uma marca de sucesso.

É menos claro o motivo pelo qual a mediania é algo bom. Pode ser que ela reflita saúde, pela lógica de que a maioria dos desvios em relação ao normal é ruim. A mediania também corresponde à heterozigotia, ou diversidade genética, que é outra coisa boa. Uma possibilidade bem diferente é a de que os rostos medianos sejam, num sentido literal, fáceis para os olhos: exigem menos processamento visual do que os que não são medianos, e tendemos a preferir imagens visuais mais fáceis de processar. Uma peculiaridade é que, embora tenham boa aparência, os rostos medianos não têm uma aparência *incrível* — os rostos mais atraentes não são os medianos. (Quando você faz essas combinações de rostos, chega a um rosto bom, mas não com uma aparência de estrela de cinema.) Talvez não seja porque os rostos medianos são atraentes, e sim porque os não medianos correm mais risco de não serem atraentes.[16]

Sempre achei estranho que não existam grandes diferenças sexuais em nossas avaliações sobre atratividade. A aparência importa mais para os homens do que para as mulheres, não apenas nos Estados Unidos e na Europa, mas em todos os outros lugares do mundo onde a pergunta foi feita.[17] Mas, com apenas uma exceção, não há diferença alguma no que os dois sexos consideram atraente. Homens heterossexuais apreciam um rosto masculino bonito da mesma forma que uma mulher heterossexual aprecia.[18]

A exceção é que as preferências das mulheres mudam durante o ciclo menstrual. Na maior parte do tempo, elas são atraídas por rostos masculinos que atendam aos critérios acima, mas quando estão ovulando são atraídas também por rostos muito masculinos, marcados.[19] Quando eu soube dessa descoberta, parecia legal demais para ser verdade, mas ela foi repetida várias vezes. Uma interpretação é a

86 | PAUL BLOOM

de que, quando estão ovulando, as mulheres procuram especificamente genes bons, e ficam de olho em homens hipermasculinos.

Numa intrigante série de estudos nos anos 1950, investigadores estavam interessados em descobrir quais eram as características que davam início ao comportamento sexual em perus. Eles descobriram que podiam excitá-los com um modelo de perua de aspecto real — os machos gorgolejavam, empertigavam-se, intumesciam e acabavam montando no modelo. Para encontrar o estímulo mínimo da resposta sexual, os cientistas retiraram partes do modelo, como a cauda, os pés, as asas, até ficarem com a cabeça sobre uma vara. Os machos ficavam totalmente excitados com essa cabeça, e até a preferiam em detrimento do corpo sem cabeça.[20]

As pessoas podem ser perus. Somos estruturados para sermos atraídos por certos sinais percebidos, e isso pode ser desencadeado sem uma pessoa de verdade associada, como quando ficamos sexualmente excitados com séries bidimensionais de pixels numa tela de computador. Mesmo quando estamos com pessoas de verdade, podemos nos fixar numa parte do corpo dela e ao mesmo tempo ficar indiferentes à pessoa.

Isso acontece nos fetiches em que a excitação sexual pode ter como foco uma parte específica do corpo. Um exemplo radical é o assassino em série Jerome Brudos, que tinha fetiche por pés.[21] Ele começou seguindo mulheres, asfixiando-as até elas ficarem inconscientes e fugia com os sapatos delas. Depois, passou a estuprá-las e matá-las, guardando um dos pés das mulheres como um troféu. Existe também o fetichista de pés descrito pelo escritor Daniel Bergner: um homem bom e romântico que era atormentado por um forte desejo sexual involuntário. Ele se excitava com a visão repentina de pés femininos expostos no verão e tentava não ouvir a previsão meteorológica no inverno por causa da dolorosa perturbação erótica causada por expressões como "um pé de neve".*

Às vezes, portanto, o desejo sexual pode ser desencadeado de maneiras simples. Como somos criaturas inteligentes, podemos agir para atrair outras pessoas nesse nível de percepção. Não é preciso ter doutorado em etologia cognitiva para cobrir uma espinha no rosto. As pessoas trabalham duro para modificar seus rostos; a maioria delas tenta parecer mais jovem com batom, blush, fazendo a sobrancelha, ou usando uma peruca, um topete postiço, fazendo implante de cabelo e assim por diante. A cirurgia plástica e a neurotoxina botox também são usadas, assim como métodos de tecnologia baixa, como beliscar as bochechas torná-las vermelhas, um truque antigo. Algumas técnicas vão abaixo do pescoço, é claro, como fazer musculação, implantar seios e aumentar o pênis.

Assim como podem tentar falsificar conscientemente sinais que despertam interesse sexual nos outros, como no uso de maquiagem, as pessoas também podem enxergar as falsificações dos outros. Como essencialistas, queremos a coisa de verdade. Em sua maioria, as mulheres, por exemplo, prefeririam um homem que tivesse o que acreditariam serem traços naturalmente fortes e a aparência jovem do que alguém que tivesse obtido sua aparência à custa de botox, transplante de cabelo e injeções de testosterona.

Quanto a aparência é importante? Mesmo o psicólogo evolutivo mais cético admitiria que outras considerações podem

---

*Pé como unidade de medida — correspondente a 30,48 centímetros. *(N. do T.)*

88 | PAUL BLOOM

prevalecer sobre esses sinais de atratividade inatos. As escolhas das mulheres são particularmente influenciadas por fatores como riqueza e status — uma mulher pode preferir um multimilionário gorducho e velho a um fisiculturista jovem e sensual. Mas, ainda assim, segundo o argumento cético, nossas respostas sexuais e estéticas são desencadeadas por certas características percebidas. A pele clara é preferível às manchas, a simetria é melhor do que a assimetria e assim por diante. Você pode gostar mais de sua esposa envelhecida do que de uma supermodelo, mas a supermodelo sempre será a mulher de seus sonhos.

Eu discordo. A aparência não é tudo quando se trata de desejo. A lógica da adaptação diz que somos atraídos por aqueles que têm certas características relevantes — e algumas dessas características não são visíveis no rosto ou no corpo. É fácil ser enganado aqui pelas pesquisas, porque grande parte destas foca exclusivamente na aparência, como nas experiências que olham as páginas centrais da *Playboy* e verificam quais são as qualidades físicas que elas têm em comum, ou naquelas que apresentam fotografias a universitários e pedem a eles para classificá-las, ou que mostram rostos gerados em computador a bebês e verificam quais são seus preferidos. Esses estudos podem nos dar indícios interessantes sobre o que consideramos atraente — como a importância da simetria ou da mediania. Mas eles são incapazes de nos revelar algo que não possa ser captado numa fotografia. O mesmo argumento se aplica àqueles estudos engenhosos em que as pessoas são solicitadas a cheirar camisetas suadas de estranhos. Esses estudos nos dizem bastante sobre como os feromônios afetam o interesse sexual, mas não dizem nada sobre a importância do cheiro em comparação a outras qualidades.[22]

COMO O PRAZER FUNCIONA | 89

O que mais pode importar? Uma consideração a ser feita é a familiaridade. Num estudo, pesquisadores levaram um grupo de mulheres a assistir a diferentes aulas na Universidade de Pittsburgh. Essas mulheres nunca falavam durante as aulas e nunca interagiam com os estudantes. Mas o número de aulas a que elas assistiram variou — quinze, dez, cinco ou nenhuma. Ao fim do curso, estudantes foram apresentados a fotos das mulheres e solicitados a dizer o que achavam delas. As mulheres consideradas mais atraentes foram aquelas que assistiram a quinze aulas; as menos atraentes, aquelas nunca antes vistas. Este é um estudo pequeno, mas compatível com uma volumosa literatura de psicologia social sobre o efeito da "mera exposição" — as pessoas gostam do que lhes é familiar, o que é uma maneira racional de a mente funcionar, considerando que — todo o resto permanecendo igual — algo familiar é provavelmente seguro. A mera exposição se aplica, portanto, à atratividade, explicando parte da atração exercida pela garota (ou pelo garoto) da porta ao lado.[23]

Em outro estudo, cientistas levaram pessoas a classificar as fotografias de colegas de sala nos anuários de sua escola secundária em termos de quanto gostavam deles e quanto os achavam atraentes. Estranhos da mesma idade também classificaram as fotografias em termos de atratividade. Se gostar fosse irrelevante, as classificações de estudantes e estranhos deveriam se equiparar, mas isso não aconteceu. As avaliações sobre atratividade feitas pelos estudantes foram influenciadas pelo quanto eles gostavam das pessoas, mais uma prova de que existem mais coisas na boa aparência do que a boa aparência.[24]

Mesmo quando você avalia os rostos de estranhos, a aparência não é tudo. Um estudo descobriu que um fator importante na atratividade não tem nada a ver com mediania, simetria, dimorfismo sexual ou qualquer coisa assim: é se a pessoa está sorrindo.[25]

TRÊS PERGUNTAS A FAZER
QUANDO SE ESTÁ À PROCURA
DE UM PARCEIRO

O que mais determina nossa resposta sexual ou romântica a alguém? Há três perguntas que qualquer pessoa à procura de um parceiro precisa responder. Acho que elas são interessantes por seus próprios méritos, mas também começam a nos dar alguma ideia sobre a riqueza e a complexidade da atração humana.

1. A pessoa é homem ou mulher?

Freud afirmou que "quando você conhece um ser humano, a primeira distinção que faz é 'masculino ou feminino', e você está acostumado a fazer essa distinção com firme certeza".[26] Isso é verdade para mim, pelo menos: recebo e-mails de estranhos com nomes estrangeiros e quando não consigo dizer se o remetente é homem ou mulher, isso é estranhamente perturbador. Não deveria importar — não tenho intenção alguma de me acasalar com eles —, mas importa. Quando vemos um bebê de fralda, a primeira pergunta que fazemos é: é menino ou menina?

Talvez o bebê esteja olhando também e se perguntando o mesmo. No primeiro ano de vida, os bebês podem distinguir rostos masculinos de femininos e sabem que uma voz masculina combina com um rosto masculino e uma voz femi-

COMO O PRAZER FUNCIONA | 91

nina com um rosto feminino. Eles gostam mais de olhar para rostos femininos, embora não esteja claro se isso é por uma expectativa inata de receber cuidados de mulheres ou se é porque a maioria das crianças recebe cuidados de mulheres e, assim como nós, prefere aquilo com que está acostumada.[27]

Os bebês se tornam crianças e começam a ter opiniões sobre masculino e feminino. Existe, é claro, todo tipo de diferença entre homens e mulheres, incluindo as psicológicas — mais obviamente em preferências sobre com quem fazer sexo e em diferenças sociais, como quem tende a ser enfermeiro ou policial. As crianças aprendem isso rápido —, por exemplo, tanto meninos quanto meninas sabem que as meninas, mais do que os meninos, tendem a achar os brinquedos femininos mais interessantes. Isso dificilmente é uma surpresa. Essas generalizações são verdadeiras nos ambientes onde as crianças vivem e as crianças sabem bem observar coisas verdadeiras.[28]

O mais interessante é que as crianças têm teorias sobre por que essas diferenças existem. A psicóloga Marjorie Taylor explorou isso numa experiência em que contou a crianças sobre um menino criado numa ilha onde só havia meninas e mulheres; e sobre outro bebê, uma menina, criada numa ilha onde só havia meninos e homens.[29] Como isso afetaria a criança? O menino gostaria, por exemplo, de brincar de boneca? Se você acredita que esse tipo de comportamento é produto da cultura, a resposta seria sim; se é intrínseco, não. Taylor verificou que as crianças testadas tendiam a focar mais no potencial inato: independentemente do ambiente, os meninos fariam coisas de meninos e as meninas fariam coisas de meninas. Só os adultos ponderavam sobre a socialização. Isso combina estudos com entrevistas que verificaram que, de início, as crianças têm uma orientação biológica sobre como homens e mulheres diferem.

92 | PAUL BLOOM

Conforme mencionado na introdução, as crianças dizem coisas como "Os meninos têm coisas diferentes das meninas por dentro". Com o passar do tempo, algumas passam a ter uma orientação mais sociológica e psicológica — "porque é assim que somos criados" — e, presumivelmente, isso é o que aprendem em nossa cultura. A sociedade nos torna menos essencialistas, e não mais.[30]

Não se trata apenas de acreditarmos que os homens têm algumas características e as mulheres, outras; muitas vezes, acreditamos que é assim que *deve* ser. No Deuteronômio[31], é uma séria violação uma mulher vestir roupas de homens, e vice-versa; e muitas sociedades têm leis que proíbem as mulheres de participar de atividades tradicionalmente masculinas, como dirigir um carro e ingressar nas forças armadas. Mesmo em sociedades liberais em que ser homossexual ou transexual não é crime, esses atos são repulsivos e imorais para muita gente, e às vezes inspiram represálias violentas.

As crianças nos Estados Unidos muitas vezes desaprovam transgressões do papel sexual, principalmente pelos meninos, como usar um vestido. Algumas crianças de 4 anos dizem que não gostariam de ser amigas de uma pessoa assim, que esse comportamento é errado e que ficariam surpresas e enojadas ao vê-lo.[32] Algumas chegaram a dizer que responderiam com violência se vissem algo assim. As crianças não são insensíveis aos limites entre essas categorias, portanto; elas são dispostas a policiar esses limites.

2. A pessoa é um parente?

O psicólogo Jonathan Haidt descreve o seguinte dilema moral:

Julie e Mark são irmãos. Eles estão viajando juntos na França, durante as férias de verão da escola. Certa noite,

COMO O PRAZER FUNCIONA | 93

*estão sozinhos numa cabana perto da praia. Eles decidem
que seria interessante e divertido se tentassem fazer amor.
No mínimo, seria uma nova experiência para ambos. Julie
já estava tomando pílulas anticoncepcionais, mas Mark usa
uma camisinha também, só para ficar seguro. Eles guardam
essa noite como um segredo especial, o que os faz se sentir
ainda mais próximos um do outro. O que você acha disso?
Foi tudo bem para eles fazer amor?*[33]

Eu apresento esse dilema sempre que leciono Introdução à
Psicologia, e a reação é sempre a mesma: *Nojento!* Sentimos
repulsa por isso, e a maioria acha que é imoral. Mas por
quê? Por que não somos sexualmente atraídos por nossos
irmãos ou irmãs? Muitas pessoas têm irmãos e irmãs que
admitiriam ser muito atraentes, mas é muito raro quererem
fazer sexo com eles. Poucos pais — se é que algum — precisam se preocupar quando seus filhos adolescentes estão
agindo furtivamente juntos no banco traseiro do carro, ou
viajando juntos para lugares românticos. Impedir o incesto
entre irmão e irmã não é uma parte importante do programa educacional. Ministros e políticos não manifestam
sua desaprovação e psicólogos não recebem subvenção do
governo para combater isso. É como comer fezes; não é um
problema porque quase ninguém quer fazer isso.[34]

Algumas proibições de incesto são violadas com frequência, mas isso em relacionamentos entre parentes mais
distantes, em que não sentimos o mesmo tipo de repug-
nância. Muitas vezes, essas proibições menos intuitivas
são descritas em leis e escrituras. O Levítico, por exemplo,
é severo em relação ao sexo entre um homem e a filha de
seu filho ou a filha de sua filha, argumentando numa linguagem que é uma versão poética da teoria do gene egoísta

94 | PAUL BLOOM

de Richard Dawkins: "A sua nudez não descobrirás; porque é a tua nudez."[35]

A argumentação evolutiva para evitar o incesto é a de ser uma ideia ruim, geneticamente, ter filhos com um parente porque ele tem muitos genes em comum com você. Isso é conhecido como "depressão endogâmica" — o risco de que genes recessivos tenham maior probabilidade de serem homozigotos. Mas é muito mais difícil explicar como isso funciona na prática. Imagine que tenhamos um pequeno livro em nossas cabeças. Nele, está escrito, "Nada de sexo com um parente próximo!", juntamente com a afirmação emocionada "Isso é nojento!" e a afirmação avaliadora "Isso é moralmente errado". Imagine que todos os seres humanos optem por seguir as instruções. Ainda assim, a pergunta permanece: como você descobre quem é seu parente próximo?

Podemos obter uma pista para a resposta considerando casos em que as coisas dão errado. As pessoas às vezes fazem sexo com um parente por engano, como acontece com o fictício Édipo, com os personagens do filme *Lone Star — A estrela solitária*, de John Sayles, ou num caso verdadeiro na Inglaterra, em 2008, no qual gêmeos foram separados no nascimento, conheceram-se mais tarde e se casaram. Há casos também de pessoas que não são parentes geneticamente e pensam que são. Os exemplos mais estudados disso são crianças israelenses criadas juntas num kibutz e casamentos arranjados na China e em Taiwan, em que os pais adotam uma menina ainda bebê para criar em sua família e mais tarde casá-la com seu filho. Nos dois casos, o relacionamento sexual e romântico subsequente não tende a ocorrer.

Esses exemplos sugerem que, quando duas pessoas são criadas juntas, há algo que mata a libido. Num importante

COMO O PRAZER FUNCIONA | 95

artigo da *Nature*, em 2007, Debra Lieberman, John Tooby e Leda Cosmides exploraram duas ideias sobre o que é isso, precisamente. O antropólogo Edward Westermarck levantou uma possibilidade em 1891. É a duração da corresidência que importa: crianças criadas próximas uma da outra por muito tempo desenvolvem uma aversão sexual mais tarde na vida. Um segundo fator potencial é a observada associação entre a mãe de uma pessoa e outro bebê. Se vejo minha mãe amamentando uma criança, é muito provável que essa criança seja um parente. Como observam os autores, esta segunda pista só pode ser usada por irmãos mais velhos em relação a irmãos mais novos; o irmão mais novo nunca vê o mais velho como um bebê.[36]

Para comparar essas teorias, eles fizeram uma série de perguntas a adultos — se eles foram criados com seus irmãos, quanto se importavam com estes e quanto ficavam enojados (se é que ficavam) ao pensar em fazer sexo com eles.

Eles descobriram que, se o adulto não teve oportunidade alguma de ver o irmão recebendo cuidados quando bebê, a duração da corresidência é o grande fator — quanto mais tempo você vive com o irmão, maior a aversão sexual e maiores os cuidados. Mas quando as pessoas testemunham seus irmãos recebendo cuidados quando bebês, isso supera a corresidência; você adquire uma grande aversão sexual (e um alto nível de cuidados) e a duração da corresidência já não importa. Explicando de maneira diferente: ver alguém interagindo como bebê com sua mãe é algo que mata a libido mais tarde na vida, mesmo que você já não viva com essa pessoa.[37]

Isso tudo é inconsciente. Você pode saber perfeitamente bem que alguém não tem uma relação biológica com você, como no caso do kibutz, mas se você passa sua infância com

96 | PAUL BLOOM

ele ou ela, a reação natural ao incesto se manifesta. Inversamente, você pode saber muito bem que alguém é um parente geneticamente próximo, mas se nunca viveu com essa pessoa, a ideia do sexo não o deixa enojado. Minha suposição é de que é este o caso dos gêmeos britânicos; quando eles descobriram que eram irmãos, ficaram horrorizados, chocados e assim por diante (e acabaram realmente tendo seu casamento anulado) — mas isso não fez seus sentimentos sexuais e românticos desaparecerem.

Não é apenas com irmãos que você deve se preocupar. É desesperadamente importante saber quem são seus filhos. Você quer evitar que eles sejam parceiros sexuais e quer dedicar seu amor e seus cuidados a eles.

Para as mulheres, isso é fácil; os filhos são frutos de seus úteros. São os homens que têm de se preocupar. Eles nunca podem ter certeza de quais são os filhos com os quais têm genes em comum e, conforme sabemos por testes de DNA, mesmo quando acham que sabem, eles muitas vezes estão errados. Muitos homens são *cornos*, criando filhos de outros homens sem saber. Em inglês, o termo é *cuckold*, que vem do *cuco*, um passarinho que põe seus ovos nos ninhos de outros pássaros — um engano no ninho.[38]

Parece provável que a pista sobre o incesto entre irmãos mencionada acima — a duração da corresidência — se aplique também ao incesto entre pais e filhos. Se você vive com seus filhos desde que eram bebês, provavelmente não quer fazer sexo com eles. O problema com os padrastos é que muitas vezes eles entram na família mais tarde. Se um homem não viveu com seus filhos quando eles eram pequenos, é maior a probabilidade de que seja sexualmente atraído por eles, bem como mais violento com eles (na verdade, mais propenso a matá-los).[39]

COMO O PRAZER FUNCIONA | 97

Insisto: nossos sentimentos íntimos são motivados por essas pistas, não pelo conhecimento explícito. Se você adota um bebê, sua ligação com ele será tão forte quanto seria com uma criança não adotada. Você pensa no bebê como se ele fosse sua carne e seu sangue. Por outro lado, um homem que conhece sua filha adolescente tarde na vida pode se sentir atraído por ela, mesmo que um teste de DNA revele que eles são parentes consanguíneos.

Uma pista potencial diferente para o parentesco é a aparência do bebê. Quanto mais o bebê se parece com determinado homem, mais provável é que seja seu filho. Isso sugere que o pai prestará atenção na aparência dos bebês para determinar a paternidade, o que levou alguns pesquisadores a prognosticar que os filhos pareceriam mais com o pai do que com a mãe — a ideia é a de que eles se beneficiariam ao sinalizarem sua ligação genética com o adulto macho à sua volta.[40]

Não está claro, porém, se esse prognóstico faz sentido. Se a traição é comum (e de alguma forma tem que ser, se os homens precisam restaurar sua confiança), esta seria uma estratégia evolutiva *terrível*. Os bebês que não são filhos do homem adulto correm o risco de ser rejeitados ou mortos; eles se pareceriam com o cara errado. Na verdade, embora um estudo inicial tenha sugerido que os bebês se parecem mais com o pai, nenhum outro estudo repetiu essa descoberta.[41]

3. Qual é o histórico sexual da pessoa?

A virgindade tem importância desde muito tempo atrás. É apresentada no Gênese, na descrição de Rebeca ("A jovem era muito bonita e virgem") e mencionada repetidamente na Bíblia hebraica (em uma contagem, a palavra é usada 700

98 | PAUL BLOOM

vezes). Não é um tema corrente no Novo Testamento, mas é claro que a virgindade está no centro da crença cristã, com o nascimento de Cristo de uma virgem.

A virgindade, neste contexto, refere-se não a ter tido sexo penetrativo. Essa ênfase na penetração tem iludido algumas pessoas. Em setembro de 2007, a revista on-line *Slate* perguntou aos mais conhecidos colunistas de sexo o que mais os intrigava, e uma entrada — de Emma Taylor e Lorelei Sharkey (Em & Lo) — era sobre esse tópico.

> *Nunca conseguimos entender por que a virgindade ainda é definida estritamente em termos de penetração peniana... como é possível um casal heterossexual fazer sexo oral, sexo manual, masturbação mútua e possivelmente até sexo anal (se você acreditar nos rumores sobre meninas de escolas católicas) e ainda assim alegar que está "se guardando para o casamento"? É claro que o papel do sexo na produção de um bebê o eleva um pouco entre os atos sexuais. Mas hoje em dia o controle de natalidade, o planejamento familiar e as tecnologias de reprodução significam que o sexo é menos um meio para uma finalidade e mais uma finalidade de prazer em si mesmo. Acrescente a isso a influência do feminismo e o movimento pelos direitos LGBT+ e você pensaria que haveria mais alguns lugares na mesa oficial do sexo.[42]*

Isso parece arbitrário. Faz lembrar o debate despropositado gerado, no fim dos anos 1990, pela insistência do presidente Clinton de que sexo oral não era considerado "relação sexual". Mas não é mistério algum o motivo pelo qual distorcemos isso assim. Taylor e Sharkey respondem à sua própria pergunta quando admitem que o poder do sexo penetrativo de produzir um bebê "o eleva um pouco" entre os atos sexuais. Mais do que um pouco!

COMO O PRAZER FUNCIONA | 99

É verdade que existe hoje uma separação entre sexo e bebês. Pode-se fazer sexo sem querer ter bebês e pode-se explicitamente tomar medidas para não tê-los. Menos frequentemente, podem-se produzir bebês sem relação sexual. Mas nossas mentes, e nossa sexualidade, não estão calibradas racionalmente para os tempos modernos. Não vivemos totalmente no aqui e agora. Nossos desejos têm duas histórias, uma delas pessoal e a outra evolutiva. E durante a maior parte da vida de nossa espécie o sexo penetrativo era a única maneira de ter um bebê. Não é surpreendente lhe darmos um status especial, diferente da masturbação mútua, do sexo por telefone e das brincadeiras por trás.

A noção central da virgindade é ainda mais estreita do que Taylor e Sharkey consideram. É caracteristicamente restrita às mulheres (a palavra "virgem" deriva do latim e significa "mulher jovem"). A virgindade feminina importa mais do que a virgindade masculina porque as mulheres quase sempre têm certeza de quem é o pai de seus filhos, enquanto os homens às vezes têm dúvida. É um desastre evolutivo um homem criar um filho sem relação genética com ele e, portanto, para ele importa muito com quem sua parceira fez sexo em seu passado imediato, sendo "ninguém" a melhor resposta.

O apelo da virgindade levou à formação de alguns mercados incomuns, que chegaram a um extremo moderno com uma estudante de 22 anos chamada Natalie Dylan, que leiloou sua virgindade na internet. (Ela prometia assegurar sua castidade por meio de um exame ginecológico e um teste em detector de mentiras.) Dylan não foi a primeira a fazer isso, mas seu leilão foi descoberto pela imprensa nacional e internacional e ela recebeu ofertas de mais de US$ 1 milhão. Existe ainda a falsa virgindade; nos Estados Unidos, algumas mulheres casadas pagam para refazer o hímen, de

100 | PAUL BLOOM

modo a poder simular uma virgindade como um presente para seus maridos.[43]

A obsessão com a virgindade é um dos aspectos mais feios de nossa psique sexual. Em muitas sociedades, há rituais para testar a virgindade antes do casamento e diversas formas de mutilação genital para forçar a castidade que tornam o sexo penetrativo difícil e desagradável para uma mulher. Há atos de violência terríveis contra mulheres quando se descobre que elas não são castas, inclusive contra aquelas que foram estupradas. A obsessão com a virgindade motiva a exploração sexual de mulheres jovens e de meninas e, numa extrapolação horrível da ideia de pureza, motivou o mito de que o sexo com uma virgem é uma cura para a aids.[44]

MAIS PROFUNDO

Mesmo quando você reduz os candidatos àqueles que têm o sexo, a relação e o histórico certos, é difícil escolher um parceiro de longo prazo. Quando tinha 29 anos, Charles Darwin sofreu para decidir se iria se casar. Em 1838, ele anotou os prós e os contras. Estes são apresentados na página a seguir. Em outro momento, ele escreveu "C.Q.D. Casar-Mary-Casar" ["Marry-Marry-Marry Q. E. D"] e, meses depois, foi exatamente o que fez.[45]

Os prós e os contras de Darwin são uma boa mistura do vitoriano e, bem, do darwiniano. Os filhos estão no alto da lista "Casar", mas também constam na lista "Não Casar", por causa das despesas e da ansiedade. O sexo não é mencionado explicitamente, embora o contato físico seja discutido. Mas o principal tema do lado dos prós não é o sexo nem as crianças. É a visão de que o casamento enriqueceria a vida de Darwin, dando-lhe uma amiga e uma companheira.[46]

Casar

Filhos — (se Deus quiser) — Companhia constante (e amiga na velhice) que se sentirá interessada em alguém — objeto para ser amado e com quem brincar —, melhor do que um cachorro, de qualquer modo. — Casa e alguém para cuidar dela — Encantos da música e conversinha feminina. — Essas coisas boas para a saúde de alguém — *mas terrível perda de tempo.* —

Meu Deus, é intolerável pensar em passar a vida inteira como uma abelha assexuada, trabalhando, trabalhando sem obter nada no fim das contas. — Não, não farei. — Imagine passar o dia inteiro solitário na Casa de Londres fumacenta e suja. — Apenas imagine para você uma boa e suave esposa num sofá com um bom fogo, livros e música talvez — Compare essa visão com a realidade sombria da Great Marlborough Street.

Não casar

Liberdade para ir aonde quiser — escolha de Sociedade e *pouco dela* — Conversa de homens inteligentes em clubes — Não obrigado a visitar parentes e curvar-se a cada ninharia — ter as despesas e a ansiedade de filhos — talvez brigando — **Perda de tempo.** — não conseguir ler no início da noite — obesidade e ócio — Ansiedade e responsabilidade — menos dinheiro para livros etc. — se muitos filhos, obrigado a ganhar o pão — (Mas é muito ruim para a saúde trabalhar demais)

Talvez minha esposa não goste de Londres; então a sentença é desterro e degradação, tornando-se um tolo indolente, ocioso —

102 | PAUL BLOOM

Em uma de suas cartas de amor a Emma Wedgwood, uma semana antes de eles se casarem, Darwin escreveu, "Acho que você vai me humanizar e logo me ensinar que existe uma felicidade maior do que desenvolver teorias e acumular fatos em silêncio e solidão". Ela o fez; eles tiveram um relacionamento extraordinariamente próximo, que acabou afetando seu trabalho de maneira substancial, uma vez que seu interesse e seu respeito pelas visões religiosas de Emma abrandaram suas afirmações sobre como a evolução moldou a mente humana.

Ao procurar uma parceira, Darwin estava procurando mais do que simetria bilateral e a proporção certa entre quadril e cintura. Ele queria uma pessoa boa e especial. Você pode enxergar juventude e saúde no rosto e no corpo, mas uma pessoa também procura qualidades como inteligência e bondade. Pessoas inteligentes e boas se dão bem no mundo, e seus filhos também. Você também quer alguém que cuide com dedicação dos filhos e que o ajude e o apoie. Não é surpresa que no maior estudo já feito sobre as preferências humanas por parceiros, analisando pessoas de 37 culturas, o fator mais importante tanto para homens quanto para mulheres é a bondade.[47]

Assim como Darwin, todos estamos à procura de parceiros inteligentes, fiéis e bons. O problema é identificá-los.

Isso nos leva ao que os biólogos descrevem como seleção sexual. Pense no rabo ostentoso dos pavões. É absolutamente inútil — incômodo e pesado, torna a ave lenta, é difícil de manter limpo, um sinal de "chute-me" para os predadores. Antes de desenvolver a teoria da seleção sexual, Darwin escreveu que a visão da pena de pavão o deixava doente — era uma humilhante refutação à lógica da seleção natural.[48]

A solução a que ele chegou é de que esses rabos não ajudam diretamente a sobrevivência; não evitam predadores, nem matam presas, nem propiciam calor ou qualquer outra coisa que ajude o pavão a lidar melhor com o mundo físico. Mas são atraentes para as pavoas. Se as pavoas preferem acasalar com pavões que têm um pouco de cor, então a próxima geração incluirá machos mais coloridos e fêmeas com gosto semelhante por ostentação. E então, ao longo da história evolutiva, você acabará tendo a cauda do pavão.

Em 1958, o biólogo evolutivo John Maynard Smith estendeu essa análise às danças complicadas do macho da mosca das frutas. Essas danças parecem inúteis, e são — exceto quando você leva em conta a seleção sexual, já que as fêmeas usam essas danças para decidir com qual vão acasalar — uma escolha evolutiva razoável, uma vez que você precisa estar em forma para dançar bem. Fêmeas exigentes conseguem filhotes em forma, e os genes que motivam os machos a dançar e as fêmeas a procurar dançarinos se espalham pela população.

O psicólogo Geoffrey Miller argumentou que muitos dos aspectos mais interessantes e ostentosos da natureza humana evoluíram por meio da seleção sexual, como um modo de as pessoas anunciarem seu valor umas às outras. São maneiras de revelarmos nossa aptidão, e Miller incluiria aqui a dança, grande parte dos esportes, a arte, atividades de caridade e o humor. Para ele, o cérebro é um "ornamento sexual magnífico".[49]

Não vou discutir a grandiosa teoria de Miller em detalhes, mas ele tem dois insights sobre a atração sexual que vale a pena explorar. O primeiro deles é sinalizar que é caro, o que foi mencionado na discussão do capítulo anterior sobre por que as pessoas pagam tanto pela água engarrafada.

104 | PAUL BLOOM

A ideia é que demonstrações de qualidade pessoal só são levadas a sério quando envolvem algum custo, algum nível de dificuldade ou sacrifício. Se qualquer pessoa pode fazer a demonstração com facilidade, então não tem valor, porque é muito fácil falsificar. A sinalização de que é caro aparece nos presentes que damos uns aos outros, principalmente durante o cortejo. Miller pergunta, retoricamente, "Por que um homem deve dar a uma mulher um inútil anel de noivado com um diamante quando poderia comprar para ela uma boa batata grande, que ela poderia pelo menos comer?"[50] A resposta dele é que o gasto com o presente e sua inutilidade são exatamente o objetivo principal. O diamante é entendido como um sinal de amor de um modo que a batata não é, porque a maioria das pessoas só o daria a alguém com quem se importa. Portanto, o presente sinaliza uma combinação de riqueza e compromisso.

O valor financeiro não é o único sinal de compromisso. O economista Tyler Cowen observa que os melhores presentes para alguém com quem você vive são aqueles que você mesmo não iria querer. Cowen observa que, mesmo que a mulher dele gostasse do conjunto completo de DVDs de *Battlestar Galáctica*, seria um presente ruim, porque ele também teria prazer com isso e, portanto, o presente não sinalizaria qualquer amor específico por ela.[51]

Outros sinais incluem mudar o nome, mudar de casa e fazer uma grande tatuagem com o nome da pessoa amada (e não pode ser uma daquelas tatuagens coladas que você tira esfregando com água quente!). O casamento é obviamente um compromisso, e se torna mais caro (e um sinal mais forte de amor) quando é difícil se divorciar. Os acordos pré-nupciais, por mais racionais que possam parecer, têm o efeito oposto, pois você está sinalizando explicitamente

COMO O PRAZER FUNCIONA | 105

sua preocupação de que o relacionamento possa acabar e se protegendo dos custos. Um homem que faz vasectomia quando sua mulher já não é fértil está sinalizando que não a deixará e não terá filhos com uma mulher mais jovem (mas, de novo, se a vasectomia é reversível, isso não é tão romântico).

Existe todo tipo de sinal de compromisso, de amor, mas é óbvio que essa sinalização de que é caro nem sempre é bem recebida. Cortar a orelha, por exemplo, é tipicamente excessivo, assim como se tatuar ou se automutilar depois de um primeiro encontro. Embora essas atitudes sinalizem com sucesso o interesse e a devoção, também transmitem desespero e loucura.

A segunda ideia clara de Miller é a do "selecionador sensual". A ideia é de que, ao escolhermos parceiros, procuremos pessoas que nos deem prazer. Isso pode parecer óbvio num nível pessoal, mas Miller explora essa escolha sob a perspectiva da adaptação, como uma força para a evolução de certas características.

Um exemplo fisiológico simples é o pênis. Existe todo tipo de esquisitice no corpo humano em comparação a outros primatas — os homens têm barba, as mulheres têm seios, nádegas grandes e cintura fina — mas a diferença mais impressionante está na genitália masculina. Alguns primatas têm genitálias visualmente mais interessantes do que a humana. O mandril tem um escroto roxo brilhante e um pênis vermelho, os macacos-verdes têm escroto azul e pênis vermelho, e assim por diante. Mas o pênis humano tem uma clara vantagem tátil, sendo mais longo, mais grosso e mais flexível — muito diferente dos pênis pequenos e finos como um lápis de outros primatas, que têm de 5 a quase 8 centímetros de comprimento e ficam rígidos graças ao osso

106 | PAUL BLOOM

do pênis. Miller faz a alegação controversa de que isso é um produto da seleção sexual feminina; as fêmeas eram atraídas por machos que lhes davam prazer sexual, o que teria levado à evolução para um pênis melhor.[52]

O cérebro, para Miller, evoluiu em grande parte como o pênis. As pessoas procuram parceiros que as entretenham. Preferimos estar e acasalar com quem nos faz felizes. Isso põe a evolução sob uma nova luz. Psicólogos evolutivos costumam ver a mente ou como um triturador de dados científicos, desenvolvendo teorias sobre o ambiente natural ou como um planejador maquiavélico, tentando ser mais vivo do que os outros num jogo de dominação social de soma zero. Talvez a mente seja também um centro de entretenimento, moldada por forças da seleção sexual para dar prazer aos outros, para possuir a capacidade de contar histórias e de ter charme e humor.

AMOR VERDADEIRO

O argumento até agora é de que o desejo sexual pode ser inteligente. Embora tenhamos evoluído para sermos sensíveis ao formato do rosto e à curva da cintura, também observamos fatores mais profundos, incluindo o histórico sexual, sinais de compromisso, humor, afeto e bondade.

Quero enfatizar aqui outro aspecto dessa profundidade: o de que não somos atraídos exclusivamente por rostos e corpos, ou mesmo pela personalidade ou pela inteligência. Somos atraídos por pessoas com essas propriedades específicas.[53] Afinal de contas, nos apaixonamos por indivíduos, e não por características das pessoas. Como explica George

COMO O PRAZER FUNCIONA | 107

Bernard Shaw: "O amor é um exagero grosseiro da diferença entre uma pessoa e todas as outras."

Existem dois motivos pelos quais o amor funciona assim. O primeiro deles é seu poder sedutor. Se você fica comigo por minha inteligência, riqueza ou beleza — em oposição a ficar comigo por mim — nosso relacionamento é frágil. O psicólogo Steven Pinker resume a preocupação aqui:

> *Como você pode ter certeza de que um provável parceiro não irá embora no momento em que for racional fazer isso — digamos, quando uma pessoa incrível se mudar para a casa ao lado. Uma resposta é: não aceite um parceiro que queira você por motivos racionais, para início de conversa; procure um parceiro que se comprometa a ficar com você porque você é você.*

Esse compromisso pode parecer irracional, mas é uma irracionalidade atraente e, se a pessoa também está interessada em você, pode ser bastante atraente. "Murmurar que a aparência, o poder de ganhar dinheiro e o QI da pessoa amada correspondem a seus padrões mínimos provavelmente acabaria com o clima romântico", observa Pinker. "O caminho para o coração de uma pessoa é declarar o oposto: que você está apaixonado porque não consegue evitar." De fato, neurocientistas descobriram sistemas dedicados ao amor romântico e ao vínculo, e alguns argumentaram que você pode ficar viciado em uma pessoa específica assim como se vicia em cocaína — embora o tipo de vício explorado aqui não seja o amor romântico, mas o amor de uma mãe por seu filho.

O foco em indivíduos não é apenas uma estratégia sedutora, porém. O segundo motivo pelo qual nos apaixonamos

108 | PAUL BLOOM

por indivíduos é que focamos os indivíduos por *tudo* que é valioso para nós. É assim que raciocinamos com obras de arte, produtos de consumo e objetos sentimentais. Se eu tivesse um quadro de Chagall, não ficaria satisfeito se alguém o trocasse por uma duplicata, mesmo que eu não pudesse notar a diferença. Eu quero *aquele quadro*, e não simplesmente algo que seja igual a ele. Uma cópia de um Rolex valerá menos do que o original, independentemente de quanto seja boa. E quando substituímos cobertas ou ursinhos de pelúcia aos quais as crianças se apegam por duplicatas (algo que fizemos em laboratório — veja o próximo capítulo), elas não ficaram satisfeitas.[54]

Para ilustrar esse fato sobre o amor, pense em quem você mais ama.[55] Agora imagine que haja outro alguém no mundo praticamente idêntico ao seu alguém especial, tanto que a maioria das pessoas não consegue diferenciá-los. Imagine que seja um clone genético de seu parceiro ou parceira e tenha sido criado na mesma casa pelos mesmos pais.

Em outras palavras, imagine que seu parceiro tenha um gêmeo idêntico. Se você é atraído pelas propriedades de uma pessoa, e não pela pessoa em si, sua atração deveria se estender ao gêmeo em um grau considerável. Curiosamente, estudos sobre pessoas casadas com gêmeos não corroboram essa hipóese. A atração romântica é pela pessoa com a qual você é casado, e não pelas qualidades superficiais dela.[56]

De forma semelhante, o desejo sexual é calibrado para indivíduos, e não para propriedades — embora aqui possa ser que o indivíduo *menos* familiar produza a resposta maior. Isso é belamente ilustrado numa peça escrita por Isaac Bashevis Singer, que envolve um engano acidental na cama.[57] Singer fala de um tolo que se afasta de sua vila de Chelm, perde-se e acaba voltando à vila, mas, confuso, acha que foi

COMO O PRAZER FUNCIONA | 109

para outra vila em que as pessoas são idênticas àquelas do lugar de onde veio. Ele vê sua mulher, da qual está cansado há muito tempo, e fica fortemente excitado. No nível perceptivo, é claro que ela é familiar — mas não somos criaturas perceptivas. Até onde eu sei, a experiência nunca foi feita, mas aposto que pessoas casadas com gêmeos idênticos seriam afetadas de maneira incomum — e talvez ficassem excitadas — pela visão do gêmeo de seu marido nu, ou da gêmea de sua esposa nua, embora, num nível perceptivo, o corpo em si fosse inteiramente familiar.

Na verdade, variações dessa experiência estão sendo feitas on-line todos os dias. Sites de pornografia ostentam fotos de celebridades nuas obtidas em cortes de filmes ou, em alguns casos, feitas com lentes teleobjetivas. Presumivelmente, o que torna essas fotos excitantes não é a experiência visual delas (às vezes sem nitidez e irreconhecíveis); é saber quem é aquela pessoa. Se lhe dissessem que a foto era de outra pessoa, a excitação diminuiria. Revistas pagarão fortunas pela foto de uma pessoa famosa e atraente nua e não pagarão absolutamente nada por uma foto de alguém parecido com essa pessoa nu, mesmo que, num nível físico, seja exatamente a mesma foto. Este é o equivalente sexual de um Vermeer *versus* um Van Meegeren.

Considere também o emergente campo dos *teledildonics*, em que se pode fazer sexo com uma pessoa real pela internet por meio de conexões que oferecem diferentes tipos de estimulação. Se eu fosse do tipo que investe dinheiro, investiria nisso, porque imagino que uma atividade como essa — se a tecnologia funcionar — seria bastante popular. Isso daria às pessoas a oportunidade de fazer sexo com uma pessoa real (embora distante) com poucas consequências. Também é uma ilustração útil dos fatores "mais profundos"

110 | PAUL BLOOM

da atratividade sexual já discutidos neste livro. O prazer de alguém com uma experiência dessas dependeria em grande parte de quem estaria pressionando os botões do outro lado. Uma bela estrela de cinema? Alguém do mesmo sexo? Sua mãe? Num nível físico, daria no mesmo, mas não é só o nível físico que importa.

Um último exemplo da natureza essencialista do desejo vem de um distúrbio raro chamado síndrome de Capgras, em que as pessoas passam a acreditar que indivíduos próximos a elas, incluindo seus cônjuges, foram substituídos por duplicatas idênticas.[58] Uma teoria é de que isso resulta de danos em áreas do cérebro responsáveis por nossa reação emocional ao encontrar quem amamos. Uma vítima poderia, então, ver alguém igual à sua esposa, mas sentir que não é ela. Existe a sensação interna de que ela é uma estranha, e isso se resolve vendo-a como uma espécie de impostora — talvez um clone, ou um alienígena, ou um robô.

A resposta típica é o medo ou a raiva, e algumas vítimas da doença mataram membros próximos da família. Mas conheço uma exceção, uma versão verdadeira da história de Singer sobre o tolo que se afastou de sua cidade. Trata-se de um estudo de 1931 sobre uma mulher que reclamava do desempenho sexual de um amante; ele era pouco dotado e inábil. Depois de sofrer danos cerebrais, porém, ela conheceu alguém "novo". Ele era idêntico ao homem que ela já conhecia, mas era "rico, viril, bonitão e aristocrata".[59] Os sentimentos sexual e romântico são profundos, e os danos em seu cérebro permitiram a ela recomeçar, achando que seu amante era um indivíduo diferente, melhor. Este é um exemplo clássico da natureza essencialista da atração. Como explica Shakespeare: "O amor não olha com os olhos, mas com a mente."

4. Insubstituível

Quanto dinheiro você aceitaria por um de seus rins? E por seu bebê? Quanto por uma relação sexual? Suponha que um bilionário tenha sido preso ou recrutado — por quanto valeria a pena você assumir o lugar dessa pessoa?[1]

Pessoas fizeram esses tipos de troca durante muito tempo, mas agora isso é ilegal em grande parte do mundo. Numa discussão intrigante intitulada "O que o dinheiro pode comprar", o filósofo Michael Walzer apresenta uma lista de trocas proibidas nos Estados Unidos. Essas incluem:

1. Pessoas (*i.e.*, escravidão)
2. Poder político e influência
3. Justiça criminal
4. Liberdade de expressão, imprensa, religião e reunião
5. Casamento e direitos de procriação
6. Dispensa do serviço militar e da obrigação de ser jurado em tribunal
7. Cargos políticos
8. Trocas desesperadas (concordar em abrir mão de leis de salário mínimo e regulamentos de saúde e segurança)
9. Prêmios e homenagens
10. Graças divinas
11. Amor e amizade

112 | PAUL BLOOM

Essas transações proibidas são "trocas tabus".[2] Não é apenas que não queiramos participar pessoalmente dessas permutas ou que acreditemos que se elas fossem permitidas as pessoas estariam piores num sentido concreto. É pior. Muita gente acha essas trocas pavorosas, antinaturais e "moralmente corrosivas". Numa experiência engenhosa, o psicólogo Philip Tetlock e seus colegas apresentaram aos participantes a história de uma pessoa que delibera sobre uma troca tabu — o administrador de um hospital precisa decidir se gasta US$ 1 milhão para salvar uma criança de 5 anos que está morrendo.[3] Eles descobriram que os participantes o reprovavam independentemente de sua decisão. Pensar em escolhas como essa corrompe uma pessoa.

Esses tipos de troca podem parecer casos excepcionais. Afinal de contas, a maioria das coisas tem um preço; não temos muita dificuldade em comprar e vender objetos como carros, camisas e aparelhos de TV. Atribuímos valores a esses objetos corriqueiros com base em sua utilidade — o que eles podem fazer por nós. É isso que significa participar de uma economia de mercado.

Neste capítulo, argumento que essas trocas não são tão simples. Começo mostrando quanto nossas mentes são *hostis* com o mercado, como muitas vezes rejeitamos a noção de que objetos podem ser trocados por dinheiro. Retorno depois a essa questão de por que gostamos de possuir certas coisas, argumentando que, embora a utilidade seja importante, há um aspecto mais interessante. Somos essencialistas e, portanto, todos nós — até mesmo crianças pequenas — pensamos no que temos em termos de sua natureza escondida, incluindo suas histórias. Esse essencialismo explica o que gostamos nesses objetos corriqueiros — e também por que alguns deles podem nos dar um prazer rico e duradouro.

FRACASSOS DO MERCADO

Alguns anos atrás, num verão, alguém invadiu minha casa, passando pela janela de trás que havíamos deixado aberta, no primeiro andar. A janela era pequena, portanto o ladrão muito provavelmente não era um adulto. Ao lado dessa janela havia uma escrivaninha, e sobre a escrivaninha estavam um laptop novo (meu), um computador mais antigo (de minha mulher) e minha carteira. O ladrão (ou ladra, mas vou traçar um perfil aqui e assumir que era homem) não pegou nada disso, nem roubou a televisão ou o aparelho de DVD do quarto. Em vez disso, levou nosso console de Xbox e todos os nossos jogos. Mais nada.

Ficamos sem entender isso, e a polícia também. A carteira é um enigma em particular, porque estava cheia de dinheiro. A explicação mais simples, suponho, é que o ladrão simplesmente não a viu. Mas posso pensar em uma história mais interessante.

Talvez o ladrão não visse a si mesmo como um ladrão. O economista Dan Ariely argumenta que o dinheiro tem um status especial.[4] Ele acha que os universitários do MIT e os estudantes de MBA de Harvard são mais propensos a roubar latas de Coca-Cola do que notas de dólar. Isso faz sentido intuitivo. Eu nem sonharia em entrar no escritório de psicologia, dirigir-me à pequena gaveta de dinheiro e sair com US$ 5 para poder comprar alguma coisa para as crianças a caminho de casa. Não sou um ladrão. Mas é diferente ir até o armário da despensa à procura de algum outro material e, aos poucos, apanhar uma fita adesiva, uma tesoura e papel (valor líquido: US$ 5) a fim de levar para casa para o filho mais novo fazer seu trabalho de arte. Não estou dizendo que meu ladrão se considerava inocente, mas ele pode ter

114 | PAUL BLOOM

deduzido que levar dinheiro teria sido um nível de crime totalmente diferente, mais radical do que quer que fosse.

O antropólogo Alan Fiske desenvolveu uma estrutura que ajuda a dar sentido a isso. Ele observa que existe um número limitado de sistemas de transação no mundo.[5] Os mais naturais e universais são a Partilha Comunitária, que ocorre em famílias e alguns grupos pequenos (o que é meu é seu; o que é seu é meu) e a Correspondência por Igualdade, que envolve a troca de bens e serviços (uma mão lava a outra). Essas trocas aconteciam até entre primatas.[6] O sistema de transação menos natural é a Fixação de Preços pelo Mercado, que envolve dinheiro, dívida, juros, matemática avançada e assim por diante. Este pode ser um sistema ótimo, mas não é universal, não é compartilhado por outras espécies e só é compreendido com experiência e prática consideráveis.

Esses sistemas de transação desencadeiam psicologias diferentes. A Fixação de Preços pelo Mercado — em que qualquer coisa tem a ver com dinheiro — é dura e impessoal, a matéria da lei. O trabalho de Ariely é um exemplo disso. Outro exemplo vem de minhas próprias pesquisas — não das descobertas em si, mas de nossos métodos. Quando um estudante de pós-graduação precisa de alguns dados de alunos da graduação, ele se senta às vezes a uma mesa no *campus* e pede aos alunos para preencherem questionários ou responderem a algumas perguntas. Os estudantes de Yale são ocupados, em sua maioria ricos e, se oferecêssemos a eles US$ 2, poucos parariam. Em vez disso, oferecemos Snapple ou M&M's. Isso funciona mais do que dinheiro — embora o valor do que oferecemos seja inferior a US$ 2. O dinheiro caracterizaria nosso pedido como uma transação comercial — e uma transação nada atraente — enquanto a oferta de uma bala traz à tona naturezas melhores das pessoas.

COMO O PRAZER FUNCIONA | 115

De modo semelhante, pode ser grosseiro ir a um jantar na casa de uma pessoa de mãos vazias, mas é pior ainda entregar a seu anfitrião algumas notas de dinheiro — ou se recostar depois da refeição e dizer, "Estava ótimo. Ponha na minha conta." O dinheiro tende a ser um presente inapropriado, embora, usando o critério da eficiência, seja o presente *perfeito*. É melhor do que flores, vinho ou joias, porque, se você dá dinheiro, quem o recebe tem a opção de comprar flores, vinho, joias ou qualquer outra coisa, ou de guardá-lo para uma compra outro dia. O problema é que o dinheiro é para transações frias de mercado; para as pessoas das quais você gosta e para quem você ama, é preciso dar coisas materiais.

Existem algumas exceções. O dinheiro pode ser um presente de casamento — uma concessão às necessidades financeiras de um casal recém-casado. (É menos apropriado, porém, se o casal é mais velho ou mais rico do que você.) Você também pode dar dinheiro a uma criança, presumivelmente porque a diferença de status entre um adulto e uma criança é tão grande que isso naturalmente não é considerado um insulto.

Existem várias maneiras de contornar o tabu do dinheiro. As pessoas podem "registrar" presentes. Em vez de receber dinheiro e comprar alguma coisa (tabu), elas escolhem os presentes antecipadamente e os outros compram esses itens para elas (não é tabu). Na minha experiência, muitas pessoas casadas fazem uma versão informal disso em seus aniversários e outras datas comemorativas: um diz ao outro precisamente o que comprar.

Existe ainda o vale-presente, um recurso que ajuda quem dá (que não precisa escolher um presente) e quem recebe (que tem alguma escolha). A semelhança do cartão com o

116 | PAUL BLOOM

dinheiro torna sua estranheza gritantemente óbvia, porém: um cartão de US$ 50 é como uma nota de US$ 50 — exceto que só pode ser usada em uma loja ou num conjunto de lojas, e logo expirará. Do ponto de vista daqueles que vendem os vales-presentes, é uma invenção genial — empresas ganham bilhões de dólares por ano por causa de cartões que não foram usados ou expiraram.[7]

Aprendemos a lidar com as trocas do mercado. Somos capazes de dar um preço a um iPod ou a uma barra de chocolate. Fazemos essa espécie de cálculo monetário até mesmo para trocas ilegais ou imorais; afinal de contas, as pessoas se envolvem em algumas trocas tabus, como pagar por sexo, por um voto ou por um rim, portanto elas devem ter alguma intuição sobre quanto valem essas atividades e objetos.

De maneira mais geral, estaríamos perdidos se não pudéssemos atribuir valor a objetos e serviços corriqueiros. Isso é necessário não apenas para a Fixação de Preços pelo Mercado, mas também para a Partilha Comunitária e a Correspondência por Igualdade. Precisamos fazer esses cálculos ao tentar dividir de maneira equilibrada diferentes recursos, como brinquedos para nossos filhos. Não pagamos a amigos para que eles nos preparem um jantar ou recebam nossa correspondência, mas lhes damos presentes e, portanto, precisamos calcular o valor apropriado do presente. Até quanto deve custar aquela garrafa de vinho? Se alguém cuida de meu cachorro durante um mês, seria uma atitude mesquinha voltar e dar à pessoa um pacote de chicletes (seria mais educado simplesmente não dar *nada*), mas seria patologicamente generoso comprar um carro novo para ela.

Também, num mundo de recursos escassos, há o sentido profundo de que tudo tem um preço. Não devo atribuir um valor em dólar a meu tempo com minha família, por exem-

COMO O PRAZER FUNCIONA | 117

plo — como um tabu de Tetlock* — mas aparentemente faço isso, porque deixo minha família para dar uma palestra e ganhar algum dinheiro. Minha aliança de casamento tem um valor sentimental, e eu não a daria a você por US$ 100. Mas a entregaria por US$ 10 mil.

De maneira mais cruel, em grande parte do mundo pessoas são obrigadas a fazer escolhas terríveis, como mulheres que vendem sexo para alimentar seus filhos. Essas trocas são inevitáveis até mesmo nas sociedades mais ricas, em que os governos precisam equilibrar os valores do meio ambiente, da moradia para os pobres, do financiamento das artes, da assistência médica e assim por diante. A vida pode ser uma soma zero, e cada centavo dado em apoio a uma companhia de ópera é um centavo a menos para a vacinação de crianças. Empresas de seguro calculam quanto devem reembolsar a alguém pela perda de um dedo do pé, de um braço ou dos dois olhos. Até mesmo as pessoas recebem um valor em dólar. Se o governo pode salvar dez vidas ao custo de US$ 10 milhões (por meio de um programa de vacinação, digamos), deve salvá-las? E dez vidas por US$ 1 bilhão? É impossível ponderar sobre essas perguntas sem se comprometer com o lado mais problemático possível da Fixação de Preços pelo Mercado: dar um preço à vida humana.

HISTÓRIA PESSOAL

Considere agora aquelas coisas que trocamos — de maneira relativamente fácil — por dinheiro. Não sexo nem rins, mas xícaras e meias. Como calculamos o valor dessas coisas?

---

*Referência a Philip Tetlock, psicólogo que discute justamente o chamado tabu de trade-off. (N. do E.)

Claramente, existe a consideração utilitária sobre o que o objeto pode fazer por você. Um carro é valioso porque leva você a lugares; um casaco pode mantê-lo aquecido; um relógio mostra a hora; pode-se morar numa casa; uma garrafa de vinho pode deixar você bêbado; e assim por diante. Essas propriedades se baseiam na natureza material dos objetos e em nada mais. Se alguém levar meu relógio e o substituir por uma duplicata perfeita, sua utilidade para saber a hora não mudaria.

O mais interessante é que a história de um objeto também importa. Suponha que você pergunte a uma pessoa quanto ela pagaria por uma xícara de café, e suponha que ela diga US$ 5. Você recebe o dinheiro e lhe entrega a xícara, e então pergunta por quanto ela lhe venderia a xícara de volta. A resposta racional seria US$ 5 — ou talvez um pouco mais para pagar pelo transtorno de entregar e devolver a xícara. Se ela lhe vender por US$ 6, terá um lucro de US$ 1 por dez segundos de trabalho. Mas a mente não funciona assim; as pessoas geralmente não aceitam US$ 6 pela xícara. O valor do objeto aumenta radicalmente. Agora é diferente. É *dela*, e isso aumenta o valor — um fenômeno conhecido como efeito dotação.[8] De fato, quanto mais tempo uma pessoa possui um objeto, mais valioso este se torna.[9]

Um exemplo diferente do papel da experiência pessoal diz respeito às decisões de uma pessoa sobre um objeto. Você pode pensar que escolhemos o que gostamos, o que é verdade, claro. Mas o que é menos óbvio é que gostamos do que escolhemos.

Isso foi demonstrado há mais de cinquenta anos pelo psicólogo social Jack Brehm. Ele pediu a donas de casa para classificar o quanto gostavam de uma série de itens domésticos, como cafeteiras e torradeiras.[10] A cada mulher ele entregou itens considerados igualmente atraentes e disse que podia levar um deles para casa, permitindo que a mulher escolhesse. Após a escolha, cada uma foi solicitada a reclassificar os itens. Brehm descobriu que a classificação do item escolhido aumentava e a dos outros itens caía. (Como curiosidade: os padrões éticos eram diferentes na época; quando a experiência terminou, ele disse às donas de casa que estava mentindo — elas não podiam realmente levar os itens para casa. Uma mulher começou a chorar.)

Você gosta do que escolhe; não gosta do que não escolhe. Há uma demonstração simples disso, do tipo que se pode fazer num bar. Pegue três coisas idênticas, como bolachas de cerveja, e ponha duas delas em frente a uma pessoa. Peça a ela para escolher uma. Sim, elas são iguais, mas ainda assim pegue uma. Depois que ela escolher, entregue a ela o objeto escolhido e apanhe a terceira. E agora peça que ela escolha entre o objeto rejeitado e o novo. O que tende a acontecer é a perda de valor do objeto — ele está corrompido por não ter sido escolhido na primeira vez e, portanto, a tendência é escolher o objeto novo.

Ninguém sabe realmente por que isso acontece. Talvez tenha a ver com a autovalorização; queremos nos sentir bem conosco e, portanto, aumentamos o valor de nossas escolhas e difamamos o caminho não escolhido. Ou talvez seja um truque mental desenvolvido para tornar mais fáceis as decisões difíceis repetidas — depois de escolher entre duas opções próximas, sua escolha fará a diferença entre as opções parecer maior, tornando a escolha mais fácil no futuro. Uma terceira proposta é a teoria da autopercepção.[11] Avaliamos nossas escolhas como se elas tivessem sido feitas por outra pessoa e, portanto, quando observo a mim mesmo escolhendo *A* em detrimento de *B*, chego à mesma conclu-

120 | PAUL BLOOM

são que chegaria se outra pessoa fizesse essa escolha — *A* provavelmente é melhor do que *B*.

Qualquer que seja a explicação certa, está claro que a história de uma pessoa com um objeto específico afeta o modo como ela o valoriza. Isso não se limita aos humanos. Em uma série de experiências com a colaboração da estudante de pós-graduação Louisa Egan (hoje na Kellogg School of Management da Universidade Northeastern) e de minha colega Laurie Santos, fizemos uma série de estudos sobre escolhas usando o mesmo procedimento de três objetos já descrito. Encontramos a mudança de valor esperada tanto em crianças de 4 anos quanto em macacos-pregos.[12]

CONTATO

Outro aspecto relevante de um objeto é sua história antes de ele chegar a você — de onde ele vem, para que foi criado inicialmente, quem o tocou, quem o possuiu, quem o usou. Às vezes, o contato relevante é com alguém famoso. Pode-se estudar isso num laboratório de psicologia, mas o fenômeno é óbvio quando olhamos, no mundo real, o que as pessoas escolhem para comprar e vender.[13]

Apenas alguns minutos no eBay, o site de leilões na internet, revelam que o contato com uma celebridade aumenta o valor de um objeto. Um tipo de contato que importa em nossa cultura é a assinatura. Enquanto escrevo isto, o autógrafo de Einstein custa US$ 255; uma carta do presidente Kennedy autografada, US$ 3 mil; uma carta de Tupac Shakur autografada na prisão, US$ 3 mil; um cartaz de *Jornada nas estrelas: A próxima geração* assinado pelo elenco, US$ 700. Cópias dessas assinaturas são fáceis de criar, impossíveis de

COMO O PRAZER FUNCIONA | 121

serem diferenciadas das originais e sem valor. As originais adquirem seu valor por meio de suas histórias.

O contato diário com uma pessoa importante também pode acrescentar um valor considerável. Num leilão em 1996, por exemplo, os tacos de golfe do presidente John F. Kennedy foram vendidos por US$ 772.500 e uma fita métrica da casa de Kennedy, por US$ 48.875.[14] Já houve leilão de um café da manhã inacabado de Barack Obama (que recebeu uma oferta alta, superior a US$ 10 mil, antes de ser retirado do site, que não permite a venda de comida) e de um chiclete mascado por Britney Spears. Por falar em Britney, em outubro de 2007, um fotógrafo teve seu pé atropelado pelo carro dela; depois ele vendeu sua meia no eBay como "memorabilia de música":

> *Meia autêntica pisoteada por Britney. A verdadeira meia usada por um cinegrafista da TMZ quinta-feira, quando Britney passou de carro sobre seu pé. Garantida a autenticidade da marca do pneu!*

Este não é um fenômeno novo. Na Idade Média, havia vendas entusiasmadas de objetos considerados ossos de santos ou pedaços da cruz em que Cristo foi pregado. Depois da morte de Shakespeare, pessoas derrubaram árvores próximas à sua casa para produzir uma madeira especial usada em objetos de preços elevados.[15] As árvores em torno do túmulo de Napoleão também foram arrancadas e pedaços delas foram levados para casa como suvenires. (O pênis de Napoleão sofreu um destino semelhante, cortado pelo padre que realizara seus últimos rituais.)[16]

Meu exemplo favorito do poder do contato é a coleção de papéis em branco do escritor Jonathan Safran Foer.[17] Ele

122 | PAUL BLOOM

iniciou sua coleção quando um amigo que estava ajudando a arquivar pertences de Isaac Bashevis Singer lhe enviou a folha de cima da pilha de papéis de máquina de escrever de Singer não utilizados. Foer entrou em contato com outros escritores e pediu a eles que lhe enviassem as páginas em branco nas quais escreveriam em seguida. Conseguiu páginas de Richard Powers, Susan Sontag, Paul Auster, David Foster Wallace, Zadie Smith, John Updike, Joyce Carol Oates e outros. Chegou a convencer o diretor do Freud Museum em Londres a lhe entregar a folha de cima de uma pilha de papéis em branco que estava na escrivaninha de Freud. Isso demonstra como as coisas mais mundanas (pedaços de papel em branco!) podem adquirir valor por meio do que se sabe sobre sua história.

MAGIA

Uma teoria é que as pessoas valorizam esses objetos por suas intuições sobre como eles são valorizados por outros. Podemos pagar caro por uma fita métrica da casa de Kennedy, por exemplo, porque esperamos que mais tarde outras pessoas a comprem de nós por um preço maior ou fiquem impressionadas por a possuirmos. Outra explicação é que esses objetos são valorizados por seu poder de evocar lembranças. Eles nos lembram pessoas nas quais gostamos de pensar e são agradáveis por isso.

Embora esses dois fatores possam ter sua importância, nenhum deles é suficiente. As pessoas muitas vezes gostam desses objetos por seus próprios méritos, e não para se gabar ou ganhar dinheiro. Certamente isso é verdade para aqueles objetos que estimamos, como os sapatos de bebê de nossos

COMO O PRAZER FUNCIONA | 123

filhos, que ninguém mais quer e ninguém se impressiona por possuirmos. E, embora seja verdade que certos objetos têm associações positivas, isso não explica totalmente o prazer que eles nos dão. Se tudo o que eu quisesse fosse uma lembrança física dos primeiros dias de vida do meu filho, duplicatas dos sapatos funcionariam bem, e um vídeo dele seria ainda melhor. Se alguém quer se lembrar de JFK, um pôster gigante funcionaria bem. Há algo mais acontecendo aí, algo que tem a ver com o contato desses objetos com indivíduos especiais.

Talvez esse algo mais seja uma magia. O antropólogo James Frazer, em *O ramo de ouro*, fala de certas crenças universais, uma das quais é a Magia Contagiosa,[18] baseada "na noção de que coisas que já estiveram juntas devem assim permanecer para sempre, mesmo quando bem separadas uma da outra". Frazer cita o vodu como exemplo disso: "A afinidade mágica que supostamente existe entre um homem e qualquer parte de sua pessoa cortada, como seu cabelo ou suas unhas; de modo que quem quer que adquira a posse do cabelo ou das unhas humanos possa realizar sua vontade, a qualquer distância, em relação à pessoa da qual essas coisas foram cortadas."

Esse tipo de teoria pode explicar a atração de certos objetos — por meio do contato físico, eles ficam imbuídos da essência de um indivíduo. Não é simplesmente que o objeto traga à mente a ideia da pessoa; é que o objeto realmente retém algum aspecto da pessoa.

Os casos mais óbvios são as partes do corpo. A estudiosa de literatura Judith Pascoe observa o prazer que muitos colecionadores sentem por possuir pedaços de pessoas famosas.[19] Seus exemplos incluem o pênis e os intestinos de Napoleão, o cabelo de Keats e o coração de Shelley, guar-

124 | PAUL BLOOM

dado perto por sua esposa, e que acabou sendo objeto de uma grande batalha pela custódia. Pascoe sugere que a era romântica foi uma época em que as pessoas acreditavam que os objetos — incluindo partes de corpos — eram "imbuídos de um sentimento duradouro de seus donos". Eu concordo, mas acho que isso sempre aconteceu.

No entanto, não precisa ser um pedaço de uma pessoa. Algo que já esteve em contato próximo com a pessoa funcionará da mesma forma. Isso explica por que se pode ganhar dinheiro leiloando roupas usadas por celebridades. Explica também algo sobre as condições das roupas mais desejadas pelas pessoas. Uma instituição de caridade que vende essas roupas costumava oferecer uma opção de lavagem a seco antes de enviá-las, mas retirou a opção porque esta provou ser impopular. As pessoas querem as roupas do jeito que estavam quando os atores as vestiram, suadas e tudo.[20] Não querem que a essência seja removida numa lavagem.

Numa série de experiências com George Newman, meu colega em Yale, e o psicólogo Gil Diesendruck, testamos essa teoria do contágio positivo de modo mais controlado. De início, pedimos a nossas cobaias para pensar em uma pessoa famosa que admirassem. (As respostas incluíram Barack Obama e George Clooney.) Em seguida, perguntamos quanto elas pagariam por um objeto específico dessa pessoa, como um suéter.[21] O principal foco do estudo eram as reações das pessoas a certas estipulações e transformações. Algumas delas foram informadas de que estavam proibidas de revender o suéter ou de dizer a qualquer pessoa que o possuíam. Isso fez o preço a cair ligeiramente, sugerindo que um dos motivos pelos quais elas queriam o suéter tinha a ver com o valor de revenda ou com o direito de se gabar. Outras pessoas foram informadas de que o suéter havia

COMO O PRAZER FUNCIONA | 125

sido completamente esterilizado antes de ser entregue a elas. Previmos um efeito muito maior aqui e o obtivemos; houve uma queda de quase um terço no valor que elas se dispunham a pagar. Em outro estudo, as pessoas foram informadas de que a celebridade recebera o objeto de presente, mas na verdade nunca o usara — de novo, isso tornou o suéter menos atraente; as pessoas pagariam menos por ele. Parte do valor de um objeto tocado por uma celebridade, portanto, é a noção implícita de que ele tem resíduos da celebridade. Essa descoberta combina com outra pesquisa que mostrou que as pessoas são mais propensas a comprar um produto quando este foi apenas tocado por alguém bastante atraente.[22]

Perguntamos também quanto prazer elas teriam por vestir o suéter. Constatou-se que manter a compra em segredo e nunca vendê-la não tinha efeito algum sobre o desejo de vesti-la. Mas, conforme previsto, saber que o objeto foi esterilizado ou que nunca foi usado reduz o prazer de usá-lo.

A discussão até agora teve como foco apenas o contato positivo. Mas há o fenômeno correspondente em que o contato com uma pessoa vilipendiada pode fazer o valor de um objeto cair. O psicólogo Bruce Hood inicia seu fascinante livro *Supersentido* descrevendo como a câmara municipal de Gloucester, na Inglaterra, ordenou a destruição da casa de Fred e Rosemary West.[23] Era a casa onde eles haviam estuprado, torturado e matado várias meninas, enterrando-as sob o piso do porão e no jardim. A câmara fez questão de retirar os tijolos, triturá-los até virarem pó e espalhá-los num aterro sanitário em lugar secreto. Uma intervenção semelhante ocorreu no apartamento onde Jeffrey Dahmer morava; hoje, é um estacionamento. Em algumas partes dos Estados Unidos há leis de divulgação que obrigam corre-

126 | PAUL BLOOM

tores de imóveis a declarar se estão vendendo uma "casa estigmatizada". Esse efeito aparece também nos estudos de laboratório do psicólogo Paul Rozin e seus colegas, que demonstratam a relutância das pessoas em experimentar um suéter usado por Adolf Hitler.[24]

Curiosamente, há também uma fascinação por esses objetos negativos. Algumas pessoas sentem prazer em morar num apartamento que já foi ocupado por Jeffrey Dahmer, em vestir o suéter de Hitler ou em possuir um tijolo da casa dos Wests. (Presumivelmente, foi por isso que a câmara de Gloucester se deu ao trabalho de esconder os restos desses tijolos.) Itens como o cabelo de Charles Manson, pinturas de John Wayne Gracy e objetos pessoais de Saddam Hussein são rotineiramente vendidos em leilões de "especialidades", que às vezes faturam dezenas de milhares de dólares por item.[25]

Este é o gosto de uma minoria, porém. Fizemos uma variante de nosso estudo Clooney/Obama, desta vez perguntando quanto as pessoas pagariam por um suéter de uma pessoa *desprezada*. Muitas não pagariam nada e disseram que não teriam prazer algum em usá-lo. Quem queria o item não se importava com a esterilização, mas ao ser informado de que não podia revendê-lo, havia uma queda acentuada no valor que pagaria. Isso sugere que nossas cobaias valorizavam esses objetos desprezados em grande parte porque pensavam que outras pessoas iriam querê-los.

UM INTERESSE EM HISTÓRIA

Será que as crianças avaliam objetos com base na história deles? Para fazer isso, elas devem ser capazes de pensar em objetos como indivíduos distintos. Isso não é pouco. É muito mais complicado do que responder a propriedades do objeto. A seleção natural pode facilmente estruturar o cérebro de uma mariposa para ser atraído pela luz, ou o cérebro de um cachorro para responder a certos cheiros, ou mesmo o cérebro de um bebê para preferir um rosto bonito a outro feio. Qualquer rede neural simples pode generalizar, respondendo de maneira semelhante a estímulos semelhantes. Esse tipo de sensibilidade à propriedade é tão simples que sequer precisa de um cérebro; até mesmo anticorpos são detectores de categorias, sensíveis a qualquer antígeno com uma propriedade específica.

Alguns estudiosos alegam que o cérebro não passa de uma máquina de generalização. Damos sentido a objetos no mundo ressoando suas propriedades. O filósofo George Berkeley resumiu bem essa visão em 1713: "Retire as sensações de maciez, umidade, vermelhidão e acidez e você retira a cereja. Porque, separado das sensações, aquilo não é um ser; uma *cereja*, eu digo, não passa de um amontoado de impressões sensíveis ou ideias percebidas por vários sentidos."[26]

Mas Berkeley estava errado. Não estamos limitados a responder às propriedades das cerejas; podemos pensar em cerejas como coisas individuais. Você pode facilmente imaginar um par de cerejas numa caixa, ambas macias, úmidas, vermelhas e ácidas, mas você sabe que há duas ali, e não uma. E isso não é porque somos meramente sensíveis à magnitude das propriedades — qualquer pessoa pode dizer a diferença entre duas cerejas pequenas e uma grande. Você pode facilmente rastrear um indivíduo mesmo que as propriedades dele sejam instáveis, como quando uma lagarta se transforma em uma borboleta, ou um sapo em um

128 | PAUL BLOOM

príncipe, ou quando as pessoas boas de Metrópole olham para o céu de maneira meio vaga e dizem: "É um pássaro, é um avião... é o Super-Homem!" E se alguém pega uma cereja, pinta-a de verde, injeta sal nela e a congela, ela agora não tem nenhuma das propriedades padrões relacionadas por Berkeley, mas não *desaparece*; o objeto continua a existir embora suas propriedades tenham mudado.

Mesmo os bebês podem pensar em indivíduos. A psicóloga Karen Wynn demonstrou isso num belo estudo com crianças de 6 meses. O pesquisador mostra a um bebê um palco vazio e em seguida bloqueia o palco com uma tela. Em seguida, mostra ao bebê um boneco do camundongo Mickey e o põe atrás da tela, fora de vista. Depois, pega outro boneco de Mickey, idêntico, e o põe atrás da tela também. Em seguida, a tela cai. Os bebês esperam ver dois bonecos; eles olham por mais tempo, indicando surpresa, quando aparece um ou quando aparecem três.[27] Tipicamente, isso é citado como uma evidência da matemática do bebê (eles sabem que 1 + 1 = 2), mas isso nos diz algo mais: que os bebês podem rastrear objetos individuais.

Essa capacidade de raciocinar sobre indivíduos aparece na linguagem das crianças por volta do primeiro aniversário. As palavras iniciais das crianças costumam incluir pronomes como "esse" e "aquele", que podem servir para selecionar indivíduos no ambiente.[28] Isso acontece com crianças que aprendem qualquer uma das línguas estudadas, incluindo coreano, chinês, dinamarquês, finlandês, francês, hebraico, italiano, japonês, quíchua, samoano e sueco. Algumas crianças criam seus próprios pronomes para apontar objetos em torno delas. Com mais ou menos 12 meses de idade, meu filho Max apontava e dizia, em tom elevado: *"Doh?"*[29] Não necessariamente ele queria que

COMO O PRAZER FUNCIONA | 129

fizéssemos alguma coisa com os indivíduos para os quais apontava; ele só queria mostrá-los a nós.

Pensar em indivíduos é necessário para o essencialismo, mas não suficiente. As crianças podem ser capazes de depreender uma coisa a partir de outra, reconhecendo que dois objetos com as mesmas propriedades são distintos, mas isso não significa que elas acreditem que os objetos têm essências ou que pensam que o valor de um objeto pode ser afetado por sua história.

Para explorar essa questão, fiz uma série de estudos com a colaboração de Bruce Hood. Para isso, precisávamos de uma máquina duplicadora, algo que criasse cópias perfeitas de objetos do mundo real.[30]

Imagine o que se poderia fazer com uma máquina dessas. Uma pessoa poderia ficar rica copiando ouro, diamantes, esmeraldas e artefatos valiosos, como relógios e laptops. Mas nem todas as duplicatas teriam o mesmo valor dos originais. Se você copiasse uma pilha de notas, poderia ficar tentado a gastar o dinheiro duplicado, mas como a história tem sua importância no sistema legal — uma falsificação é definida como uma coisa que tem uma origem errada — você poderia acabar preso por muito tempo. Você poderia pôr na máquina um Picasso, sua aliança de casamento ou sua assinatura de Tupac, mas precisaria ter cuidado para manter as duplicatas separadas, porque estas valeriam muito menos que os originais. Copiar seu hamster, seu cachorro ou seu filho teria consequências morais e emocionais especiais.[31]

Nós começamos pequenos, explorando se as crianças, assim como os adultos, reconhecem que algo pode ser valioso se já pertenceu a uma pessoa famosa.[32] Como nossa tarefa era um pouco complicada, testamos crianças um pouco maiores — 6 anos. Mesmo com esse grupo de idade mais avançada, imediatamente nos deparamos com um problema: elas tendiam a não conhecer pessoas famosas (Harry Potter não conta — queríamos alguém *real*.). Esse problema se resolveu quando a rainha Elizabeth II visitou Bristol, na Inglaterra, onde estávamos realizando as experiências. Começamos a testar as crianças imediatamente após a visita da rainha.

Não foi um problema sério o fato de não existirem máquinas de duplicação tridimensional. Bruce Hood é um mágico amador, e ele achou fácil criar uma estrutura com duas caixas em frente a uma cortina, conforme mostrado na imagem a seguir.

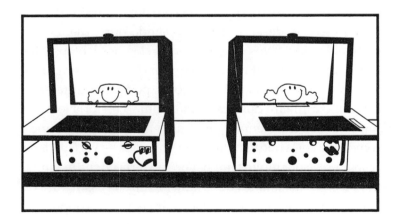

Para demonstrar a máquina, as caixas a princípio ficaram abertas. Um bloco de madeira verde foi posto em uma delas, e as portas de ambas foram fechadas. O pesquisador ajustou alguns controles e em seguida ativou uma campainha. Após uma demora de vários segundos, a campainha da segunda caixa foi ativada, e o pesquisador abriu as duas portas para revelar um bloco verde em cada uma delas (a "duplicata" do bloco foi inserida por trás, por um pesquisador escondido).

Quando mostramos essa máquina às crianças, nenhuma delas pensou que fosse um truque. Isso combina com outra pesquisa que revelou que as crianças acreditam perfeitamente em máquinas incomuns. Não há motivo para serem céticas. Elas vivem num mundo de latas voadoras gigantes, raios laser que cortam metais, computadores que falam e assim por diante. E já temos máquinas duplicadoras *bidi*mensionais rudimentares — você pode pegar um pedaço de papel com uma assinatura de Michael Jordan, pô-lo numa máquina fotocopiadora, pressionar um botão e obter algo indistinguível do original. O que há de tão estranho numa versão tridimensional disso? Para as crianças do teste, nada. Quando solicitadas a explicar o que viram, todas disseram que a máquina havia copiado o bloco.

Ensinamos as crianças a estimar valores dando a elas dez fichas e ensinando-as a distribuí-las entre dois objetos com base no valor deles. Por exemplo, mostramos a elas um brinquedo atraente e uma pedra. Depois de concordarem que o brinquedo valia mais, elas aprenderam a dar mais fichas a ele.

Em seguida, as crianças observaram quando um pequeno cálice de metal ou uma colherinha de metal foram postos na máquina. Foi dito a elas que aquele objeto era especial porque pertencera à rainha Elizabeth II. Depois da transformação, as portas foram abertas e revelaram objetos idênticos (cálices ou colheres) em cada uma das caixas. As crianças foram, então, convidadas a estimar quantas fichas cada item valia. Tivemos outra condição em que as crianças foram informadas de que o objeto duplicado era valioso porque era de prata; a rainha não foi mencionada.

132 | PAUL BLOOM

Conforme previmos, os objetos pertencentes à rainha tenderam a receber mais fichas do que as duplicatas. As crianças sabem que esse tipo de contato aumenta o valor de um objeto, o qual não é transmitido para uma duplicata. Esse efeito não ocorreu na outra condição — um objeto especial por ser de prata não tem um valor diferente de uma duplicata também de prata. Substâncias podem ser duplicadas; a história, não.

PESSOAS SÃO ESPECIAIS

As pessoas são particularmente relevantes para essencializar. Não há impulso algum para pensar numa pedra como curiosamente distinta de outra pedra de aparência semelhante ao lado dela. Mas é natural ficar de olho em pessoas de maneira individual. Um bebê deve se importar muito se determinada mulher é mesmo sua mãe, em oposição a alguém que apenas se parece com ela; qualquer mãe também deve ter um interesse intenso em saber qual bebê é o seu. E, conforme discutido em detalhes no capítulo anterior, importa para todos nós qual é o indivíduo específico com quem estamos envolvidos sexual ou romanticamente.

Seriam as crianças especialmente sensíveis às qualidades especiais de indivíduos sociais? Esta pergunta é feita, em parte, em outro conjunto de estudos que eu e Bruce Hood estamos realizando com a máquina de duplicação. Nesses estudos, feitos com crianças de 4 e 6 anos, duplicamos hamsters vivos. Os hamsters são da mesma ninhada e, portanto, indistinguíveis para quem os olha. (Bem, na verdade, em um de nossos estudos, um dos hamsters era um ávido comedor e engordou bem mais do que sua "duplicata". Nós o substituímos.)

COMO O PRAZER FUNCIONA | 133

Esses estudos estão em andamento, mas até agora verificamos que as crianças com frequência rejeitam a noção de que a duplicata é realmente uma duplicata. Ou seja, embora tendam a concordar que duplicamos o corpo físico do hamster, elas nem sempre se dispõem a aceitar que duplicamos os estados mentais do animal, incluindo o que ele gosta e o que ele sabe. Elas veem a máquina como um duplicador do corpo, não necessariamente da mente; a duplicata é um indivíduo diferente.

Por que parar aí? E se alguém construísse uma máquina de duplicação maior, com armários em vez de caixas, para que uma pessoa pudesse entrar em um deles e depois aparecer no outro (escapando por uma cortina na parte de trás)? E se você fizesse isso com a mãe da criança, armando de modo a parecer que a pessoa que sai da caixa é uma duplicata, uma falsa mãe? Será que a criança iria se encolher de medo, retrair-se com uma ansiedade estranha, gritar para que a verdadeira mãe voltasse?

Por motivos éticos e práticos, não fazemos essa experiência. Mas o escritor Adam Gopnik fez uma versão mais moderada, usando sua filha de 5 anos, Olivia, como cobaia. Quando ela estava fora de casa, seu peixe, Bluie, morreu. Gopnik e sua esposa decidiram substituí-lo por uma duplicata e levaram para casa um peixe indistinguível de Bluie. Mas, no último minuto, decidiram não mentir para a filha, pelo menos não completamente, e inventaram uma história conciliatória: disseram a ela que Bluie ficaria no hospital de peixes por algum tempo e que aquele era seu substituto temporário, o irmão de Bluie.[33] Quando se viu diante do substituto de aparência idêntica (e de comportamento idêntico, a propósito), Olivia ficou infeliz.

134 | PAUL BLOOM

"Eu odeio esse peixe", disse ela. "Odeio ele. Eu quero Bluie."
Tentamos consolá-la, mas não adiantou.
"Mas, veja, ele é igual a Bluie!", protestamos, sem
firmeza.
"Ele parece Bluie", admitiu ela. "Ele parece Bluie, mas
não é Bluie. É um estranho. Ele não me conhece. Ele não é
meu amigo, com quem eu posso falar."

EXÉRCITOS NAS NUVENS

Discutimos exemplos em que indivíduos são especiais por causa do contato — em geral o contato físico — com seres sociais, como celebridades e aqueles que amamos; e exemplos em que objetos são especiais porque são eles próprios seres sociais, animais ou pessoas. No próximo capítulo, lidaremos com uma terceira maneira pela qual objetos podem se tornar especiais: por alguma associação à virtuosidade humana. E isso nos levará ao mundo da arte.

Outros casos de valorização do objeto têm um status interessante e incomum: os indivíduos não são seres sociais, mas tendemos a pensar neles como se fossem. Trata-se da velha notícia de que os humanos tendem a antropomorfizar, a imbuir objetos em torno de nós de qualidades humanas.[34] David Hume escreveu sobre isso em 1757: "Encontramos rostos humanos na lua, exércitos nas nuvens; e, por uma propensão natural, se isso não for corrigido pela experiência e pela reflexão, atribuímos malícia e boa vontade a tudo que nos machuque ou nos agrade."[35] Como explicou um cientista cognitivo de religiões, temos uma "hipertrofia de inteligência social".[36]

COMO O PRAZER FUNCIONA | 135

Isso pode nos ajudar a entender o apego de crianças a objetos preferidos, como ursinhos de pelúcia, cobertas e brinquedos macios — apegos que às vezes continuam na vida adulta. O pediatra e psicanalista Donald Winnicott sugeriu que as crianças usam essas coisas como substitutos da mãe (ou do peito da mãe). Ele as chamou de "objetos transicionais", para captar a noção de serem uma estação intermediária entre o apego e a independência.[37] Isso explica muitas coisas. Explica por que as crianças ficam tão profundamente apegadas a esses objetos e por que estes são macios e fofos, como mamãe. Explica também diferenças culturais: as crianças japonesas tendem menos a ter esse tipo de objeto do que as crianças norte-americanas, presumivelmente por serem menos propensas a dormir ao lado de suas mães e, portanto, têm menos necessidade de um substituto.[38]

Se esses objetos são vistos como substitutos de pessoas, depreende-se que as crianças devem se apegar a eles como se fossem indivíduos distintos. Eles deveriam ser insubstituíveis. De fato, os pais dizem às vezes que seus filhos se comportam como se o fossem, recusando-se a permitir que adultos consertem seus objetos de estimação e rejeitando ofertas de substituição.[39]

Bruce Hood e eu usamos a máquina de duplicação para explorar esse cenário. Anunciamos que procurávamos crianças que tivessem um objeto de estimação.[40] Para ser considerado como tal, o objeto deveria atender a várias exigências, inclusive que a criança dormisse com ele regularmente e o possuísse há pelo menos um terço de sua vida. Os pais trouxeram seus filhos ao laboratório juntamente com o objeto. Como grupo de comparação, trouxemos também um grupo de crianças que não tinham objetos de estimação; seus pais

136 | PAUL BLOOM

foram solicitados a trazer qualquer objeto particular que a criança gostasse, como um brinquedinho favorito.

As crianças tinham entre 3 e 6 anos de idade. O estudo era simples. No laboratório, mostrávamos a elas a máquina de duplicação e a demonstrávamos. Em seguida, o pesquisador sugeria copiar o objeto da criança. Se a criança concordava, o pesquisador punha o objeto na caixa, duplicava-o e (com as duas caixas fechadas) perguntava à criança com qual dos dois objetos ela gostaria de ficar.

Quando as crianças sem objeto de estimação puseram seus brinquedos na caixa, a maioria escolheu a duplicata. Era *legal*, porque era uma cópia criada por uma máquina. Elas ficaram decepcionadas quando explicamos que aquilo era um truque e que o objeto não havia sido realmente duplicado.

As crianças com objeto de estimação se comportaram de modo diferente. Algumas se recusaram a deixar o pesquisador pôr o objeto na máquina duplicadora. Entre aquelas que permitiram, a maioria preferiu levar para casa o original.

Quando esse trabalho foi discutido na imprensa popular, Bruce recebeu a seguinte carta:

Caro Dr. Hood...

Minha mãe de 86 anos dorme toda noite com o travesseirinho de seu berço. Ela só se separou dele uma noite em 86 anos, e isso porque se esqueceu de levá-lo para um abrigo contra bombas durante um ataque aéreo. Ela decidiu que será enterrado com ela. Ele tem um nome, Billy.

Acho que ela não o trocaria por uma cópia.[41]

COMO O PRAZER FUNCIONA | 137

A maioria dos objetos não é como Billy. Nós nos dispomos a abrir mão deles ou a substituí-los por cópias. Mas tudo é um ser social ou esteve em contato com um e, portanto, até mesmo as coisas mais mundanas têm história. Isso é a essência delas. E para alguns desses objetos — como Billy ou Bluie, a fita métrica de Kennedy, o suéter de George Clooney, o pênis de Napoleão ou os sapatos que meu filho usou quando era bebê — essa essência é uma fonte de grande prazer.

5. Desempenho

Na manhã de 12 de janeiro de 2007, um jovem vestindo jeans, camiseta de manga comprida e boné de beisebol entrou numa estação do metrô de Washington e sacou um violino. Ele pôs a caixa de seu violino à sua frente, jogou nela alguns dólares e trocados e, então, tocou seis músicas clássicas durante os 43 minutos seguintes, enquanto mais de mil pessoas passavam por ali.

Mas ele não era um artista de rua comum. Era Joshua Bell, um dos maiores violinistas do mundo, e estava tocando seu violino de US$ 3,5 milhões, fabricado artesanalmente em 1713 por Antonio Stradivari. Algumas noites antes, Bell tocara no Symphony Hall, em Boston. Agora, estava tocando diante de passageiros do metrô para receber moedas. Essa foi uma experiência de Gene Weingarten, repórter do *Washington Post*. A intenção era uma "avaliação resoluta do gosto popular": como as pessoas responderiam a uma arte formidável num contexto mundano sem que ninguém dissesse a elas o quanto aquilo era formidável?[1]

As pessoas fracassaram. Mais de mil passageiros passaram e Bell arrecadou pouco mais de US$ 32. Não foi mal, mas nada especial. Os passageiros ficaram indiferentes ao que ouviam. Weingarten conversou com Mark Leithauser, um curador sênior da National Gallery, que explicou a indiferença num contexto mais amplo:

140 | PAUL BLOOM

Digamos que eu pegasse uma de nossas obras-primas mais abstratas, um Ellsworth Kelly, por exemplo, retirasse-a da moldura, descesse correndo com ela os 53 degraus que as pessoas sobem para entrar na National Gallery, passando pelas colunas gigantes, e a levasse para um restaurante. É uma pintura de US$ 5 milhões. E este é um daqueles restaurantes onde há peças de arte originais à venda, feitas por alguns garotos esforçados da Corcoran School. E eu penduro o Kelly na parede com uma etiqueta de preço de US$ 150. Ninguém vai notá-lo. Um curador de arte talvez olhasse e dissesse: "Ei, parece um pouco um Ellsworth Kelly. Passe o sal, por favor."

Como explica Weingarten, Joshua Bell no metrô era arte sem moldura.

Bem no fim da apresentação, Stacy Furukawa passou por ali. Ela estivera em um dos concertos de Bell algumas semanas antes e parou a três metros do músico, sorrindo confusa. Quando ele terminou, ela se apresentou e lhe entregou US$ 20. Weingarten não contou isso como parte do total — "estava corrompido pelo reconhecimento". O presente de Furukawa foi por causa do homem, e não (ou não completamente) por causa da música.

Essa experiência é uma ilustração dramática de como o contexto importa quando as pessoas apreciam uma apresentação. A música é uma coisa numa sala de concerto com Joshua Bell, e outra bem diferente numa estação de metrô e executada por um cara desarrumado com boné de beisebol.

Esta é uma demonstração engenhosa, mas talvez não surpreendente. Todo mundo sabe que o valor de uma pintura dispara quando se descobre que ela foi feita por um artista famoso e despenca quando se descobre que é falsa. *A*

COMO O PRAZER FUNCIONA | 141

ronda noturna é a pintura mais famosa do Rijkmuseum, mas se amanhã descobrissem que é uma falsificação, seu valor iria de inestimável para insignificante. A origem importa.

Isso pode parecer irracional. Se você gostava de *A ronda noturna* quando achava que era de Rembrandt, por que deveria gostar menos se soubesse que é de Joe Shmoe? Se você prestaria atenção devotadamente a um concerto de Joshua Bell, deveria gostar do mesmo concerto feito por um estranho. É a mesma pintura sobre tela; a mesma sequência de sons. Reagir de outra maneira revela uma fraqueza humana, uma combinação de esnobismo, identidade de grupo e preguiça intelectual.

Esta era a visão de Arthur Koestler, que, em seu livro de 1964 sobre criatividade, *The Act of Creation* [O ato da criação, em tradução livre], conta uma história sobre uma amiga chamada de Catherine. Ela recebeu de presente um desenho que acreditava ser a reprodução de um Picasso, de seu período clássico. Gostou do quadro e o pendurou no vão da escada. Mas quando pediu que fosse avaliado e revelou-se que de fato era um Picasso, ela ficou encantada e o transferiu para uma parte mais proeminente da casa. Catherine insiste que agora vê a obra de arte de maneira diferente. Para ela, parece melhor.

Koestler se irrita: "Não adiantou nada repetir para ela que a origem e o valor de raridade de um objeto não alteravam suas qualidades — e, consequentemente, não deveriam ter alterado sua apreciação, se esta tivesse se baseado em critérios puramente estéticos, como ela acreditava que era." Ele prossegue dizendo que seria bom se ela apenas admitisse sentir prazer por possuir um Picasso. O que realmente o incomoda é que ela insiste que a obra de arte agora é mais bonita do que quando pensava ser uma reprodução.

142 | PAUL BLOOM

Para Kostler, Catherine é esnobe.[2] Um esnobe é alguém que aplica um padrão inapropriado. Um esnobe social é alguém cuja escolha de amigos é orientada pelo status deles, e não por suas qualidades mais profundas. Koestler nos conta sobre uma esnobe sexual, uma jovem de Berlim, dos tempos anteriores a Hitler, que faria sexo com qualquer escritor, homem ou mulher, contanto que seus livros tivessem vendido mais de 20 mil exemplares. Koestler acha isso ridículo: "O *Kama Sutra* e a lista de best-sellers estavam irremediavelmente misturados em sua mente." Para ele, Catherine é uma esnobe da arte. Ela tem prazer não com a obra de arte em si, mas por saber quem a criou.

Diante de Koestler, o falsificador holandês Han van Meegeren teria concordado.[3] Ele odiava arte moderna e iniciou sua carreira produzindo pinturas no estilo de Rembrandt. Não foi bem-sucedido e teve uma sorte terrível com os críticos, um dos quais disse, com excelente antevisão: "Ele tem todas as virtudes, exceto originalidade."

Em parte como um ato de vingança — e em parte para ficar rico — ele começou a pintar Vermeers. Os críticos adoraram. *A ceia em Emaús* talvez fosse a pintura mais famosa na Holanda. O principal crítico de arte barroca holandesa ficou extasiado: "Temos aqui uma — estou inclinado a dizer *a* — obra-prima de Jan Vermeer de Delft." Van Meegeren, que era bastante egomaníaco, visitava sua pintura na Galeria Boijmans e dizia em voz alta a outros visitantes do museu que era falsa, apenas para ouvi-los dizer a ele que isso era absurdo, somente um gênio como Vermeer poderia pintar tão bem.

Ele poderia nunca ter sido apanhado, mas foi preso por vender um Vermeer ao nazista Hermann Göring e acusado de traição. Confessou que o quadro vendido não era um

COMO O PRAZER FUNCIONA | 143

Vermeer, mas sim um Van Meegeren — e muitos outros Vermeers eram Meegerens também.

Comecei o livro descrevendo este episódio pela perspectiva de Göring, mas penso agora como isso deve ter sido humilhante para os críticos. Devo admitir que alguns deles tiveram suas dúvidas na época, e alguns críticos contemporâneos acham difícil acreditar que alguém pudesse ter sido enganado. (Entre outras reclamações, um dos rostos de *A ceia em Emaús* parece, de modo suspeito, a atriz Greta Garbo.[4]) Mas muitos críticos na época se entusiasmaram com a beleza dessas pinturas. Eles se retrataram, porém, depois de descobrir quem era o artista. Como escreveu um especialista, "Depois da revelação de Van Meegeren, ficou visível que suas falsificações eram pinturas grotescamente feias e desagradáveis, todas elas diferentes de Vermeers".

Podemos estar vivendo um caso semelhante agora. Há dois anos, a Sotheby's vendeu *Jovem sentada ao virginal* por US$ 32 milhões, depois de um longo debate sobre quem o pintou. Os especialistas decidiram se tratar de um Vermeer, o que explica o preço. Mas, se for constatado que eles estavam errados, como alguns pensam, o valor despencará e haverá, de novo, alguns especialistas em arte bastante constrangidos. Presumivelmente, alguns deles concluirão que a pintura não é tão encantadora quanto pensaram.

Se for constatado que se trata de uma falsificação, *Jovem sentada ao virginal* poderá acabar no Bruce Museum, em Greenwich, Connecticut, a apenas uma hora de minha casa, de carro. Enquanto escrevo isto, é ali que você pode encontrar *A ceia em Emaús*, como parte de uma exposição de falsificações. Este é um museu pequeno e agradável, e me ocorreu, quando eu estava diante da pintura, que eu poderia tirá-la da parede, passar correndo pela mulher idosa na

144 | PAUL BLOOM

entrada, depositá-la com cuidado na parte de trás de minha minivan e levá-la para casa. Se eu tivesse feito isso no início de 1945, teria cometido um dos maiores roubos de arte de todos os tempos. Agora, seria uma piada; a manchete seria: "Professor demente rouba pintura sem valor."

O que mudou? Por que essa falsificação nos dá muito menos prazer? Este capítulo tentará responder a essa pergunta. Começa com pinturas e música, passa para a arte de maneira mais geral e em seguida se volta para prazeres relacionados, como os esportes. Vou sugerir que nossa obsessão por história e contexto — o que vemos na experiência de Bell, na história de Catherine e na ascensão e queda de *A ceia em Emaús* — não é esnobismo ou tolice. Grande parte de nosso prazer com a arte tem raízes numa apreciação da história humana subjacente à sua criação. Isso é a sua essência.

MÚSICA AGRADÁVEL

Assim como em outros prazeres discutidos até agora — sexo, comida e produtos de consumo — admito que algumas de nossas reações a músicas e pinturas não são profundas, no sentido em que estou interessado aqui. Algumas coisas são simplesmente boas de ouvir ou de olhar por motivos que nada têm a ver com essencialismo, história ou contexto.

Isso não significa que não saibamos quais são os motivos. Em 1896, Darwin descreveu a paixão pelo canto ou pela música como uma das características mais misteriosas dos humanos.[5] Ainda é. Não é mistério algum o motivo pelo qual gostamos de comida, água, sexo, calor, descanso, segurança, amizade e amor — são coisas boas de ter, em termos de sobrevivência e reprodução. Mas por que gos-

COMO O PRAZER FUNCIONA | 145

tamos tanto de certas séries rítmicas de sons? Por que os humanos, em toda parte, dedicam tanto tempo e energia a cantar e dançar? No povo Mekranoti, da Amazônia, as mulheres cantam uma ou duas horas por dia e os homens, duas horas ou mais à noite.[6] Eles têm um estilo de vida de subsistência, mas passam horas cantando! Isso parece um perfeito desperdício, tão supérfluo que pode incitar você a se afastar da biologia evolutiva e seguir na direção de uma crença na intervenção divina. Kurt Vonnegut apresentou isso como seu epitáfio: "A única prova que ele precisou da existência de Deus foi a música."[7]

A música é um prazer exclusivamente humano. Pode acalmar um coração selvagem, mas só o coração humano, e não o de um rato, um cachorro ou um chimpanzé.[8] Talvez haja contraexemplos disso — se você me disser que seu gato fica paralisado quando você toca violão, quem sou eu para discutir? —, mas não há qualquer prova experimental de que qualquer ser não humano demonstre preferência por sons musicais. Uma maneira de testar isso é pondo animais num labirinto em que diferentes locais correspondem a diferentes sons; pode-se determinar o que os animais gostam observando o local para onde eles vão. Usando esse método, pesquisadores verificaram que primatas como os saguis e os micos preferem o silêncio a canções de ninar, e não demonstram preferência alguma por música consonante *versus* música dissonante. Os macacos não se importam se você os está expondo a rock ou ao som de unhas arranhando um quadro de giz.

Em contraste, praticamente todos os humanos gostam de música. É mais difícil testar bebês do que macacos, porque você não pode fazer os bebês correrem por um labirinto, mas outros métodos podem determinar as preferências

146 | PAUL BLOOM

deles. Um procedimento é fazer os bebês virarem a cabeça para escutar sons, monitorando quais eles preferem acompanhar.[9] Testados dessa maneira, os bebês preferem música consonante a sons dissonantes, e gostam do som de canções de ninar. Esse prazer com a música continua ao longo da vida; embora a proporção desse prazer varie enormemente, somente aqueles com danos cerebrais são indiferentes.[10]

* * *

O psicólogo Steven Pinker descreve a música como o universal humano que mostra o sinal mais claro de ser um acidente. Para ele, a música é um "cheesecake auditivo",[11] uma invenção que atiça o cérebro assim como o cheesecake atiça o paladar: "O cheesecake tem um toque sensual diferente de qualquer coisa do mundo natural porque é uma mistura de megadoses de estímulos agradáveis que preparamos com o propósito de apertar nossos botões de prazer." Pinker argumenta que isso acontece com as artes em geral, à possível exceção da ficção.[12]

Quais são os botões do prazer desenvolvidos que a música pode apertar? Pinker discute várias possibilidades, incluindo a linguagem, que compartilha com a música a propriedade incomum de se basear em regras e ser recursiva, com o poder de pegar um estoque limitado de unidades (na linguagem, palavras ou fonemas; na música, as notas) e combiná-las num número potencialmente infinito de sequências estruturadas de maneira hierárquica. Mas também há diferenças. A linguagem é um sistema para expressar proposições significativas, que é o que está acontecendo enquanto você lê isto. A música pode transmitir emoção (pense na tensão evocada pela música tema de *Tubarão*), mas é um fracasso como sistema de comunicação, incapaz de transmitir as proposições mais simples. A música dá prazer por meio do som, a linguagem, em geral não — tendemos a gostar da linguagem pelo que é dito, e não pelo modo como é dito. Por outro lado, existe um prazer em cantar, o que combina música e linguagem, e todo bebê gosta do som da voz de sua mãe.[13]

Outros estudiosos propõem que a música é uma adaptação. Isso não nega que o prazer da música é, até certo ponto, desenvolvido em outras partes do cérebro, anteriores em termos evolutivos. Na biologia, tudo que é novo vem de algo velho. Mas dizer que a música é uma adaptação é afirmar também que ela existe porque conferiu a nossos ancestrais uma vantagem reprodutiva. Os genes daqueles que criavam e apreciavam a música se reproduziram mais do que aqueles que não faziam isso.

O mais proeminente defensor moderno dessa visão é o psicólogo Daniel Levitin. Ele sugere que a música e a dança sincrônicas evoluíram como adaptações sociais.[14] A música pode ajudar a coordenar grupos de guerreiros, pode tornar tarefas coletivas mais fáceis e, sobretudo, pode estabelecer vínculos emocionais com outras pessoas. Se ele está certo, a história da evolução da música seria mais ou menos como aquela de outras características que ligam as pessoas a seus grupos, como os sentimentos de solidariedade e comunidade.

Mesmo que a música tenha essas vantagens sociais, defender a tese adaptacionista exigiria provas de que ela existe por isso. O adaptacionista tem que tornar plausível a ideia de que nossos ancestrais sem música eram menos aceitos por seus companheiros e tinham menos sorte em acasalamentos do que seus vizinhos com habilidades musicais. Além disso, é preciso explicar como as características específicas da música evoluíram. Se sincronia é o que importa, por exemplo, por que nós não simplesmente grunhimos, gritamos e berramos em uníssono? Por que ficamos tão comovidos com as complexidades da música, com os tons, os acordes, e assim por diante?

Qualquer que seja o caso, a explicação de Levitin capta algo profundo no prazer musical, algo que muitos estudiosos não perceberam. Trata-se da importância do movimento. A maioria das línguas tem uma palavra única para se referir a cantar e dançar, e quando as pessoas escutam música em perfeito silêncio, partes do córtex motor e do cerebelo — os segmentos do cérebro relacionados à movimentação — ficam ativos. É por isso que tantas vezes balançamos ao ouvir música, um impulso quase irresistível para uma criança. Seria um equívoco científico, portanto, desenvolver uma teoria sobre a música que considerasse a apreciação solitária e silenciosa de padrões tonais o fenômeno central a ser explicado. Isso seria como uma teoria sobre o sexo apenas sobre o sexo por telefone ou uma teoria sobre preferência alimentar desenvolvida com base em pesquisas sobre pessoas sem olfato.

De fato, há evidências de que, quando você se move em sincronia com outras pessoas, gosta mais delas, sente-se mais ligado a elas e é mais generoso com elas.[15] O canto e a dança são exercícios perfeitos para se formar uma equipe. A maioria de nós conhece a descarga emocional de unir os braços e dançar num casamento judaico, ou de estar numa *rave* ou num bar com amigos bêbados. Pode-se experimentar isso indiretamente vendo os outros cantarem e dançarem, como no famoso vídeo do YouTube "Where the Hell is Matt?", em que um norte-americano comum e alegre dança

COMO O PRAZER FUNCIONA | 149

com pessoas do mundo inteiro. Esse efeito da música pode explicar por que as religiões têm tantos cânticos, rezas e danças: isso estabelece uma solidariedade com as pessoas de sua fé.

Afirmar que o canto e a dança são adaptativos porque ligam você a sua comunidade apenas empurra a questão para trás — por que somos tão constituídos de modo a nos sentir próximos daqueles com os quais cantamos e dançamos? Ninguém sabe. Há explicações adaptacionistas, mas me pergunto se isso se deve a uma falha no sistema. Se eu danço com outras pessoas e elas se movem comigo, seus corpos se movendo enquanto me disponho a mover o meu, isso me confunde e me leva a expandir os limites de mim mesmo para incluí-las.

Até agora olhamos a música de maneira geral. Irremediavelmente geral, talvez. A música da qual alguém gosta é determinada em parte pela música à sua volta — as Top 40 na Índia não são as mesmas nos Estados Unidos. Mesmo dentro de um país, os indivíduos variam. Em minha família, há opiniões acentuadamente contrastantes sobre *bluegrass*, música pesada, rock clássico e ópera — e longos passeios de carro exigem negociações cuidadosas sobre quem assume o controle do rádio.

Sabemos que alguns de nossos gostos são estabelecidos cedo em nosso desenvolvimento. Numa experiência, mães tocaram certas músicas (composições de Vivaldi, canções dos Backstreet Boys e assim por diante) para seus bebês no útero e só as tocaram novamente quando os bebês fizeram 1 ano.[16] A experiência teve um efeito: as crianças de 1 ano tenderam a preferir a música que haviam ouvido antes de nascer.

150 | PAUL BLOOM

As pessoas passam grande parte do tempo em que estão acordadas ouvindo música passivamente. Você poderia esperar, numa hipótese bastante simples, que tivéssemos uma tendência a gostar da música que ouvimos mais — uma versão do efeito da "mera exposição" sobre o qual falamos antes em relação ao sexo. O que é familiar é bom. O problema, porém, é que o que é familiar demais se torna enjoado e desagradável. Uma regra do prazer é a de que este é um U invertido[17] — quando você experimenta uma coisa pela primeira fez, é difícil processá-la, e não é agradável; com a exposição repetida, é fácil processá-la e ela dá prazer; e depois fica fácil demais e, portanto, tediosa ou até irritante. Podemos ser cautelosos em relação a um alimento de início, para depois comê-lo com frequência e satisfação, mas poucas pessoas gostam de comer a mesma coisa como prato principal em mil refeições seguidas. Na música, o pico no meio do U invertido pode durar algum tempo, mas qualquer canção se torna insuportável se você a ouve repetidamente. A complexidade da música faz a curva esticar e encolher. Pode-se demorar um bom tempo para gostar de uma música complexa e depois um longo tempo para enjoar dela; algo como "Atirei o pau no gato" passará pela curva bem mais rapidamente.

* * *

Outro fator que determina o quanto você gosta de uma canção ou de um gênero musical é a sua idade quando você a ouve pela primeira vez.[18] Em 1988, o neurocientista Robert Sapolsky fez uma experiência informal para verificar isso, entrando em contato com estações de rádio e perguntando quando a maioria das músicas que eles tocavam havia sido introduzida e qual era a média de idade dos ouvintes. Ele descobriu que a maioria das pessoas tem 20 anos ou menos quando ouve a música que vai querer ouvir pelo resto da vida. Se você tem mais de 25 anos quando uma nova forma de música é introduzida, é improvável que goste dela. Como explica Sapolsky: "Não são muitas as pessoas de 70 anos que estão sintonizando nas Andrews Sisters, não estão tocando muito Rage Against the Machine em comunidades de aposentados e os maiores fãs de sessenta minutos seguidos de James Taylor estão começando a usar jeans confortáveis."

Por quê? Há uma tentação de buscar uma justificativa neurológica simples aqui. No início, nossos cérebros são frouxos e flexíveis, e depois endurecem. Mas, como explica Sapolsky, não é como se houvesse uma perda geral de abertura a novas experiências nesse período; a janela para um novo gosto musical é aberta num período da vida diferente dos períodos para outros gostos, como por comida.

Levitin tem uma ideia melhor. A música é social, e a fixação da preferência musical está ligada à época da vida em que você se integra a determinado grupo social — quando você decide que tipo de pessoa é. Isso acontece tarde em sociedades ocidentais modernas — mais ou menos no fim da adolescência e pouco depois dos 20 anos, o que combina com o que Sapolky demonstra. Esse tipo de teoria social pode explicar algo mais: por que, em meio a todas as músicas a que são expostos, os jovens preferem os estilos mais recentes. Isso acontece porque eles querem se assegurar de que estão se integrando a seus contemporâneos. E, como explica o economista Tyler Cowen, "O problema com a música velha é simples. *Outras pessoas já gostaram dela.* Pior ainda: essas pessoas podem ter sido seus pais."[19]

FÁCIL PARA OS OLHOS

Assim como na música, alguns prazeres visuais são superficiais. Quando se trata de arte visual, algumas cores e padrões prendem o olhar de certa maneira. Os pais não estão desperdiçando tempo quando pintam cores alegres e padrões sistemáticos nas paredes dos quartos de seus bebês. Os bebês gostam desse tipo de coisa, e isso não tem nada a ver com essencialismo.[20]

Essas preferências são estudadas como parte de um campo conhecido como estética experimental.[21] Psicólogos criam formatos diferentes, como polígonos, manipulam-nos sobre parâmetros, como tipicidade e simetria, e perguntam às cobaias o que elas preferem. Esses estudos corroboram a estrutura em formato de U invertido já discutida, bem como a explicação de fácil-para-os-olhos discutida no capítulo sobre sexo — as pessoas gostam de imagens de fácil processamento.

No fim das contas, porém, essa pesquisa oferece um fundamento frágil para o estudo do prazer visual. É difícil entender como você pode aprender sobre o prazer visual mostrando às pessoas padrões que elas não optariam por olhar. Isso não é depreciar a pesquisa — esta pode ser interessante para outros propósitos, como aprender por que as pessoas preferem uma figura geométrica em detrimento de outra. Mas não pagamos nem perdemos tempo olhando para polígonos em preto e branco numa tela de computador. Eles não nos dão prazer.

O que nos dá prazer? Uma observação imediata é que as pessoas gostam de olhar para imagens realistas de cenas domésticas tranquilas, flores e comida, paisagens atraentes e, sobretudo, pessoas — incluindo aquelas que amamos e admiramos. Se você está em casa ou no escritório agora, aposto que se olhar para as imagens feitas por seres humanos ao seu redor, encontrará exatamente esses tipos de representação. Seu protetor de tela talvez seja uma floresta ou uma praia, pode haver fotografias de pessoas queridas sobre a sua mesa e assim por diante. Há muita arte que não se encaixa nesses moldes, e abordarei os Pollocks e outros mais tarde, mas vale notar quantas representações à nossa volta são tentativas de imitar o que gostamos de olhar na vida real.

Um exemplo simples disso é a pornografia. Muita gente gosta de olhar para pessoas atraentes nuas, por motivos darwinianos mundanos. Mas nem sempre há pessoas atraentes nuas por perto quando você precisa delas. Então, criamos substitutos bidimensionais que simulam a experiência e, com isso, inspiram em grande parte a mesma reação de desejo sexual que seria inspirada pela coisa real.[22] Você não está respondendo ao substituto como se este fosse uma obra de arte, está respondendo à mulher nua (ou ao homem, ao casal, ao trio de amantes etc.) que está representada.

O prazer da nudez representada não está limitado aos humanos. Num estudo recente, macacos-resos machos foram postos num ambiente experimental onde podiam escolher — movendo a cabeça — entre receber um suco de fruta doce e olhar para uma foto. Havia dois tipos de fotos que levavam os macacos a desistir do suco — glúteos femininos e rostos de macacos machos de status elevado. Dois grandes vícios — a pornografia e a veneração de celebridades — não são exclusivamente humanos.[23]

Costumava-se pensar que a apreciação de imagens realistas exige aprendizado, e há histórias de antropólogos desco-

154 | PAUL BLOOM

brindo homens tribais primitivos para os quais imagens não faziam sentido porque eles nunca haviam visto uma imagem antes.

Uma experiência engenhosa relatada em 1962 contradiz essa premissa. Os psicólogos Julian Hochberg e Virginia Brooks pegaram uma criança e a criaram sem acesso algum a imagens até ela completar 19 meses. (Eles não disseram isso no artigo, mas a criança era filha deles). Então eles mostraram a ela fotografias e desenhos de objetos familiares e lhe pediram para lhes dar nomes. Ela o fez facilmente.[24] Estudos mais recentes revelam que mesmo os bebês têm alguma compreensão tácita sobre a correspondência entre uma imagem realista e o objeto retratado por ela.[25] Se você deixar um bebê de 5 meses brincar com uma boneca, depois tirar a boneca dele e lhe mostrar duas fotos — uma da boneca e outra de uma boneca diferente — ele olhará por mais tempo para a foto da boneca desconhecida, mostrando alguma sensibilidade para a correspondência entre a boneca familiar e sua imagem.

As crianças podem ficar tão atraídas por fotos que as tratam como se fossem as próprias coisas.[26] Pais observadores notaram comportamentos estranhos, como seus filhos tentando pôr o pé numa foto de um sapato ou arranhando fotos para tentar pegar o objeto retratado.[27] E estudos experimentais cuidadosos encontraram esse comportamento não apenas nos Estados Unidos — onde as crianças têm muitas experiências com imagens — mas também em famílias analfabetas e pobres da Costa do Marfim, onde as fotos são raras. As crianças podem diferenciar fotos de coisas reais (ela tendem muito menos a tentar pegar as fotos), mas às vezes é difícil resistir à atração da semelhança.

COMO O PRAZER FUNCIONA | 155

Isso vale para adultos também. Às vezes, achamos difícil não pensar numa representação como a própria coisa representada. O psicólogo Paul Rozin e seus colegas fizeram uma série de estudos adoráveis em que pediram a pessoas para pôr um vômito de borracha na boca ou para comer doces em formato de fezes de cachorro. Para muitos de nós, isso é difícil — *é* vômito; *são* fezes. Meus colegas e eu fizemos recentemente uma série de estudos em que tiramos fotos de objetos preciosos de pessoas — suas alianças de casamento, digamos — e pedimos a elas para rasgar as fotos.[28] Elas se dispuseram a fazer isso, mas medições de condutância da pele mostraram que elas estavam num estado de ansiedade moderada, como se estivessem destruindo os próprios objetos preciosos. E se você pede a pessoas para jogar dardos em fotos de bebês, elas tendem a errar.[29]

DEMONSTRAÇÕES E APTIDÃO

Eis alguns motivos pelos quais alguém pode valorizar uma pintura:

1. Pode ser atraente num nível baixo; as imagens podem agradar aos olhos.
2. Pode parecer algo atraente, como flores coloridas ou um rosto bonito.
3. Pode ser familiar. Este é o efeito da mera exposição: até certo ponto, a familiaridade produz prazer.

   Será que a mera exposição realmente funciona para as pinturas? O psicólogo James Cutting perguntou por que alguns impressionistas franceses são preferidos em detrimento de outros. Num estudo, ele concluiu

156 | PAUL BLOOM

que os adultos — mas não as crianças — tendem a preferir pinturas publicadas com frequência no século passado àquelas mais desconhecidas.[30]

É claro que isso pode não ser um efeito da familiaridade. Talvez seja o oposto: talvez as pinturas publicadas com frequência sejam *melhores* do que as outras, e os adultos estejam respondendo a essa qualidade superior, e não à frequência. Cutting testou isso num segundo estudo em que apresentou os impressionistas menos conhecidos a sua turma de universitários que estudavam percepção visual, mostrando a eles cada um dos impressionistas por alguns segundos, sem qualquer comentário, em apresentações em PowerPoint sobre outros temas. Depois, ele testou seus estudantes no fim do semestre, perguntando quais eram suas pinturas favoritas. O que se viu foi que aquela breve exposição alterara o padrão de preferência normal. Agora eles preferiam as pinturas desconhecidas em detrimento das mais famosas, só por causa das breves exposições. Portanto, apenas ver uma pintura faz você gostar mais dela.

4. Pode estar associada à memória positiva. Isso importa muito em fotografias, que mostram experiências como casamentos, formaturas e uma chegada ao topo do monte Everest.

5. Pode complementar bem um ambiente. (Afinal de contas, o formato de uma pintura influencia seu preço.)[31]

6. Pode elevar seu status, impressionando quem vê que você a tem. Uma pintura de Cristo na cruz ou da mesa do sabá anuncia a sua crença. Uma obra modernista mostra o quanto você entende de arte e o quanto se importa com arte. Uma peça provocativa pode sina-

lizar sofisticação religiosa ou sexual. E um original de um artista famoso é uma maneira fácil e discreta de dizer a todos o quanto você é rico e bem-sucedido. Certamente há prazer nisso.
7. Pode adquirir valor por meio de contágio positivo. Conforme discutido no capítulo anterior, o simples fato de um objeto ter sido tocado por uma pessoa famosa e admirada pode aumentar seu valor.

No entanto, falta nessa lista um fator importante. Também estamos interessados em como as pinturas são criadas, e temos prazer com o que deduzimos ser a natureza desse processo criativo.[32]

Essa é a visão que o filósofo Denis Dutton defende em seu importante livro *The Art Instinct* [O instinto da arte, em tradução livre]. Para Dutton, parte da atração das obras de arte está no fato de elas servirem como "testes de aptidão darwinianos". Ele desenvolve essa afirmação no contexto de uma teoria da seleção sexual sobre a origem da arte, proposta originalmente por Darwin e depois ampliada e desenvolvida pelo psicólogo Geoffrey Miller, cujo trabalho já discutimos no contexto do sexo.[33] De acordo com essa teoria, a arte é a cauda do pavão. Evoluiu como um sinal de aptidão darwiniana, para atrair parceiros.

Como melhor analogia animal à arte humana, Miller recorre ao pássaro-arquiteto, ou *bowerbird*, uma espécie encontrada na Nova Guiné e na Austrália. Os machos são os artistas. Eles voam pela área, coletam objetos coloridos — como frutas vermelhas, conchas e flores — e os levam para arrumá-los em padrões simétricos e complicados em seus caramanchões — *bowers*. As fêmeas são as críticas perspicazes e brutais. Elas examinam os caramanchões,

158 | PAUL BLOOM

procurando o mais criativo, e se acasalam com o seu criador. Um macho bem-sucedido pode se acasalar com dez fêmeas; um mal-sucedido ficará solteiro. Depois de acasalar, a fêmea vai embora para botar os ovos e o macho nunca mais a vê. A vida de um pássaro-arquiteto macho bem-sucedido é bem parecida com a de Pablo Picasso.

Isso tudo sugere uma justificativa de seleção sexual para a criatividade do pássaro-arquiteto — as fêmeas são sensíveis à construção do caramanchão como um indicador de aptidão. Miller e Dutton propõem que o anseio artístico humano foi moldado da mesma maneira. É difícil fazer uma arte boa. Um bom artista é um bom aprendiz e planejador, exibe inteligência e criatividade e é suficientemente bem-sucedido na superação dos obstáculos imediatos da vida (comida, abrigo e assim por diante) para encontrar tempo e recursos para essas invenções não utilitárias. As fêmeas gostam desse tipo de coisa: as fêmeas do pássaro-arquiteto são atraídas por isso quando o veem nos machos, enquanto as fêmeas humanas são atraídas por isso nos machos humanos. O mote aqui vem de Renoir: eu pinto com meu pênis.

Darwin mostra uma visão semelhante ao discutir sobre música, sugerindo que esta surgiu em parte "com a intenção de encantar o sexo oposto".[34] Não é difícil entender como o canto e a dança podem impressionar — desenvolver e manter o ritmo durante um período prolongado é uma demonstração útil de inteligência, criatividade, vigor e controle motor, características positivas num parceiro. E não é preciso fazer um estudo empírico para mostrar que, nos tempos modernos, músicos de grande sucesso — de Mick Jagger a, bem, Joshua Bell — têm pouca dificuldade para encontrar parceiras. A habilidade musical é atraente, e a teoria da seleção sexual é um candidato plausível a explicar sua origem.

COMO O PRAZER FUNCIONA | 159

Mas, embora eu concorde com Dutton e Miller em que a arte pode ser um exemplo de aptidão e que tanto o anseio para criar quanto o prazer que temos com essas criações podem ter sido moldados até certo ponto pela seleção sexual, há falhas nessa teoria quanto ao motivo pelo qual gostamos de arte.

Por um lado, o fato óbvio sobre a cauda do pavão é que os pavões a têm, e não as pavoas. São os pássaros-arquitetos machos que criam os caramanchões e as fêmeas que os avaliam. Como o custo do sexo geralmente é maior para a fêmea do que para o macho (na maioria dos animais, as fêmeas criam os filhotes, enquanto os machos contribuem apenas com o esperma e um pouco de tempo), a seleção segue em apenas uma direção: os machos disputam a atenção da fêmea, as fêmeas julgam os machos.

Este é um modelo fraco para as pessoas. Miller argumenta que os homens são mais motivados para criar arte do que as mulheres e que as mulheres são mais sintonizadas para apreciá-la do que os homens. Isso pode ser verdade até certo ponto, mas em sociedades em que todos têm a oportunidade de criar arte não faltam poetisas, escritoras, pintoras, cantoras etc.

Uma resposta justa para isso é que as pessoas não são pavões;[35] somos uma espécie relativamente monógama, e para nós a seleção sexual pode seguir nas duas direções, com todos os envolvidos no negócio demonstrando características de aptidão e avaliando as características de potenciais parceiros. Mas permanece o problema de que a apreciação da arte muitas vezes não tem nada a ver com interesse sexual. Um homem não precisa ser gay para admirar Picasso. As crianças, que não estão envolvidas no negócio de atrair parceiros, estão entre os artistas mais entusiasmados. E os idosos,

160 | PAUL BLOOM

incluindo mulheres que já ultrapassaram há muito tempo a época da reprodução, têm prazer em criar e admirar arte.

Há também uma consideração mais geral. Uma justificativa de seleção sexual pode esclarecer por que Picasso tinha tanto sucesso para encontrar parceiras — suas criações eram testamentos de suas virtudes darwinianas. Mas isso explica o poder de atração do artista, e não o prazer das pessoas com a *arte*. Por que as pessoas gostam tanto das pinturas de Picasso, embora o homem em si tenha morrido há tanto tempo?

Considere agora uma teoria modificada, com duas partes.

Primeiro, demonstrações de inteligência, disciplina, força, velocidade e assim por diante prendem nosso interesse porque revelam características relevantes de um indivíduo.

Não é esse o argumento de Miller e Dutton? Em parte, sim. Os homens fazem demonstrações na esperança de conseguir mulheres para acasalar, e as mulheres avaliam as demonstrações masculinas para encontrar um parceiro com DNA top de linha. Mas não é apenas o sexo. Também avaliamos os indivíduos por suas qualidades de amigo, aliado e líder. De fato, embora isso seja cruel, muitas vezes avaliamos as qualidades de nossos filhos para ver qual deles tem a melhor chance de sobreviver e reproduzir no futuro. No romance *A escolha de Sofia*,[36] a personagem de William Styron é obrigada a escolher se sua filha mais nova, Eva, ou seu filho louro e de olhos azuis, Jan, irá para a câmara de gás em Auschwitz. E ela escolhe sacrificar Eva — uma decisão brutal, mas lógica, considerando que Jan tem mais chance de sobreviver ao campo. Mesmo num mundo de abundância, versões mais suaves desses dilemas continuam a existir: muitas vezes, os pais precisam decidir como alocar recursos para seus filhos

COMO O PRAZER FUNCIONA | 161

e nem sempre escolhem divisões perfeitamente equitativas. É do interesse dos filhos, portanto, impressionar mamãe e papai com suas qualidades elevadas.

Esta é uma boa hora de enfatizar que a análise da aptidão é uma alegação sobre como a arte evoluiu e por que somos compelidos a criá-la e apreciá-la. Não é uma alegação sobre a motivação psicológica, seja esta consciente ou inconsciente. Quando uma criança mostra com orgulho seu desenho ao pai, não está dizendo a si mesma, consciente ou inconscientemente, "Isso vai impressioná-lo e ele dará mais comida a mim do que a meu irmão". Quando você admira uma pintura, geralmente não pensa, "A virtuosidade e a habilidade dessa obra indicam um artista com excelentes qualidades; tentarei acasalar com ele ou ficar amigo dele". As funções evolutivas não têm nada a ver com a motivação psicológica. William James observou isso muito tempo atrás usando o exemplo da comida, quando notou que nem um homem em um bilhão pensa na utilidade ao comer:[37] "Ele come porque a comida tem um gosto bom e o faz querer mais. Se você perguntar a ele por que ele deve querer mais de algo com aquele gosto, em vez de reverenciá-lo como filósofo ele provavelmente rirá de você e o considerará um tolo."

A segunda parte da teoria é que evoluímos para ter prazer com demonstrações de virtuoses. Isso nos motiva a buscar essas demonstrações, nos impulsiona a criá-las nós mesmos e proporciona um mecanismo psicológico subjacente à nossa atração por artistas: eles são capazes de criar esses objetos que nos dão tanto prazer, e tendemos a gostar daqueles que nos trazem alegria.

Se as pinturas e outras obras de arte estáticas são demonstrações, são compreendidas e apreciadas, em parte, com base em como pensamos que foram criadas. A natu-

162 | PAUL BLOOM

reza histórica da obra de arte tem sido enfatizada por muitos estudiosos, mas foi discutida com mais vigor por Dutton há mais de 25 anos:[38]

> *Como desempenhos, as obras de arte representam o modo como os artistas resolvem problemas, superam obstáculos, lidam com materiais disponíveis. O produto final é destinado à nossa contemplação, como um objeto de interesse particular por seu próprio mérito, talvez isolado de outros objetos de arte ou da atividade do artista. Mas esse isolamento, que frequentemente caracteriza nosso modo de atenção com objetos estéticos, não deve nos cegar para um fato que podemos tomar como certo: de que a obra de arte tem uma origem humana e precisa ser entendida como tal.*[39]

A ideia, portanto, é que certas demonstrações — inclusive a obra de arte — nos dão informações valiosas e positivas sobre outra pessoa. Nós evoluímos para ter prazer com essas demonstrações. Esse é outro exemplo de essencialismo em ação, outro caso em que pensamos que os objetos têm essências invisíveis que os tornam o que são. Para algo como um pedaço de carne, a essência é material; para um artefato humano, como uma pintura, a essência é o desempenho subjacente à sua criação.

As pessoas realmente acreditam que as obras de arte têm essências invisíveis com raízes em sua história? Acho que até crianças pequenas pensam assim. Comecei a me interessar pela psicologia da arte há mais de uma década, quando meu filho de 2 anos espalhou tinta sobre uma cartolina e me disse orgulhoso que aquilo era "um avião". Isso me surpreendeu como psicólogo de desenvolvimento, porque o consenso em meu campo era de que as crianças dão nomes às coisas

COMO O PRAZER FUNCIONA | 163

com base na aparência: para uma criança, a palavra "avião" deveria se referir a algo parecido com um avião. Mas a pintura de Max não parecia nem um pouco; era uma mancha colorida. Ele não era o único a ter esse comportamento. Uma rápida revisão da literatura revelou que é totalmente típico de crianças criar imagens e lhes dar nomes — um cãozinho, uma festa de aniversário, mamãe —, embora as imagens não se pareçam com nenhuma dessas coisas.[40]

Junto com minha aluna de pós-graduação Lori Markson (hoje na Universidade de Washington, em Saint Louis), explorei a ideia de que esses nomes não são motivados pelo que as imagens parecem; são escolhidos com base na história das imagens. Aquilo era um avião porque Max queria que fosse um avião. Isso era confirmado por uma série de estudos comprovando que mesmo crianças de 3 anos dão nomes a seus desenhos com base no que pretendiam quando os criaram. Também descobrimos que isso é válido para desenhos feitos por outras pessoas. Se uma criança de 3 anos vê alguém olhando para um garfo e desenha um rabisco, mais tarde ela dirá que seu rabisco é "um garfo"; se o mesmo rabisco foi criado quando a pessoa olhava para uma colher, ela o chamará de "colher". Em estudos mais recentes com uma colega de pós-doutorado, Melissa Allen (hoje na Universidade de Lancaster), concluí que mesmo crianças de 24 meses são sensíveis à história de um desenho quando decidem como chamá-lo.[41]

DESEMPENHANDO

Esse foco na história ajuda a explicar por que preferimos os originais.

164 | PAUL BLOOM

No século passado, filósofos argumentaram que a emergente tecnologia de reprodução fará essa preferência desaparecer. Walter Benjamin sugeriu que "pela primeira vez na história do mundo, a reprodução mecânica emancipa o mundo da arte da dependência parasitária do real". André Malrax argumentou que os originais já não seriam importantes, porque todo museu poderia conter todas as obras de arte do mundo.[42] Por que precisaríamos de museus? Pense na casa de Bill Gates, em Seattle, com grandes telas nas paredes exibindo obras de arte visuais. Depois imagine essas telas em todas as casas, capazes de reproduzir qualquer pintura que você quiser ver.

Mas existe, por definição, apenas um original, portanto sempre haverá certo status associado a vê-lo ou, melhor ainda, tê-lo. Além disso, o original esteve em contato com o artista e, conforme discutimos no capítulo anterior, esse tipo de contágio positivo é atraente. Acima de tudo, o original tem uma história especial, já que veio a existir por meio de um processo criativo, bem mais impressionante do que a habilidade técnica de um falsificador. A nossa sensibilidade a essa história explica por que a paixão pelos originais não desaparecerá.

O foco no desempenho também pode nos ajudar a entender as divergências sobre arte. Tome como exemplo as pinturas não figurativas de Jackson Pollock. Muita gente não se impressiona com elas. Essa reação negativa acontece em parte porque elas não são demonstrações óbvias de habilidade. Parecem fáceis; a fala clássica aqui é: "Meu filho poderia fazer isso." O professor de arte Philip Yenawine contesta essa posição. Ele responde descrevendo uma das obras de Pollock — *One (Number 31, 1950)*. Yenawine observa seu tamanho grande (quase 3 metros de altura por 5 de largura) e

COMO O PRAZER FUNCIONA | 165

fica maravilhado com os problemas técnicos e imaginativos envolvidos na criação dos grandes arcos da pintura, para manter os elementos separados e assim por diante. Se você acha isso fácil, observa ele, por que não tenta fazer?[43]

Essa divergência sobre Pollock é, portanto, em parte, uma divergência sobre a história. Se Yenawine pudesse convencer um cético de como é difícil fazer essas pinturas, o cético poderia passar a apreciar mais a obra. Analogamente, se Yenawine assistisse a uma criança de 6 anos espalhando tinta durante dez minutos numa tela gigante e criando algo indistinguível de *One (Number 31, 1950)*, aposto que ele nunca mais teria tanto prazer com a arte de Pollock.

O que procuramos quando avaliamos um desempenho? Uma consideração grosseira, mas relevante, é a quantidade de esforço percebida. O psicólogo Justin Kruger e seus colegas testaram isso de maneira direta, exibindo a pessoas um poema, uma pintura ou uma armadura e contando a elas histórias diferentes sobre quanto tempo demorara para que fossem feitos. Por exemplo, as pessoas eram apresentadas a uma obra de arte abstrata da pintora Deborah Kleven; metade delas era informada de que Kleven demorara quatro horas para pintá-la e a outra metade de que demorara 26 horas. Conforme previsto, as pessoas informadas de que ela demorara mais tempo para criar deram classificações mais altas para qualidade, valor e gosto.

(Suspeito de que isso explica uma curiosidade sobre preços de arte: o tamanho importa. Para um determinado artista, quanto maior a pintura, mais caro ela tende a custar. Isso pode refletir a intuição de que é mais difícil criar uma pintura grande do que uma pequena. Mais esforço leva a um prazer maior, que leva a um valor maior.)

166 | PAUL BLOOM

O esforço também tem importância para o quanto valorizamos nossas próprias criações.[44] Quando foram lançadas nos anos 1950, as misturas para bolo instantâneas eram impopulares, até os fabricantes mudarem a receita de modo que as donas de casa tivessem algum trabalho; elas precisavam acrescentar um ovo. Isso tornava o produto melhor. O aumento do valor devido ao esforço de alguém é o que o psicólogo Michael Norton e seus colegas chamam de "efeito IKEA",[45] por causa da popular loja de móveis sueca onde geralmente você mesmo tem que montar os produtos. Eles demonstram isso em laboratório, revelando que as pessoas valorizam mais suas próprias criações — simples origamis de rãs — do que os mesmos objetos criados por outros.

O esforço é um fator, mas não o principal. Afinal de contas, quando preferimos um Vermer a um Van Meegeren, certamente não é por pensarmos que Vermer trabalhou mais tempo e mais duro. Mais importantes são nossas intuições sobre criatividade e gênio.

Um exemplo formidável de como essas intuições importam é de que Marla Olmstead[46] ficou famosa por suas obras de arte abstrata, vendendo pinturas por dezenas de milhares de dólares. Seu trabalho vendia bem em parte porque ela era uma criança; a "pequena Pollock" fez sua primeira exposição individual numa galeria aos 4 anos. Suas pinturas talvez fossem fisicamente indistinguíveis das pinturas de outros, mas Olmstead não tinha um tutor, vivia isolada do mundo da arte e seu trabalho tinha um brilho de gênio criativo. A mudança aqui é que sua fama atraiu a atenção de um programa de televisão chamado *60 Minutes II*, que fez um perfil de Olmstead e, mais tarde, mostrou uma filmagem sugerindo que seu pai a treinava. Isso mudou a impressão das pessoas sobre a natureza de seu desempenho e o valor de suas pinturas despencou.

ANSIEDADE DE DESEMPENHO

A teoria essencialista pode nos dizer o que é arte e o que não é?

Provavelmente não. Não há um limite claro entre arte e não arte. Como Dutton argumentou, existem várias propriedades típicas da arte, e não há qualquer resposta certa quando se está diante de exemplos com apenas algumas dessas propriedades.[47] Além disso, a arte é um domínio estranhamente autoconsciente, e depois que uma teoria de arte se torna popular, algum artista espertinho se apressa a falsificá-la. O primeiro exemplo aqui é o de uma das obras de arte mais influentes do século passado: *Fonte*, de Marcel Duchamp, feita em parte para zombar da teoria de que a arte precisa ser bonita.

Mas, se a arte é um desempenho, depreendem-se dois fatores.

1. A obra de arte é intencional.
2. A obra de arte tem a intenção de ter um público.

Primeiro, a intenção. Podemos deixar atrás de nós pegadas na areia, papéis amassados em latas de lixo e camas desarrumadas, e nada disso costuma ser arte. Mas pode ser arte se for feito com o tipo certo de intenção, e criações assim podem ser encontradas em museus. *My Bed*, de Tracey Emin, por exemplo, é a cama da artista desarrumada e com vários objetos em cima; foi exibida na Tate Gallery. Pode-se ter, portanto, duas criações idênticas, mas uma delas é arte e a outra não, com base nos estados psicológicos de seus criadores.[48]

Essas são as intuições de alguns filósofos, pelo menos. A psicóloga Susan Gelman e eu estávamos interessados em

168 | PAUL BLOOM

quanto isso correspondia à nossa noção de senso comum. Testamos crianças de 3 anos, mostrando a elas objetos e contando histórias sobre a origem destes.[49] Mostramos às crianças uma mancha numa tela, por exemplo, e dissemos que ela fora criada por uma criança que derramara tinta sem querer ou por uma criança que usara a tinta com muito cuidado. Conforme previsto, isso fez diferença: quando informadas de que era uma criação acidental, as crianças tendiam mais tarde a descrevê-la usando palavras como "tinta"; mas quando informadas de que fora criada de propósito, as crianças tendiam a descrevê-la como arte — como "uma pintura".

Isso nos leva ao enigma de como devemos pensar sobre as criações de seres não humanos, como as pinturas de certos elefantes e chimpanzés. Muitas delas são bem interessantes, mas é difícil vê-las como arte.[50] O problema é que os animais não sabem o que estão fazendo. Se eu mergulho as patas de meu hamster na tinta e o deixo correr sobre uma tela, pode ficar bonito, mas não é uma pintura. Duvido que as realizações de elefantes e chimpanzés vão além disso. Eles não planejam sua obra e não a admiram quando terminam. Os animais treinados precisam de ajuda humana, não apenas da maneira óbvia — receber as ferramentas — mas também porque eles têm que ser interrompidos — se ninguém afasta a tinta, eles vão em frente, criando telas com borrões marrons. O que esses animais fazem é completamente diferente do comportamento de crianças novas, que começam a criar arte, param quando terminam, admiram sua obra e a mostram aos outros.

Isso nos leva à segunda consideração: a de que a arte é feita para ser exibida; é criada para um público. É isso que a distingue de outras atividades intencionais, como participar

COMO O PRAZER FUNCIONA | 169

de uma corrida, fazer café, pentear o cabelo ou checar os e-mails. Esta é a diferença entre *Fonte* e um mictório; entre *Brillo Box*, de Andy Warhol, e caixas de Brillo; entre 4'33'', de John Cage, e um cara sentado ao piano por 4 minutos e 33 segundos porque está tendo um ataque de pânico.

Admito que há alguns contraexemplos dessa teoria. Existem criações que nunca houve intenção de mostrar — como os esboços de Rodin —, mas consideradas obras de arte.[51] Existem também objetos criados com a intenção de serem mostrados a um público, mas que ninguém chama de arte (*Como o prazer funciona* foi criado intencionalmente para um público, mas não é, no sentido comum da palavra, uma obra de arte).

Ainda assim, uma das virtudes da teoria do desempenho, com sua ênfase na intenção e no público, é que ela inclui muitas premissas certas. A alegação de que intuitivamente vemos as obras de arte como desempenhos pode nos dar um insight sobre o modo como as pessoas podem encontrar sentido numa arte incomum em sua época, como as obras de Duchamp, Warhol e Cage. E isso nos ajuda a encontrar sentido em nossa reação a obras de arte ainda mais controversas.

Tome como exemplo a universitária no último ano de Yale cujo projeto de arte final supostamente envolvia repetidos abortos autoinduzidos.[52] Conforme ela descreveu, no início de seu ciclo menstrual, ela inseminava a si mesma com o esperma de voluntários. No 28º dia do ciclo, ela ingeria um remédio abortivo e em seguida tinha cólicas e sangramento. O sangue fazia parte da exposição, juntamente com gravações em vídeo. Seu projeto gerou controvérsia quando chegou ao noticiário nacional, e houve um debate local sobre se ela realmente havia feito tudo isso, com a administração de Yale insistindo que era uma fraude.

170 | PAUL BLOOM

Ou considere a obra mais famosa de Piero Manzoni: uma série de noventa latas com fezes do artista.[53] Estas venderam bem; em 2002, a Tate Gallery pagou US$ 61 mil por uma das latas. Essa é uma obra de arte interessante de muitas maneiras, e se conecta bem com o tema do essencialismo. É a epítome do contágio positivo, a ideia de que o prazer que temos com certos objetos se deve à crença de que eles contêm um resíduo do criador ou do usuário. Como explica Manzoni, "Se os colecionadores querem algo realmente íntimo, realmente pessoal do artista, existe a própria merda do artista". Isso também vem acompanhado de uma visão maravilhosamente cômica. De maneira intencional, Manzoni deixou de submeter corretamente as latas a um autoclave, então, pelo menos metade das latas de fezes — exibidas orgulhosamente em museus e coleções privadas — explodiu mais tarde.[54]

As pessoas reagem a casos como esse de maneiras diferentes. Muitas delas os veem como chocantes e ridículos, enquanto outras ficam deslumbradas, tendo grande prazer com isso. Meu objetivo aqui não é argumentar a favor ou contra, mas observar que mesmo o crítico mais rígido pode reconhecer isso como um tipo de desempenho criativo. Entendemos por que os abortos aconteceram (se é que aconteceram), ou por que o artista está pondo seu cocô em latas.

Além disso, assim como no caso de Pollock, nossas intuições conflitantes sobre a qualidade dessa obra de arte deriva em parte do que pensamos sobre o desempenho. Se você tem uma opinião ruim sobre a capacidade subjacente a uma criação, então a verá como arte ruim e não terá prazer com ela — exceto, talvez, a alegria da gozação. Não reagimos à criação de Manzoni como reagimos a um Rembrandt (em-

COMO O PRAZER FUNCIONA | 171

bora, de acordo com uma discussão no site da Tate Gallery na internet, seja surpreendentemente difícil guardar cocô numa lata). Você precisa ficar deslumbrado com a ideia para ficar deslumbrado com a arte.

É por isso que as pessoas reagem tão negativamente a obras modernas e pós-modernas; a habilidade não está aparente. Como explica o crítico Louis Menand, o interesse artístico mudou do que é arte para como é arte.[55] A arte tradicional é sobre o que há no mundo; as obras mais modernas são sobre o próprio processo da representação. A apreciação de grande parte da arte moderna exige, portanto, uma expertise específica. Qualquer tolo pode se maravilhar com um Rembrandt, mas somente uma pequena elite pode encontrar sentido numa obra como *Fountain/After Marcel Duchamp*, de Sherrie Levine, e, portanto, somente uma pequena elite gostará dela. Certa vez, Manzoni virou um pedestal de cabeça para baixo, de modo que sua superfície tocasse o chão, e em seguida declarou que todo o planeta a partir de então se tornava sua obra de arte. Quando li sobre isso, achei bem engraçado, mas para mim esse é o tipo de piada que uma criança de 10 anos poderia fazer. Uma pessoa mergulhada no mundo da arte provavelmente vê isso de maneira diferente.

A peça de teatro *Art* é um comentário sobre essa tensão entre novatos e especialistas.[56] A peça começa quando Serge compra uma tela branca sem moldura, com algumas marcas em diagonal difíceis de ver, e a mostra a seu amigo Marc:

Marc: Você pagou 200 mil francos por essa merda?

[Mais tarde, Serge reclama com outro amigo.]

172 | PAUL BLOOM

Serge: Eu não o culpo por não reagir a essa pintura, ele não tem o treinamento, existe todo um aprendizado pelo qual você precisa passar.

Nós não temos que dar a Serge a última palavra. Talvez Marc esteja certo quando mais tarde insiste que Serge vê algo na pintura que não existe. Marc adoraria essas histórias da vida real em que especialistas entendem errado, como quando David Hensel submeteu sua escultura — uma cabeça rindo chamada *One Day Closer to Paradise* — a uma exposição de arte contemporânea aberta a submissões na Royal Academy, em Londres. Ele a pôs numa caixa com sua base, uma placa de ardósia para apoiar a cabeça. Os juízes pensaram que eram duas submissões diferentes e rejeitaram a cabeça, mas aceitaram a base.[57] Nem sempre as intuições de especialistas sobre história e desempenho são perfeitas.

ESPORTE

Começamos com um músico numa estação de metrô, passamos para uma falsificação famosa e depois nos voltamos para a arte de maneira mais geral. Discutimos muitas fontes artísticas de prazer, mas o foco tem sido o desempenho, com a ideia de que o prazer que temos com uma obra de arte deriva, em parte, de nossas crenças sobre como ela foi criada.

Esse tipo de prazer não é específico da arte. Dizem que os gregos agrupavam os esportes e as artes na mesma categoria, diferentemente do atual currículo. São poucas as aulas em universidades nas quais se estuda o esporte

COMO O PRAZER FUNCIONA | 173

usando as mesmas ferramentas intelectuais usadas para a arte; há professores especializados em música barroca ou arte pop, mas não há nenhum especializado em salto com vara ou futebol.

A rejeição ao esporte pode ser um erro. Reconhecidamente, a arte e o esporte são diferentes de algumas maneiras óbvias. A arte não é utilitária, e com frequência é agressivamente inútil. O esporte tem uma base mais prática; parte do prazer do esporte é o de pôr em prática habilidades antes úteis no ambiente em que evoluímos, como correr e lutar, e, portanto, os humanos podiam ser motivados para o esporte mesmo sem sua exibição. Talvez por causa disso a arte geralmente envolva a expectativa do público, mas o esporte, não — se você joga squash com um amigo e ninguém assiste, ainda é um jogo de squash.

Ainda assim, ambos são demonstrações de características humanas mais profundas e, portanto, os paralelos são profundos. Em ambos, nossa apreciação do desempenho é influenciada por onde e quando acontece. Se eu fosse assinar um mictório e submetê-lo a um concurso, não venceria. É tarde demais; Duchamp já fez isso em 1917. Como escreve um especialista em arte: "Criar algo novo é uma conquista. Einstein foi o primeiro a ver que E = MC². Depois disso, qualquer ator podia pôr uma peruca desgrenhada e escrever a fórmula idêntica no quadro de giz. Isso não o tornaria Einstein."[58]

Prioridade tem importância para o esporte também. Parte disso se deve à originalidade, como na audaciosa *rope-a-dope* de Muhammad Ali contra George Foreman, em 1974. Mas no esporte a prioridade tem importância por outros motivos. Quando Roger Bannister correu 1 milha em 4 minutos, em 1954, não foi um ato criativo — não é que as pessoas nunca tivessem *pensado* em correr tão rápido —, mas mesmo assim

174 | PAUL BLOOM

foi um desempenho único e importante.[59] O que o tornou especial? Lembre-se que Dutton escreve sobre como nossa avaliação de arte é sensível às "maneiras como os artistas resolvem problemas, superam obstáculos, lidam com materiais disponíveis". Bem, isso vale para o esporte também. Bannister não tinha treinador; ele treinava com amigos nos intervalos de almoço quando estava na escola de medicina. Hoje, qualquer concorrente sério a um recorde de 1 milha teria acesso a um médico, um treinador, um nutricionista e um massagista. Seria um trabalho de expediente integral, e não algo para ser espremido entre outros compromissos. Nós admiramos Bannister em parte porque sua milha em 4 minutos foi um desempenho superior aos daqueles que o acompanhavam.

Como a arte e o esporte são desempenhos, em ambos existe a possibilidade de trapacear, de adulterar intencionalmente a natureza do desempenho de alguém. O exemplo básico de adulteração artística é a falsificação, mas há outras maneiras de trapacear. Ficamos fascinados com o ritmo veloz de uma apresentação gravada de "Valsa Mefisto", de Liszt, até descobrirmos que foi obtido por um engenheiro de gravação.[60] Multidões aplaudem um show de música ao vivo, mas depois vaiam quando descobrem que havia sincronia labial (como aconteceu com o Milli Vanilli em 1989). Trapacear é obviamente um problema para o esporte. Os fãs do esporte deixaram de se impressionar com o feito de Rosie Ruiz de completar a Maratona de Nova York em menos de 2 horas e 32 minutos, em 1989, quando descobriram que ela havia pegado o metrô. O desempenho de um *pitcher* vai por água abaixo quando se sabe que ele passou saliva na bola, assim como a vitória de um boxeador quando se sabe que ele tinha gesso de Paris nas faixas em torno da mão.[61]

COMO O PRAZER FUNCIONA | 175

Há também a indignação moral que se sente com desempenhos considerados artificialmente aprimorados, por meio de esteroides e outras drogas.[62] Como explica o escritor Malcolm Gladwell, os esteroides são vistos como uma violação da "honestidade do esforço". Um atleta sob efeito de esteroides já não é reconhecido como o autor do desempenho. Mas o que torna os esteroides tão piores do que as intervenções aceitáveis, como vitaminas, aparelhos de musculação ou roupas de natação caras? Meu aluno de pós-graduação Izzat Jarudi entrevistou norte-americanos de New Haven e Nova York sobre a moralidade dos esteroides e verificou que eles os desaprovam fortemente. O interessante é que eles não conseguiram explicar por quê. Alguns mencionaram preocupações com os efeitos negativos para a saúde, mas quando se perguntou sobre esteroides perfeitamente saudáveis, eles ainda insistiram que estes seriam ilegais e que um atleta que os usa é um trapaceiro.

Talvez não haja lógica alguma por trás dessa intuição. Esse tipo de sensação íntima é notoriamente maleável. A fertilização *in vitro* foi um choque quando apresentada pela primeira vez; hoje, é algo ao qual apenas um excêntrico se oporia. É provável que grande parte do que nos choca agora seja comum no futuro e que essa indignação moral associada a esteroides tenha raízes num conservadorismo instintivo, um medo do novo.[63]

Além disso, como Gladwell observa, há algo perverso na preocupação de que esse aprimoramento possa dar a alguém uma vantagem injusta. O que pode tornar isso mais injusto do que a vantagem natural de nascer com genes que o tornam forte? É verdade que temos uma sensação íntima de que há uma diferença real aí. Mas isso pode acontecer porque tendemos a valorizar dons naturais, uma vez que

176 | PAUL BLOOM

estes são uma espécie de capacidade transmitida para os filhos. Admiramos o que é natural e desdenhamos do que é aprimorado. Vimos isso antes no domínio da beleza; as pessoas preferem a beleza natural aos implantes de cabelo e à cirurgia plástica. Essas preferências podem fazer um bom sentido darwiniano e são difíceis de suprimir. Mas isso não as torna justas.

O DESEMPENHO FICA FEIO

A arte e o esporte se destacam como tipos de desempenho especialmente valorizados. Existem estruturas sociais que os sustentam: escolas de arte e campos de esportes, *Rolling Stone* e *Sports Illustrated*, o Louvre e o Yankee Stadium, seções separadas nos jornais diários. Mas a alegria do desempenho — o prazer de vê-lo e de realizá-lo — é mais geral do que isso, e mais primitiva.

Psicólogos de desenvolvimento há muito tempo se maravilham com a maneira natural com que as crianças apontam, acenam e gemem para chamar a atenção para coisas interessantes em seu ambiente. Isso pode parecer a mais simples das habilidades até você perceber que nenhuma outra espécie faz isso. Segundo algumas explicações, esse desejo de compartilhar nossos pensamentos é responsável por grande parte do que nos torna humanos, inclusive a linguagem e nossa cultura sofisticada.[64]

Há outra coisa que pode ser igualmente importante: o impulso de mostrar certas habilidades. Uma criança pequena dá uma cambalhota, empilha blocos que não caem e se equilibra sobre um dos pés. Essas são demonstrações de habilidade. Às vezes, são feitas explicitamente para a apro-

COMO O PRAZER FUNCIONA | 177

vação de um dos pais, mas as crianças as farão sozinhas; há um prazer na brincadeira privada.

Alguns desempenhos desenvolvem um sabor competitivo. Toda sociedade humana tem corridas a pé e competições de luta. Tudo pode ser motivo para uma competição. Uma criança arrota, depois outra, e logo haverá uma disputa de arrotos. Uma criança de 7 anos conta uma história, outra tenta superá-la (o nascimento da ficção). Adolescentes se sentam em círculo, contando piadas, alimentando as risadas dos outros (o nascimento da comédia em pé). A competição pode ser contra o próprio passado, como quando corredores tentam superar suas marcas de tempo anteriores. (Meu vizinho, o economista Ray C. Fair, é um maratonista, e compara seus tempos com seus cálculos sobre como estes deverão diminuir com a idade[65]). As palavras-cruzadas e o Sudoku são outros exemplos em que podemos tentar nos destacar quando não há ninguém por perto.

Somos uma espécie perversa e criativa, e não há limite algum para a quantidade de desempenhos que podemos inventar. Aos 8 anos, eu sabia que nunca seria o menino mais rápido do mundo, mas eu era uma fera em *pogo stick*, e treinei durante meses, sem sucesso, para conseguir o recorde mundial de maior número de pulos consecutivos. Eu sabia o que precisava superar, porque tinha o *Guiness World Records*, que é, como observa Dutton, uma demonstração maravilhosa de todas as maneiras como os humanos podem tentar se destacar.[66]

Nem todos os desempenhos são iguais, em parte porque nem todos são demonstrações de aptidão na mesma proporção. Existe um prazer em tornar-se especialista em Sudoku, mas falta a este jogo a riqueza intelectual do xadrez. Uma pessoa pode se maravilhar com a vencedora do concurso

178 | PAUL BLOOM

mundial de quem consegue comer mais queijo grelhado[67] (Sonya "A Viúva Negra" Thomas, de 46 quilos), mas não é bem a mesma coisa que assistir a Rudolf Nureyev ou Michael Jordan. Os concursos de soletração são bons, mas, ao selecionar estudantes de pós-graduação, eu não ficaria impressionado com um antigo campeão nacional nessa competição. Pode-se reconhecer que disciplina e ótima coordenação são necessárias para se tornar campeão mundial do jogo de videogame *Donkey Kong*, mas qualquer prazer em assistir a um desempenho desses é comprometido pela preocupação de que essa pessoa esteja desperdiçando sua vida.

Algumas demonstrações têm um sabor paradoxal. Há muito tempo existe a arte que retrata a feiura, como as pinturas de Hieronymus Bosch. Há o mictório de Duchamp, as fezes de Manzoni, a cabeça de boi apodrecendo de Hirst e incontáveis obras contemporâneas com fluidos corporais e partes de animais. Existe a história (provavelmente apócrifa) de uma escultura de Ed Kienholz que teve de ser retirada do Museu de Arte Moderna de Louisiana porque as pessoas vomitavam quando a viam. Uma motivação para toda essa arte feia é refutar a noção de que a arte deve ser bela.[68] Existe também o sentido de que a beleza é muito previsível, fácil, acessível e burguesa. Muitos artistas não ficariam felizes se você descrevesse seus trabalhos como edificantes. Há também a atração pelo espetáculo estranho; há um fascínio perverso pela deformidade, o que talvez tenha raízes numa parte menos redimida da natureza humana, uma atração pelo sadismo e pelo escárnio.

Mas às vezes a feiura pode ser mais positiva. Na Inglaterra rural, há concursos de careta, em que as pessoas disputam para distorcer seus rostos e deixá-los em posições horríveis.[69] As regras são objetivas.[70] Os concorrentes enfiam a cabeça

COMO O PRAZER FUNCIONA | 179

numa coleira de cavalo e têm determinado tempo para contorcer seus rostos e fazer a expressão mais assustadora e imbecil possível. Dentes postiços podem ser deixados, tirados ou virados de cabeça para baixo conforme desejado.

Há algo impressionante nisso. Os humanos dedicam uma energia considerável a diferentes formas de artes plásticas, música, esporte e jogos e, conforme argumentei aqui, estas são, tipicamente, demonstrações de capacidades relevantes para a reprodução, as melhores características humanas: inteligência, criatividade, força, humor e assim por diante. Somos essencialistas, atraídos naturalmente pela história de um desempenho, e, portanto, podemos ter prazer com a demonstração desses dons naturais. Mas somos inteligentes o bastante para virar isso ao contrário e, de vez em quando, ter prazer com a demonstração de algo que é, pela perspectiva darwiniana, exatamente o que nós *não* queremos. Isso é agradavelmente igualitário. Fazer careta ainda não é um esporte olímpico, mas espero que um dia seja.

6. Imaginação

Como os norte-americanos passam seus períodos de lazer? A resposta pode surpreender você. A atividade voluntária mais comum não é comer, beber nem se drogar. Não é socializar com amigos, participar de esportes nem relaxar com a família. Embora as pessoas às vezes descrevam o sexo como seu ato mais prazeroso, estudos sobre a administração do tempo revelam que, em média, o adulto norte-americano dedica apenas quatro minutos por dia ao sexo — quase exatamente o mesmo tempo gasto para preencher formulários de impostos para o governo.[1]

Nossa principal atividade de lazer é, de longe, participar de experiências que sabemos que não são reais. Quando estamos livres para fazer o que quisermos, nos refugiamos na imaginação — em mundos criados por outros, como livros, filmes, videogames e televisão (mais de quatro horas por dia em média para o norte-americano[2]), ou em mundos criados por nós mesmos, como quando sonhamos acordados e fantasiamos. Embora cidadãos de outros países possam assistir menos à televisão, estudos na Inglaterra e no resto da Europa constatam uma obsessão semelhante pelo irreal.[3]

Esta é uma maneira estranha de um animal passar seus dias. Certamente estaríamos melhor buscando atividades

182 | PAUL BLOOM

mais adaptativas — comendo, bebendo e fornicando, estabelecendo relações, construindo abrigos e educando nossos filhos. Em vez disso, crianças de 2 anos fingem ser leões, estudantes de pós-graduação passam a noite inteira acordados jogando videogame, pais jovens se escondem de seus filhos para ler romances e muitos homens passam mais tempo vendo pornografia na internet do que interagindo com mulheres de verdade. Um psicólogo entende exatamente o enigma quando afirma em seu site na internet: "Estou interessado em quando e por que indivíduos podem optar por assistir ao programa de televisão *Friends* em vez de passar um tempo com amigos de verdade."[4]

Uma solução para esse enigma é que os prazeres da imaginação existem porque sequestram os sistemas mentais que se evoluíram para o prazer do mundo real.[5] Gostamos de experiências imaginativas porque, em algum nível, não as distinguimos das experiências reais. Esta é uma ideia forte, que acho fundamentalmente certa, e passarei este capítulo defendendo-a e extraindo algumas de suas implicações mais surpreendentes. Mas não a acho *inteiramente* certa, e o capítulo seguinte explora certos fenômenos — incluindo filmes de terror e sonhos acordados masoquistas — que exigem um tipo de explicação diferente, baseado no mesmo tipo de teoria essencialista proposto para comida, sexo, objetos corriqueiros e arte.

GRANDES FINGIDORES

Todas as crianças normais, de toda parte, gostam de brincar e fingir. Há diferenças culturais no tipo e na frequência da brincadeira. Uma criança de Nova York talvez finja ser um

COMO O PRAZER FUNCIONA | 183

avião; uma criança caçadora e coletora não fará isso. Nos anos 1950, crianças norte-americanas brincavam de caubói e índio; hoje em dia, não muito. Em algumas culturas, a brincadeira é incentivada; em outras, as crianças precisam fugir para fazer isso. Mas a brincadeira está sempre ali. Deixar de brincar e fingir é um sinal de problema neurológico, um dos primeiros sintomas de autismo.[6]

Psicólogos de desenvolvimento há muito tempo se interessam por como as crianças distinguem faz de conta e realidade. Sabemos que crianças com 4 anos completos tendem a ter uma compreensão relativamente sofisticada, porque quando perguntamos a elas diretamente o que é real e o que é fazer de conta, elas tendem a entender direito.[7]

E as crianças menores? As crianças de 2 anos fingem ser animais e aviões, e podem entender quando outras pessoas fazem o mesmo.[8] Uma criança vê seu pai rugindo e espreitando como um leão, e talvez saia correndo, mas não age como se pensasse que seu pai fosse realmente um leão; se acreditasse nisso, ficaria *apavorada*. Seria impossível explicar o prazer que as crianças têm com essas atividades se elas não tivessem uma compreensão razoavelmente sofisticada de que o falso não é real.

Não se sabe quando essa compreensão surge, e há alguns trabalhos experimentais intrigantes que exploram isso. Meu palpite é de que até os bebês têm alguma compreensão limitada do que é falso, e você pode ver isso numa interação casual. Uma maneira conveniente de passar um tempo com um bebê de 1 ano é pôr o seu rosto perto dele e esperar que ele agarre seus óculos, seu nariz ou seu cabelo. Quando o bebê faz isso, você puxa a cabeça para trás e ruge, fingindo raiva. Na primeira vez, você causa um pouco de surpresa, talvez preocupação, um traço de medo. Mas então você põe a cabeça

184 | PAUL BLOOM

de volta no lugar e espera que o bebê tente novamente. Ele o fará, e então você reagirá de novo fingindo estar surpreso. Muitos bebês acham isso hilário. (Se o bebê gosta de cutucar o olho, você pode em vez disso brincar com chaves.) Para isso funcionar, porém, o bebê precisa saber que você não está nem um pouco zangado; precisa saber que você está fingindo.

Nem sempre os bebês fazem isso de maneira perfeita, é claro. Às vezes, é difícil dizer a diferença entre brincar e agir sério, e você não deve esperar muito de uma criatura do tamanho de um romance russo. Charles Darwin conta a seguinte história sobre seu primeiro filho, William: "Quando essa criança tinha mais ou menos 4 meses, eu fiz, na presença dela, muitos barulhos estranhos e caretas esquisitas, e tentei parecer selvagem; mas os barulhos, quando não eram altos demais, assim como as caretas, foram todos tidos como boas piadas; e atribuí isso na época ao fato de serem precedidos ou acompanhados de sorrisos." Mas depois William foi enganado por sua babá: "Quando, poucos dias depois de ele fazer 6 anos, sua babá fingiu chorar, eu vi seu rosto assumir imediatamente uma expressão de melancolia, com os cantos da boca acentuadamente rebaixados."[9]

Brincar e fingir são atitudes exclusivamente humanas? Os cachorros, assim como os lobos, interagem entre si de um modo que parece brincadeira, particularmente uma brincadeira de luta, e podem até sinalizar um para o outro que seus ataques não são sinceros, curvando-se para brincar:[10] o animal se agacha sobre as patas dianteiras, com as traseiras estendidas e mantendo a cabeça mais baixa do que o animal com o qual está interagindo. Isso significa, grosseiramente, "Eu quero brincar", ou "Ainda estamos brincando". Num certo sentido, isso pode ser considerado fingir. Mas esse tipo de brincadeira é provavelmente algo que os animais

COMO O PRAZER FUNCIONA | 185

estão estruturados para fazer, como um meio de praticar habilidades importantes para executar mais tarde na vida. Eles não precisam codificar isso mentalmente, em qualquer nível, como uma versão imaginária de uma luta real.

Isso às vezes vale para os humanos também. Quando uma criança e um cachorro correm juntos em um parque, ambos podem estar pensando a mesma coisa — ou seja, não muita coisa. Mas as crianças podem ser mais inteligentes do que isso. Existe uma flexibilidade na imaginação delas — qualquer coisa real pode ser tratada como falsa. Você pode mostrar a uma criança uma ação inteiramente nova, como cortar um papel pela metade, depois demonstrar uma versão falsa dessa ação (dedos mexendo como uma tesoura e cortando o espaço vazio) e, se você fizer isso bem o bastante, a criança entenderá a ideia — você está fingindo cortar um papel. Isso pode parecer simples, mas duvido que qualquer outro animal não humano possa entender.

METARREPRESENTAÇÃO

Guardar uma coisa na mente, raciocinar sobre ela e reagir emocionalmente a ela, mas saber que ela não é real, é um poder especial. Isso mostra a capacidade de lidar com metarrepresentações — ou seja, representações de representações.

Para ter uma ideia do que isso significa, considere primeiramente os pensamentos mais simples que temos, como:

O guarda-chuva está no armário

Afirmações (ou proposições) como esta explicam a ação humana. Se está chovendo e você não quer se molhar, você

186 | PAUL BLOOM

pode ir até o armário e apanhar seu guarda-chuva, e isso porque você acredita que o guarda-chuva está no armário — você tem algo em sua cabeça correspondente à frase acima. Outros animais podem fazer algo semelhante. Os ratos, por exemplo, podem codificar proposições como:

A comida está perto do canto.

Agora considere a parte especial. Mary diz que não quer se molhar e que quer um guarda-chuva, então ela vai até o armário. Você assiste a isso e gera a crença:

**Mary pensa que o guarda-chuva
está no armário.**

Este é um tipo especial de pensamento, porque você pode tê-lo em mente embora acredite que a frase embutida é falsa — é perfeitamente possível acreditar que Mary pensa que o guarda-chuva está no armário *e* acreditar que o guarda-chuva não está no armário; na verdade, está na sala.

Essa capacidade de raciocinar sobre a crença falsa de outra pessoa é importante. Isso torna possível ensinar, uma habilidade que envolve ter em mente que outra pessoa sabe menos que você. Isso é algo subjacente a mentir e enganar: quando eu digo que não recebi seu e-mail embora o tenha recebido, estou tentando pôr na sua cabeça uma crença que não é verdadeira. Raciocinar sobre uma crença falsa é difícil para as crianças, embora algumas demonstrações recentes mostrem que, se a tarefa é simples, até mesmo crianças de 1 ano podem realizá-la com sucesso.[11]

A metarrepresentação é crucial para o prazer imaginário. Sabemos, ao assistir à peça, que Jocasta é a mãe de Édipo; o que torna essa história boa é o fato de também sabermos que Jocasta e Édipo não sabem disso. A estudiosa de literatura e cientista cognitiva Lisa Zunshine escreve sobre um episódio de *Friends* em que Phoebe descobre que Monica e Chandler estão envolvidos romanticamente e decide, de brincadeira, flertar com Chandler. Monica descobre que Phoebe sabe e, em retaliação, diz a Chandler para aceitar os avanços de Phoebe, para que ela precise recuar, atrapalhando-se. Mas depois Phoebe percebe o que Monica tem em mente. Ela diz a seus amigos: "Eles acharam que podiam nos confundir. Eles estão tentando *nos* confundir. Eles não sabem que sabemos que eles sabem que sabemos!"[12]

E Zunshine também dá o exemplo de meu cartum favorito na *New Yorker*:

"*É claro que eu me importo com como você imaginou que eu pensei que você percebeu que eu queria que você se sentisse.*"

© The New Yorker Collection 1998 Bruce Eric Kaplan
em cartoonbank.com. Todos os direitos reservados.

188 | PAUL BLOOM

De onde veio essa capacidade de metarrepresentação? Existem duas explicações plausíveis, e compatíveis, para sua origem.

A primeira delas é ilustrada pelos exemplos anteriores. As ações das outras pessoas são motivadas não pelo modo como o mundo realmente é, mas pelo modo como elas pensam que o mundo é, e dar sentido ao comportamento delas exige que você raciocine sobre fatos que sabe que não são verdadeiros. A metarrepresentação pode evoluir primeiro, portanto, no contexto de compreender outras mentes.

A segunda possibilidade é que a capacidade de imaginar o irreal nos permite planejar o futuro, avaliar mundos que ainda não existem e que poderão nunca existir. Como explica o crítico A. D. Nuttall, "Acho que a coisa mais inteligente que Karl Popper já disse foi seu comentário de que nossa hipótese 'morre em vez de nós'. A raça humana encontrou um caminho, se não para abolir, então para retardar e diminuir a roda de moinho darwiniana. Enviamos nossas hipóteses adiante, um exército expansível, e as vemos cair".[13]

Para ver isso funcionando, suponha que você esteja planejando suas férias. Você pensa em ir para Ko Samet, uma ilha na Tailândia. Você pensa nisso e chega a várias conclusões baseado no que sabe sobre o lugar — conclui, por exemplo, que estará perto de uma praia. Parece um lugar divertido para visitar. Você compara isso aos encantos de passar uma semana em Londres, onde pode ir a alguns museus excelentes. Criticamente, essas conclusões estão separadas uma da outra, bem como da realidade corrente; elas são:

Se eu vou para Ko Samet, posso andar na praia.

Se eu vou para Londres, posso visitar
alguns museus excelentes.

Você tem essas crenças sem acreditar que as proposições embutidas são verdadeiras; você as tem sem acreditar que é verdade, *neste momento*, que:

Eu posso andar na praia.

Eu posso visitar alguns museus excelentes.

Isso pode parecer óbvio, mas a capacidade de criar esses mundos isolados nos permite planejar de maneiras que nenhuma outra criatura pode, porque podemos imaginar e avaliar futuros alternativos. Isso muitas vezes é rápido e inconsciente, como quando você rejeita um segundo martíni porque precisará trabalhar mais tarde, no início da noite, e não quer ficar tonto:

Se eu tomar um segundo martíni,
ficarei tonto.

Mas isso pode ser mais deliberado — lembre-se da discussão no Capítulo 3 sobre a classificação de Charles Darwin para os prós e os contras de se casar com Emma Wedgwood.

Essas duas teorias sobre a origem da metarrepresentação são adaptacionistas. Quando temos esse sistema funcionando, porém, o poder de nossa imaginação pode ser usado para propósitos sem qualquer benefício adaptativo, como sonhar acordado, ir ao cinema e ler.

190 | PAUL BLOOM

A metarrepresentação é crucial para brincar de faz de conta.[14] Num estudo interessante, o psicólogo Alan Leslie fez com que crianças de 2 anos fingissem derramar água numa xícara e em seguida virar a xícara sobre um ursinho. Ele verificou que elas sabem que o ursinho está seco, mas sabem também que no mundo do faz de conta o ursinho está molhado e precisa ser enxugado, porque:

Neste jogo, a xícara está cheia.

E elas sabem que, no mundo do faz de conta (assim como na realidade), se você vira uma xícara cheia sobre uma pessoa, ela fica ensopada. Minha sobrinha de 3 anos aponta o dedo para mim, diz "Pou!" e eu caio no chão, com a língua para fora, morto, mas também — ela sabe — vivo.

HORA DA HISTÓRIA

Esse exemplo do "Pou!" mostra que os prazeres imaginativos não precisam ser complicados. Mas costumam ser; muitas vezes eles vêm em forma de histórias.

Uma perspectiva promissora sobre as histórias é semelhante ao modo como Noam Chomsky e seus colegas descreveram a linguagem, em que as diferenças são explicadas em termos de variações restritas dos princípios universais.[15] Na linguagem, os universais têm a ver com certos aspectos do significado e com maneiras específicas de transmitir esse significado. Nas histórias, eles são tramas universais.

Eu discuti um exemplo específico disso no capítulo anterior — o subterfúgio sexual há muito tempo fascina as pessoas, e a ideia de alguém fingindo ser outra pessoa

COMO O PRAZER FUNCIONA | 191

na cama aparece em muitas histórias, desde antigos textos hindus e a Bíblia hebraica até episódios de *Buffy, a caça-vampiros*. Histórias sobre enganos na cama são exportadas naturalmente de uma cultura para outra; o título do filme *Traídos pelo desejo* foi traduzido na China, segundo relatos, de um modo que infelizmente revela a principal reviravolta da trama: *Oh, não! Minha namorada tem um pênis*.[16] Boas histórias têm apelo universal. Embora possa ser impossível uma pessoa de uma cultura um tanto diferente acompanhar os pormenores de *Família Soprano* (por exemplo, as referências irônicas à maneira como os americanos de origem italiana são retratados na televisão), os temas — preocupações com crianças, conflitos com os amigos, as consequências da traição — são universais.[17]

O romancista Ian McEwan leva essa universalidade mais longe, propondo que você pode encontrar todos os temas do romance inglês do século 19 na vida de chimpanzés-pigmeus: "Alianças feitas e rompidas, indivíduos subindo enquanto outros caem, tramas planejadas, vingança, gratidão, orgulho ferido, cortejo bem-sucedido e mal-sucedido, perda de alguém e luto."

É fácil não ver essa universalidade. McEwan observa que críticos e artistas de todas as gerações insistirão que estão fazendo algo inédito. Afinal de contas, quando paramos de pensar como filósofos ou cientistas, são as diferenças que importam. Se eu pergunto a alguém qual é a direção para Seul e essa pessoa não me entende, não chega a ser um consolo perceber que, para um linguista, o inglês e o coreano são variantes da mesma linguagem universal. Se estou escolhendo um romance numa livraria, é irrelevante — num nível um tanto abstrato — que todas as histórias sejam

192 | PAUL BLOOM

iguais. William James citou com aprovação "um carpinteiro iletrado" que disse: "Há muito pouca diferença entre um homem e outro; mas, apesar de pouca, *é muito importante.*"[18]

Não devemos forçar demais a analogia entre histórias e linguagem. Para muitos linguistas, a universalidade da linguagem se deve a um órgão ou módulo dedicado a ela. Mas não existe um órgão de história ou um módulo de história. As histórias são semelhantes porque as pessoas têm interesses semelhantes. A popularidade de temas relacionados a sexo, família e traição, por exemplo, não se deve a uma característica especial da imaginação, mas sim ao fato de, no mundo real, as pessoas serem obcecadas por esses assuntos.

EMOCIONADO

Muitas vezes é útil pensar no mundo como ele não é, mas não explicamos por que gostamos de fazer isso. Não é estranho que fiquemos emocionados com histórias, que tenhamos sentimentos por personagens e acontecimentos que sabemos que não existem? Como diz o título de um artigo clássico de filosofia, como podemos ficar emocionados com o destino de Anna Karenina?[19]

As emoções desencadeadas pela ficção são bastante reais. Quando Charles Dickens escreveu sobre a morte de Little Nell, nos anos 1840, as pessoas choraram — tenho certeza de que a morte de personagens da série *Harry Potter*, de J. K. Rowling, levou a lágrimas semelhantes. (Após a publicação do livro final, Rowling apareceu em entrevistas e contou sobre as cartas que recebera, nem todas elas de crianças, implorando para que poupasse a vida de personagens queridos como Hagrid, Hermione, Rony e, é claro, o próprio Harry

Potter.) Um amigo meu disse que não consegue se lembrar de odiar alguém da forma como odiou um dos personagens do filme *Trainspotting — Sem limites*. E há muita gente que não consegue suportar a experiência de certas ficções porque as emoções são intensas demais. Eu tenho dificuldade com filmes em que o sofrimento dos personagens é real demais, e muitos acham difícil assistir a comédias que recorrem demais a constrangimentos; a reação deles pelos outros é desagradável demais.

Essas respostas emocionais são tipicamente suaves quando comparadas à coisa de verdade. Assistir a um filme em que alguém é devorado por um tubarão é menos intenso do que ver alguém sendo realmente devorado por um tubarão. Mas em todos os níveis — fisiológico, neurológico, psicológico — as emoções são reais, e não fingimento.

Tão reais, de fato, que psicólogos usam experiências ficcionais para estudar e manipular emoções reais.[20] Se um psicólogo experimental quer verificar se um humor triste ajuda ou prejudica a capacidade das pessoas de raciocinar logicamente (não é uma questão ruim, aliás), é preciso deixar as pessoas com o humor triste. Mas para fazer isso, o psicólogo pode mostrar a elas o trecho de um filme — como a cena de *Laços de ternura* em que a personagem de Debra Winger, morrendo de câncer numa cama de hospital, vê seus filhos pela última vez. Se alguém procura um psicólogo clínico com fobia de cobras, o primeiro passo não é fazer o cliente lidar com seu medo jogando uma cobra no colo dele. Em vez disso, começa-se fazendo o cliente *imaginar* o objeto temido; depois, o terapeuta pode, aos poucos, avançar para o real. Isso só faz sentido se a resposta à cobra imaginada e a resposta à cobra real correspondem a pontos na mesma escala — ambas consideradas medo.

194 | PAUL BLOOM

Se as emoções são reais, isso sugere que, em algum nível, as pessoas acreditam que os acontecimentos são reais? Será que às vezes pensamos que personagens da ficção realmente existem e eventos da ficção realmente ocorrem? É claro que as pessoas são enganadas, como quando os pais contam a seus filhos sobre Papai Noel, a fada dos dentes e o coelho da Páscoa, ou quando um adulto confunde um filme de ficção com um documentário, ou vice-versa. Mas a ideia aqui é mais interessante; é a de que, mesmo depois de saber conscientemente que algo é ficcional, há uma parte de nós que acredita que é real.[21]

Pode ser terrivelmente difícil separar a ficção da realidade. Há vários estudos mostrando que ler um fato numa história aumenta a probabilidade de acreditar que o fato é verdadeiro. E isso faz sentido, porque as histórias, em sua maioria, *são* verdadeiras. Se você lesse um romance ambientado em Londres no fim dos anos 1980, aprenderia bastante sobre como as pessoas naquela época e naquele lugar falavam umas com as outras, o que elas comiam, como xingavam e assim por diante, porque qualquer contador de histórias decente inclui essas verdades como pano de fundo na história. O conhecimento de uma pessoa mediana sobre escritórios de direito, salas de emergência, departamentos de polícia, prisões, submarinos e ataques de grupos criminosos não se baseia na experiência real nem em relatos de não ficção. Baseia-se em histórias. Alguém que assistiu a programas policiais na televisão assimilaria muitas verdades sobre o trabalho da polícia contemporânea ("Você tem o direito de ficar calado..."), e alguém que assistiu a um filme realista como *Zodíaco* aprenderia ainda mais. Na verdade, muita gente busca certos tipos de ficção (romances histéricos, por exemplo) porque quer uma maneira indolor de aprender sobre a realidade.

Às vezes vamos longe demais. A fantasia pode ser confundida com a realidade; a publicação de *O código Da Vinci* levou a uma explosão da indústria de turismo na Escócia, por pessoas que acreditavam na afirmação do romance sobre a localização do Santo Graal. Há também o problema especial de confundir atores com os personagens que eles interpretam. Leonard Nimoy, um ator nascido em Boston, filho de imigrantes russos de língua iídiche, era frequentemente confundido com seu papel mais conhecido, o Dr. Spock, vindo do planeta Vulcano. Isso era frustrante o bastante para ele publicar um livro chamado *I Am Not Spock* (e mais tarde, vinte anos depois, publicar *I Am Spock*). Ou considere o ator Robert Young, que estrelou um dos primeiros programas de tema médico, *Marcus Welby, médico*, e que contou ter recebido milhares de cartas pedindo assistência médica.[22] Mais tarde, ele explorou essa confusão aparecendo como seu personagem médico (usando um casaco de laboratório branco) em comerciais de aspirina e café descafeinado na televisão. Existe de vez em quando, portanto, um limite impreciso entre fato e realidade.

No fim das contas, porém, quem foi levado às lágrimas por Anna Karenina estava perfeitamente consciente de que ela era um personagem de um romance; as pessoas que choraram quando Rowling matou Dobby, o elfo doméstico, sabiam muito bem que ele não existia. E, conforme mencionei antes, mesmo as crianças pequenas sabem distinguir realidade de ficção. Quando você pergunta a elas, "Isso é real ou imaginário?", elas entendem certo.

Por que, então, ficamos tão emocionados com as histórias?

"ALIEF"

David Hume conta a história de um homem que é pendurado no alto de uma torre, dentro de uma gaiola de ferro. Ele sabe que está perfeitamente seguro, mas "não consegue deixar de tremer".[23] Montaigne dá um exemplo semelhante, observando que se você põe um sábio à beira de um precipício, "ele vai tremer como uma criança". A filósofa Tamar Gendler, minha colega, descreve a Grand Canyon Skywalk, uma passarela de vidro que se estende por pouco mais de 20 metros a partir da margem oeste do cânion. Ficar ali é uma experiência eletrizante. Tão eletrizante que algumas pessoas viajam vários quilômetros em estrada de terra para chegar a esse local. E então sentem medo demais para pisar na passarela. Em todos esses casos, as pessoas sabem que estão perfeitamente seguras, mas ainda assim ficam amedrontadas.

Em dois importantes artigos, Gendler apresenta um novo termo para descrever o estado mental subjacente a essas reações: ela o chama de *"alief"*.*[24] As crenças são atitudes que temos em resposta a como as coisas *são*. As *aliefs* são mais primitivas. São respostas a como as coisas *parecem*. As pessoas dos exemplos anteriores têm crenças que lhes dizem que elas estão seguras, mas têm *aliefs* que lhes dizem que estão em perigo. Ou considere a descoberta de Paul Rozin de que as pessoas costumam se recusar a tomar sopa num urinol novinho em folha, a comer doces em forma de fezes, ou a apontar uma arma descarregada para a própria cabeça e apertar o gatilho. Gendler observa que aqui as crenças são: o urinol está limpo, o doce é um doce, a arma está descar-

---

*Em analogia a *belief* (crença) (*N. do T.*)

COMO O PRAZER FUNCIONA | 197

regada. Mas as *aliefs* são mais estúpidas, e gritam: "Objeto perigoso! Afaste-se!"[25]

A questão da *alief* é captar o fato de que nossas mentes são parcialmente indiferentes ao contraste entre eventos que acreditamos serem reais *versus* eventos que parecem reais ou que são imaginados como reais. Isso se estende naturalmente aos prazeres da imaginação. Quem tem um prazer voyeurista em assistir a pessoas reais fazendo sexo gostará de assistir a atores fazendo sexo num filme. Aqueles que gostam de observar pessoas inteligentes interagindo no mundo real terão o mesmo prazer observando atores fingindo ser essas pessoas na televisão. Imaginação é realidade *light* — um substituto útil quando o prazer real é inacessível, arriscado demais ou dá trabalho demais.

Os humanos inventaram muitas maneiras de explorar a *alief*, de criar substitutos para experiências prazerosas no mundo real. Podemos fazer isso com histórias ou até mesmo em brincadeiras sem palavras (pense em um pai ou uma mãe balançando uma criança no ar, criando a sensação de voar). Podemos usar a presença de atores num palco ou numa tela como uma ajuda à imaginação, reduzindo o espaço entre experiências reais e virtuais. Podemos gerar nossas próprias *aliefs* prazerosas, sonhando acordados. Se você gostaria de ganhar a World Series of Poker, de voar sobre Metrópolis ou de fazer amor com determinada pessoa, então pode sentir um gosto limitado desses prazeres fechando os olhos e imaginando essas experiências.

(Isso pode não parecer muito um truque, mas duvido que algum outro animal faça isso. Os cachorros sonham, mas será que sonham acordados? Minha cachorra Tessie passa a maior parte do tempo sem fazer nada; está ao meu lado agora

198 | PAUL BLOOM

enquanto escrevo, olhando para mim. Quando são deixadas sozinhas, as pessoas planejam, sonham acordadas e fantasiam,[26] mas não tenho certeza se Tessie faz alguma dessas coisas. Não sei o que está se passando em sua cabeça — se é que está se passando alguma coisa. A mesma pergunta pode ser feita sobre vizinhos de evolução mais próximos: os macacos são conhecidos como masturbadores entusiásticos, por exemplo, mas será que eles têm fantasias sexuais enquanto fazem isso? Será que o escritor Lin Yutang estava certo quando sugeriu que "a diferença entre o homem e os macacos é que os macacos são apenas entediados, enquanto o homem tem tédio mais imaginação"?[27])

Muitas vezes nos sentimos como o agente, o personagem principal, de um evento imaginário. Para usar um termo apreciado por psicólogos dessa área, somos *transportados*.[28] É assim que os sonhos acordados e as fantasias tipicamente funcionam; você se imagina ganhando o prêmio, e não vendo a si próprio ganhando o prêmio. Certos videogames funcionam assim também: eles estabelecem a ilusão de correr atirando em alienígenas, ou de fazer manobras sobre um skate, por meio de uma estimulação visual que leva uma parte de você a pensar — ou *alief* — que você, você mesmo, está se movendo no espaço. Estudos de psicologia sugerem que esta é uma sensação natural quando se está lendo uma história; você vive a história como se estivesse na cabeça do personagem.[29]

Nas histórias, porém, você tem acesso a informações que faltam ao personagem. O filósofo Noël Carroll dá como exemplo a cena de abertura de *Tubarão*.[30] Você não pode ter apenas a perspectiva da adolescente enquanto ela nada no escuro, porque ela está alegre e você, apavorado. Você sabe coisas que ela não sabe. Você ouve a música famosa, sinistra; ela, não. Você sabe que está num filme em que tubarões comem pessoas; ela pensa que está levando uma vida normal.

É assim que a empatia funciona na vida real. Você se sentiria da mesma forma vendo uma pessoa nadando alegremente e um tubarão se aproximando dela. Tanto na ficção quanto na realidade, portanto, você dá sentido a uma situação simultaneamente pela perspectiva do personagem e pela sua.[31]

IMPRESTÁVEIS

Essa abordagem pode explicar o apelo geral das histórias. Histórias são sobre pessoas, e estamos interessados em pessoas e em como elas agem. Não é difícil imaginar um propósito evolutivo pelo qual nos preocuparíamos com o universo social; de fato, tem sido argumentado que uma força importante na evolução da linguagem humana é o fato de ela ser uma ferramenta singularmente poderosa para a comunicação e a informação social — e, particularmente, para as fofocas.[32]

Nem todos os mundos imaginados incluem pessoas — enquanto escrevo isto, acaba de ser publicado um livro chamado *O mundo sem nós*,[33] que oferece uma recriação imaginativa de como a Terra seria se os humanos fossem extintos. Mundos inteiramente não sociais são uma exceção, e muitos casos que à primeira vista parecem não sociais são, na verdade, sobre pessoas — livros de ciência popular e documentários, pelo menos os bem-sucedidos, costumam ser sobre os próprios cientistas, suas histórias, seus confrontos pessoais

200 | PAUL BLOOM

e assim por diante. Lisa Zunshine apresenta um argumento semelhante ao observar que descrições da natureza inteiramente não sociais são escassas em romances, mesmo em romances conhecidos por essa característica. "É impossível", sugere ela, "que nossa percepção de alguns textos de ficção como abundantes de tais descrições se deva ao fato de que, por serem relativamente raros, eles se destacam". Quando essas descrições ocorrem, como nos romances de Ivan Turgenev, estão cheias de intenções;[34] exibem a *falácia patética* — termo de John Ruskin para o ato de imbuir objetos naturais de pensamentos, sensações e emoções.

Nosso interesse por pessoas motiva alguns prazeres peculiares. Na maior parte da história da espécie, o que acontece com pessoas importantes foi relevante.[35] Essas pessoas dominavam nossas vidas, precisávamos aprender sobre elas, bajulá-las para obter favores, evitar a ira delas e assim por diante. À medida que nos vemos em sociedades com milhares de pessoas, depois milhões, depois bilhões, essa obsessão persiste. A morte da princesa Diana, por exemplo, foi um acontecimento profundamente comovente para grande parte do mundo, assim como o rompimento entre os atores Brad Pitt e Jeniffer Aniston, em 2005. Temos fome de informações sociais, e as fofocas sobre celebridades e histórias de ficção nos saciam com relatos sobre pessoas que não importam e pessoas que não existem. É como se estivéssemos morrendo de fome e nos empanturrássemos com substitutos do açúcar sem calorias.

Será que é isso? Será que o prazer da ficção é apenas um acidente, um subproduto do fato de nossas emoções não se importarem se um acontecimento ou uma pessoa é real ou imaginário?

COMO O PRAZER FUNCIONA | 201

Isso é pouco demais para alguns, e muitos estudiosos buscam uma explicação adaptativa para o prazer das histórias. Zunshine argumenta que somos levados a gostar de histórias porque elas servem para exercitar nossas capacidades sociais; elas nos dão uma prática útil em pensar sobre a mente das pessoas.[36] Os psicólogos Raymond Mar e Keith Oatley sugerem que o papel da ficção é adquirir expertise social.[37] Denis Dutton e Steven Pinker exploram variantes da ideia de que a ficção nos ajuda a explorar e aprender sobre soluções para dilemas do mundo real.[38] Como explica Pinker, "O clichê de que a vida imita a arte é verdadeiro porque a função de alguns tipos de arte é a vida imitá-lo".

Não duvido que as histórias possam fazer isso e mais. Podem também incutir valores morais e inspirar mudanças morais[39] — em outros lugares, acompanhando estudiosos como a filósofa Martha Nussbaum, argumentei que as histórias são um mecanismo importante pelo qual as sociedades melhoram, pelo qual novos insights morais, como a maldade da escravidão, podem ser apresentados de uma maneira que persuade os outros e acaba sendo aceita como *status quo*. As histórias também podem aliviar a solidão. Podem nos ajudar a conquistar amigos e atrair potenciais parceiros — ser um hábil contador de histórias é uma qualidade atraente. E, conforme discutirei no próximo capítulo, as histórias podem fornecer um mecanismo para a prática segura, uma arena para se preparar mentalmente para certas situações desagradáveis.

As histórias podem fazer todas essas coisas. Mas não é por isso que as temos. Como explicações evolutivas, esses relatos são supérfluos. Quando você tem uma criatura que responde com prazer a certas experiências no mundo real

202 | PAUL BLOOM

e não distingue totalmente a realidade da ficção, a capacidade de ter prazer com histórias vem de graça, como um feliz acidente.

* * *

TRISTE E PODEROSO

Em *Introduction to Shakespeare*, Samuel Johnson escreve: "O prazer da tragédia provém de nossa consciência da ficção; se pensássemos que os assassinatos e traições fossem reais, não nos agradariam mais."[40]

Samuel Johnson foi um escritor brilhante, mas obviamente nunca havia ouvido falar de O. J. Simpson. Se houvesse, perceberia que temos muito prazer com a tragédia real. Na verdade, as tragédias de Shakespeare retratam precisamente os tipos de acontecimentos que mais gostamos de testemunhar no mundo real, interações sociais complexas e tensas girando em torno de sexo, amor, família, riqueza e status.

Tanto na tragédia, em particular, quanto em acontecimentos negativos, de maneira mais geral, a realidade tende a ser mais interessante do que a ficção. Quando se descobre que uma autobiografia é ficção, as vendas caem, não aumentam. Nas últimas décadas, diante de acontecimentos horríveis — como quando Susan Smith afogou seus filhos ou nos assassinatos aleatórios cometidos por atiradores em Washington — a reação imediata foi fazer um filme sobre o tema. A suposição plausível aqui é de que a realidade do acontecimento estimulará o interesse.

Eu argumentei que nossas emoções são parcialmente insensíveis ao contraste entre o real e o imaginário, mas

COMO O PRAZER FUNCIONA | 203

não é como se não nos importássemos — os acontecimentos reais são tipicamente mais comoventes do que os fictícios. Isso acontece, em parte, porque os acontecimentos reais podem nos afetar no mundo real (os atiradores fictícios não podem atirar naqueles que amamos; os reais, sim) e em parte porque tendemos a ruminar sobre as implicações de atos ocorridos no mundo real. Quando o filme termina ou quando o programa é cancelado, os personagens acabam. Seria estranho se preocupar com o modo como os amigos de Hamlet estão lidando com sua morte porque esses amigos não existem; pensar neles envolveria criar uma nova ficção. Mas cada acontecimento real tem um passado e um futuro, e isso pode nos emocionar. É fácil pensar nas famílias das pessoas que O. J. Simpson foi acusado de assassinar.

Mas há também certas características convincentes da imaginação. Assim como os adoçantes artificiais podem ser mais doces que o açúcar, a ficção pode ser mais comovente que a realidade. Há três motivos para isso.

Primeiro, as pessoas fictícias tendem a ser mais divertidas e inteligentes do que amigos e parentes, e suas aventuras em geral são muito mais interessantes. Tenho contato com a vida de pessoas à minha volta, mas essas pessoas tendem a ser professores, estudantes, vizinhos e assim por diante. Essa é uma fatia pequena da humanidade, e talvez não a mais interessante. Meu mundo real não inclui um policial emocionalmente ferido à procura de um assassino em série, uma prostituta com um coração de ouro ou um vampiro que faz comentários mordazes. Até onde eu sei, nenhum de meus amigos matou o pai e se casou com a mãe. Mas posso conhecer todas essas pessoas em mundos imaginários.

Segundo, a vida simplesmente se arrasta, com longos períodos em que nada acontece. O julgamento de O. J. Simpson

204 | PAUL BLOOM

durou *meses*, e grande parte dele foi insuportavelmente chata. As histórias resolvem esse problema — como o crítico Clive James certa vez explicou: "A ficção é a vida com as partes chatas deixadas de fora." Esse é um dos motivos pelos quais *Friends* é mais interessante do que os seus amigos.

Por fim, as tecnologias da imaginação fornecem um estímulo de um tipo impossível de obter no mundo real. Um romance pode ir do nascimento à morte e pode mostrar a você como a pessoa se comporta em situações que, de outro modo, você jamais poderia observar. Na realidade, você nunca pode saber realmente o que uma pessoa está pensando; numa história, o escritor pode lhe contar.

Essa intimidade psíquica não está limitada à palavra escrita. Existem convenções em outras mídias artísticas que foram criadas com o mesmo propósito.[41] Um personagem de uma peça pode se virar para a plateia e iniciar um monólogo dramático sobre o que está pensando. Num musical, os pensamentos podem ser cantados; na televisão e no cinema, a voz de um narrador pode ser usada. Hoje isso é comum, mas deve ter sido surpreendente quando a técnica foi inventada, e me pergunto o que as crianças pequenas pensam quando se deparam com isso pela primeira vez, quando ouvem os pensamentos de alguém expressados em voz alta. Deve ser eletrizante.

Como outro caso de intimidade, pense no close-up. Certamente o voyeurismo[42] é um tema de filme há muito tempo, de *Janela indiscreta* a *Paranoia*, mas a técnica do cinema em si oferece uma maneira única de satisfazer nossa curiosidade sobre a mente dos outros. Onde mais você pode olhar o rosto inteiro de uma pessoa sem que ela olhe para você? "Alguns observadores vibram com a possibilidade de ver dentro do quarto e do banheiro", escreve o filósofo Colin McGinn, "mas

O espectador de um filme pode chegar ainda mais perto do mundo privado de seu objeto (ou vítima) — até a alma".

Portanto, embora a realidade tenha seu fascínio especial, as técnicas imaginativas de livros, peças de teatro, filmes e televisão têm seu próprio poder. O bom é que não precisamos escolher. Podemos ter o melhor dos dois mundos, pegar um acontecimento que as pessoas sabem que é real e usar as técnicas da imaginação para transformá-lo numa experiência mais interessante e intensa do que a percepção normal da realidade poderia ser. O melhor exemplo disso é uma forma de arte inventada durante a minha vida, e que é viciosamente poderosa, como mostra o sucesso de programas como *The Real World, Survivor, The Amazing Race* e *Fear Factor*. O que poderia ser melhor do que um reality show?

7. Segurança e dor

Você gostaria de assistir a um filme de uma cirurgia na cabeça de uma menina, começando com o rosto dela sendo afastado do crânio?[1] Eu duvido. Quando o psicólogo Jonathan Haidt e seus colegas mostraram esse filme a universitários, eles o classificaram como perturbador e nojento, e poucos assistiram até o fim. Um filme de um macaco inconsciente sendo espancado e seu cérebro sendo retirado e servido em pratos causou a mesma reação.

O capítulo anterior explorou uma teoria de prazer imaginativo simples: nossas mentes são parcialmente indiferentes ao fato de uma experiência ser real ou não. Se você se excita assistindo a sexo real, pode se excitar assistindo a atores fazendo sexo; se você se interessa por amor e traição, interessa-se por um romance sobre amor e traição. Os prazeres da imaginação são parasitas dos prazeres da vida real.

Isso não pode ser uma teoria completa, porém. Às vezes, o que é terrível, ou entediante, ou depressivo, na verdade é intensamente agradável à imaginação. Gostamos de ficções que nos fazem chorar, que assombram nossos sonhos e nos causam nojo. Fazemos coisas em mundos virtuais que nos chocariam no mundo real, e os sonhos que temos acordados nem sempre são agradáveis; até mesmo pessoas felizes são obcecadas com seus piores medos. Aqui eu tento explicar por quê.

AS MELHORES HISTÓRIAS

Na medida em que as histórias são substitutas de acontecimentos reais, as melhores são aquelas que esquecemos que são histórias. Muitos escritores aspiram a isso. Elmore Leonard adverte os contadores de histórias a evitar "hoopteddodle"[2] — qualquer coisa que chame a atenção para o escritor e afaste da história. Richard Wright escreveu que queria "prender o leitor às palavras tão firmemente que ele esqueceria as palavras e teria consciência apenas de sua reação".[3]

A leitura exige um esforço do leitor; é mais fácil se perder num filme. Há quem se encolha de medo na poltrona durante filmes de terror, espiando entre os dedos, e existe a velha história de que os primeiros espectadores gritavam e se abaixavam para se proteger quando a arma na tela era apontada para eles e disparada.[4] Um filme é o mais próximo que temos da realidade virtual e, como o filósofo Colin McGinn salientou, é uma experiência melhor quando a tela é grande. Você perde a força da experiência num aparelho de televisão pequeno ou, o que é pior, no canto de uma tela de computador, ao lado do e-mail e do navegador de internet.

A tecnologia pode acabar nos levando a um ponto em que a única diferença entre realidade e ficção será nosso conhecimento explícito sobre qual é qual. Talvez um dia possamos eliminar até mesmo esse conhecimento explícito. As pessoas podem pagar por uma experiência virtual que, assim como um sonho, elas acreditam ser real enquanto a estão tendo. Talvez isso esteja acontecendo com você neste exato momento. René Descartes temia que todas as suas experiências fossem falsas, que estivesse sendo enganado

COMO O PRAZER FUNCIONA | 209

por um demônio mau. Talvez sejamos cérebros dentro de um tonel ou vivendo na Matrix. O filósofo Robert Nozick volta sua preocupação para uma tecnologia do prazer, imaginando uma máquina de realidade virtual capaz de dar a alguém a ilusão de viver uma vida de imenso prazer, apagando a lembrança de ter optado por estar na máquina.[5] (Você está feliz agora? Pode ser que esteja na máquina de Nozick.)

Numa versão dessa ideia em baixa tecnologia, imagine que seus amigos contratem atores para mergulhar você num mundo concebido por eles, talvez um thriller ou uma comédia romântica. Você seria o personagem principal da história que você não saberia que era uma história. Seria decepcionante quando ela acabasse, mas enquanto você estivesse dentro dela, poderia ser tão excitante quanto a própria vida.

Ainda assim, estaria faltando algo. Alguns dos prazeres que temos com livros, filmes e coisas assim exigem a avaliação de que o mundo imaginado é a criação intencional de outras pessoas.

Tome um exemplo na arte. Pense em entrar numa casa desconhecida. Você chega à sala de estar e vê, por uma janela, um bebê de fralda no jardim, dormindo sobre uma coberta. É uma cena atraente, você se aproxima da janela para olhar melhor e então vê que não é uma janela, mas sim uma pintura incrivelmente realista, uma ilusão de ótica. Nesse instante, um botão é acionado. Quando você analisa a pintura, há um entusiasmo de apreciação — era bom olhar o bebê, mas agora você está realmente emocionado com essa obra de arte incrível. Você mudou para uma fonte de apreciação diferente, forte.

Ou imagine sentar-se num avião ouvindo a conversa sussurrada de um casal nas poltronas atrás de você. Pode

210 | PAUL BLOOM

ser cativante (Você tentou beijá-la? Não, mas eu quis. *Idiota*.) ou apenas corriqueiro, como são às vezes as conversas (Você pegou as lâmpadas novas? Tem lâmpada no armário da cozinha. Não, não tem. *Tem sim*.) De um modo ou de outro, não é algo para você ou para qualquer outra pessoa. É algo real no mundo; seu apelo se baseia em suas qualidades intrínsecas.

Mas e se você descobre que isso era uma forma de teatro de rua, que o casal estava falando para você ouvir?[6] Um botão é acionado e você passa a ver de outro modo. O diálogo agora tem uma intenção; você pode ser afetado por ele, pode se impressionar com a inteligência e a imaginação dele, ou ficar decepcionado com a previsibilidade ou grosseria dele. Essas reações são diferentes daquelas que você teve quando pensou que era real.

A ficção é uma forma de desempenho e, por isso, temos prazer com o que vemos como a virtuosidade e inteligência de seu criador. Há a excitação de estar nas mãos de alguém que controla a história, alguém que persuade, hipnotiza e engana, alguém que é (nesse domínio, pelo menos) mais inteligente do que nós.

Isso é mais bem-ilustrado no humor. O riso é desencadeado por acontecimentos sociais; o mundo físico raramente é divertido. Se você vê alguém andando sozinho e rindo, ele está falando ao celular, lembrando-se de um acontecimento divertido, ou é esquizofrênico. As situações dignas de riso geralmente surgem porque as pessoas as inventam, como na clássica cena em que o cara escorrega numa casca de banana.[7] A versão padrão começa com o homem andando, corta para a casca de banana, corta para uma tomada ampla do homem se aproximando da casca, volta para a casca, depois para o pé pisando na casca e então ele cai. Isso pode

COMO O PRAZER FUNCIONA | · 211

ser engraçado, principalmente se você não viu milhares de vezes e se o ator sabe transmitir sua surpresa. Mas a mesma situação não costuma ser engraçada na vida real. Passei grande parte de minha vida em Montreal e vi muita gente tropeçando em gelo nas ruas da cidade. Quem vê a cena se contrai, ou se aproxima para ajudar, ou vira o rosto, mas em geral não ri. Isso é engraçado na ficção, não na vida real.

(Devo fazer uma ressalva: ver alguém escorregando numa *casca de banana* é algo que provavelmente faria as pessoas rirem, mas só porque instintivamente isso seria visto como uma homenagem não intencional às comédias-pastelões.)

Charles Chaplin certa vez representou um aprimoramento da sequência da casca de banana. Começa com o cara andando, corta para a casca, corta para uma tomada ampla do cara se aproximando da casca, volta para a casca e então, quando o pé está prestes a pisar na casca, o cara passa acima dela — para em seguida cair num bueiro aberto. Esta foi a versão de Chaplin; eu já vi uma variante em que o homem passa acima da casca e em seguida é atingido por um caminhão. De um jeito ou de outro, é hilariante, em parte por causa do apelo da morte violenta na ficção (um tópico ao qual retornarei mais tarde), mas principalmente porque o cineasta nos enganou; nosso riso é uma forma de aplauso. Isso é semelhante ao truque do filme de terror em que há uma tomada de câmera em close-up de uma adolescente abrindo a porta do armário, uma música sinistra, a geração de tensão e então, *bum* — um barulho alto, um movimento repentino — mas é apenas o gato. E, de novo, as pessoas riem porque reconhecem a inteligência da criação. Elas sabem que foram intencionalmente enganadas. Não há nada assim na realidade.

212 | PAUL BLOOM

Reconhecidamente, às vezes ignoramos o fato de que um mundo imaginativo é um objeto intencional. Uma pessoa pode "mergulhar" num filme ou num livro, ser transportada e, portanto, ficar cega para o extraordinário trabalho exigido para dar a aparência de realidade e fazer o escritor ou diretor desaparecer. A existência do criador muitas vezes é mais evidente quando algo dá errado, quando o figurino parece inapropriado ou quando o diálogo não é realista.

Mas, mesmo que não estejamos pensando conscientemente no mundo da ficção como intencionalmente criado, somos sensíveis às escolhas do criador. Respondemos a essas escolhas, e as respostas são sensíveis a nossas experiências com o gênero. As risadas gravadas foram uma descoberta engenhosa, explorando a capacidade do riso de contagiar para tornar as comédias de televisão mais engraçadas. Mas nos últimos anos elas passaram a ser vistas como baratas e manipuladoras, e muitos programas de televisão agora as dispensam. Criticamente, nossa reação às risadas *em programas de televisão* mudou, mas não nossa reação às risadas em si, assim como ao longo das últimas centenas de anos o gosto ocidental por retratos pintados mudou, independentemente de qualquer mudança no modo como olhamos para rostos reais.

O escritor A. J. Jacobs observa que, na França do século XIX, os teatros contratavam claques, o que incluía especialistas em risadas, em gritos de bis e em choros. Jacob tem a ideia brilhante de acrescentar choros gravados a programas de televisão[8] — você assistiria a um programa de tema médico, "um jogador de softbol entraria com uma farpa de bastão enfiada na testa e você ouviria um pequeno choramingo ao fundo, transformando-se numa onda de choros". De início, esses choros gravados seriam estranhos e perturbadores,

COMO O PRAZER FUNCIONA | 213

mas depois se tornariam comuns e ficaríamos impressionados com um programa inovador o bastante para não usá-los.

Em seu livro provocativo *Tudo que é ruim é bom pra você*, o escritor científico Steven Johnson faz um panorama geral sobre como nossas expectativas mudaram. Ele observa que assistir a programas de televisão de vinte ou trinta anos atrás pode ser angustiante, com seus ritmos dolorosamente lentos, tramas ingênuas e risadas gravadas retumbantes. Ele contrasta isso com programas modernos como *24 horas*, em que múltiplas tramas se entrelaçam, o diálogo tende a ser mais enigmático e realista e assim por diante. Nossos gostos mudaram. Johnson faz a afirmação provocativa de que essa mudança corresponde a um aumento de nossa inteligência, mas sou tentado a tirar uma conclusão mais moderada, a de que ficamos mais inteligentes *em relação à televisão*.[9] Desenvolvemos a capacidade de lidar com mais coisas dessa mídia, e nossa expertise moldou nossas preferências.

Quando gostamos de uma ficção, nossa resposta estética muitas vezes é uma reação à inteligência do criador, ao seu conhecimento, humor, e por aí em diante. Assim como nos desempenhos em esporte, música e pintura, isso pode dar prazer.

Há outras formas de conexão humana prazerosa. Uma criança pode gostar de ouvir uma história contada por sua mãe simplesmente por causa da intimidade dessa ligação. E algumas ficções incutem uma admiração em nós, e até mesmo um assombro, com a visão moral do autor. O estudioso de literatura Joseph Carroll apresenta esse argumento com um exemplo na ficção: o personagem David Copperfield, de Dickens, que descobre uma série de livros que pertencera a seu pai já falecido: "O que David obtém com esses livros

214 | PAUL BLOOM

não é apenas um pedaço de cheesecake mental, uma oportunidade de uma fantasia transitória em que todos os seus desejos são realizados. O que ele obtém são imagens vivas e fortes de vidas cobertas de sentimento e compreensão dos seres humanos incrivelmente capazes e complexos que as descreveram."[10]

SEGURO

Acionar o botão — deixar de ver algo como real para vê-lo como uma criação intencional — torna possível certos prazeres estéticos. Há outro efeito também. Quando você sabe que uma coisa é ficcional, pode esperar que sua experiência seja segura, ou pelo menos mais segura do que seu paralelo na realidade.

O que *seguro* significa? Em parte, tem o sentido literal. Alguém observando uma briga de bar real pode levar uma garrafa de cerveja na cara; alguém escutando uma conversa real corre o risco de ser apanhado e ficar constrangido. Isso não é um problema em livros e filmes. De fato, conforme mencionado no capítulo anterior, uma das características formidáveis da ficção é que se pode observar em segurança pessoas em seus momentos mais íntimos, aproximando-se de seus rostos e corpos como não se poderia fazer na vida real. Só na ficção você pode olhar nos olhos de alguém que não está olhando para você.

Além disso, na ficção, todas as outras pessoas estão igualmente seguras. Pode-se ficar chateado quando algo terrível acontece com personagens ficcionais, porque respondemos a acontecimentos imaginários como se fossem reais — o problema da *alief*. Mas essa chateação é tranquilizada pelo

COMO O PRAZER FUNCIONA | 215

conhecimento explícito de que homens, mulheres e crianças reais não são afetados. Isso reduz o custo empático da ficção. As histórias são seguras num terceiro — e mais sutil — sentido. O mundo real apenas *é*; a não ser que você acredite que a mão de Deus está em todo lugar, grande parte da vida não tem propósito algum. Se seu telefone o acorda de manhã, a ligação é um engano e você pode voltar a dormir, isso é má sorte. Se você vê uma arma de manhã, não necessariamente ela será disparada durante a tarde. Mas nas histórias não há acidentes. Se você está assistindo a um filme em que o telefone acorda um personagem no meio da noite, isso tem um significado. Era alguém verificando se ela estava em casa. Era seu duplo! Era apenas um engano, mas depois de acordar ela vai ao banheiro, olha-se no espelho e percebe que Bob nunca a amou. As pessoas passam grande parte de suas vidas dormindo, checando os e-mails, indo ao banheiro e assistindo à televisão, mas essas atividades raramente são mostradas nos filmes, porque raramente são relevantes para os objetivos do autor. (Alguns cineastas mais experimentais enfatizam essas partes desinteressantes, ou acidentais, da vida, mas esta é uma escolha intencional também.) Nosso conhecimento de que tudo numa história tem um propósito molda nossas expectativas e nossos gostos.

Lamentavelmente, esse tipo específico de previsibilidade tira parte do prazer dos filmes. É seguro demais. Quando está perseguindo uma bela assassina dinamarquesa sobre os telhados de uma favela albanesa, James Bond salta de prédio em prédio. Isso pode ser divertido, mas não é *tão* eletrizante porque qualquer pessoa com qualquer conhecimento sobre filmes sabe que Bond não vai cair. Ele é invulnerável. Seria ótimo ver um filme de James Bond em que, depois dos créditos de abertura, ele está perseguindo uma assassina, corre

216 | PAUL BLOOM

para a beira do alto de um prédio, escorrega numa casca de banana e cai gritando na rua lá embaixo. Em seguida, os créditos finais. Isso não vai acontecer, e nosso conhecimento de que isso não vai acontecer diminui o prazer da cena. Neste sentido, as crianças podem ter mais prazer em thrillers do que os adultos, porque têm menos consciência dessas convenções.

INSEGURO PARA CRIANÇAS

Assim como acontece com os adultos, ouvir "era uma vez" aciona um botão na mente das crianças. Elas distinguem ficção de realidade.[11] Sabem que Batman não existe e que seus melhores amigos existem. Sabem que os acontecimentos fantásticos dos livros de história não podem ocorrer na realidade e que criaturas de livros de história, como os dragões, não precisam seguir as regras normais da natureza. Sabem que um biscoito real pode ser tocado e comido, mas não um biscoito imaginário. E descrevem fantasmas, monstros e bruxas como "faz de conta", em oposição a cachorros, casas e ursos, que são da "vida real".

Numa série de experiências, a psicóloga Deena Skolnick Weisberg e eu verificamos que crianças pré-escolares vão além disso e entendem, assim como os adultos, que existem *múltiplos* mundos ficcionais.[12] A motivação de nossos estudos foi a observação de que, para os adultos, existe uma complexa cosmologia de senso comum da realidade e da imaginação. Existe o mundo real, mas existe também um mundo para Batman e Robin, um mundo diferente para Hamlet, um terceiro para os Sopranos e assim por diante. Esses mundos podem interagir de maneiras intricadas — o

COMO O PRAZER FUNCIONA | 217

mundo de Tony Soprano e sua família da Máfia faz contato com o mundo de Batman, por exemplo, mas apenas no sentido de que Tony, assim como nós, pensa que Batman é um personagem da ficção.

Constatamos que crianças de 4 anos entendem algumas dessas complexidades. Elas concordam que Batman, Robin e Bob Esponja são faz de conta, e entendem que Batman pensa que Robin é real (porque eles estão no mesmo mundo) e que Batman pensa que Bob Esponja é faz de conta (porque eles estão em mundo diferentes).

Quando se trata de imaginação, portanto, as crianças são inteligentes. Mas também são vulneráveis. O maior problema tem a ver com a *alief* — o fato de a mente não se importar totalmente com a diferença entre o que é conhecido como real *versus* o que é conhecido como imaginário. Ninguém jamais foi atingindo por uma bala perdida quando estava lendo sobre um tiroteio, mas podemos ficar chateados, e até traumatizados, com o que sabemos não ser real. No capítulo anterior, discuti isso do ponto de vista de alguém que experimentava passivamente um mundo imaginário, mas isso se aplica mais fortemente a alguém que está representando um papel na ficção. Imagine procurar uma pessoa que você ama e dizer que você vai representar um pouco. Explique que você gritará: "Eu odeio você. Quero que você morra." Tranquilize-a de que isso é uma experiência e que a fala segue um roteiro. (Mostre a ela esta página.) Ainda assim, acho que seria desagradável dizer e desagradável ouvir, e não recomendo fazer isso. Numa observação mais simpática, porém, dizem que os atores que representam amantes no palco com frequência se apaixonam de verdade. E terapeutas aconselham pessoas deprimidas a agir como se estivessem

218 | PAUL BLOOM

felizes; sorrir pode ter um efeito positivo no humor.[13] Marque um ponto para os poderes da *alief.*

Tudo isso é mais intenso em crianças. Seria perverso pedir a uma criança de 5 anos para participar de um jogo em que você finge odiá-la e grita que ela é uma imprestável. As crianças podem entender que você está fingindo, mas têm mais dificuldade do que os adultos para bloquear a força emocional da experiência imaginada. Essa agressão falsa seria real.

Numa demonstração mais suave disso, psicólogos mostraram uma caixa a crianças pequenas e pediram a elas para fingir que havia um monstro ali dentro.[14] Quando, mais tarde, puderam se aproximar da caixa, muitas crianças se recusaram a pôr os dedos ali dentro. Não é que acreditassem realmente no monstro, mas é que o monstro imaginado adquire tanta força na mente da criança que é como se fosse real. As crianças são facilmente tomadas pela imaginação. É por isso também que nos protegemos de certas ficções. Você não precisa ver um estudo de pesquisa para entender que filmes de terror podem causar pesadelos em crianças.

Nesse aspecto, as crianças são diferentes dos adultos em grau, mas não em tipo. Aposto que se fossem testados no estudo do monstro da caixa, os adultos hesitariam por uma fração de segundo antes de pôr os dedos dentro da caixa, da mesma maneira que não gostamos de comer um doce em formato de cocô, ou de tomar uma sopa num urinol novo, ou de beber água numa xícara com um rótulo de "cianeto", mesmo sabendo que a água é fresca e saiu da torneira.[15]

As crianças também são vulneráveis porque sabem menos sobre como as histórias funcionam.[16] Numa série de experiências, Deena Skolnick Weisberg, David Sobel, Joshua Goodstein e eu demos a crianças pré-escolares o começo de

COMO O PRAZER FUNCIONA | 219

histórias e pedimos a elas para escolher uma continuação apropriada. Alguns começos eram realistas, como um menino andando de patinete; outros eram fantásticos, como um menino que podia ficar invisível. Esperávamos que as crianças supusessem que as histórias realistas continuariam de maneira realista e que as histórias fantásticas continuariam de maneira fantástica, como fazem os adultos, ou que preferissem continuações fantásticas para todas as histórias, seguindo a ideia de que as crianças têm uma inclinação para o pensamento mágico. Para nossa surpresa, as crianças mostraram uma tendência *contra* o fantástico; elas preferiram continuações realistas, independentemente da história.

A ignorância das crianças torna as histórias menos seguras. Vários anos atrás, eu estava assistindo a *Free Willy 2* com minha família, e há uma cena em que os personagens estão numa balsa que está afundando. Meu filho Zachary, com 5 anos na época, ficou agitado e começou a sussurrar que eles iriam se afogar. Eu expliquei que todos ficariam bem. Ele me perguntou como eu podia saber, já que eu não tinha visto o filme antes, e eu disse que sabia como esse tipo de filme é — um filme família não mataria as crianças adoráveis. Eu estava certo, e agora ele sabe disso também.

Mais tarde, naquele ano, estávamos passeando de canoa num rio perto de nossa casa e emborcamos. Em pânico, Zachary gritou que iríamos nos afogar. Estávamos com coletes salva-vidas e o rio não chegava a um metro de profundidade, mas ele *não* estava sendo razoável ali. A não ser que se acredite que um ser divino escreve o roteiro de nossas vidas, a realidade não tem as restrições da ficção. A vida não é um filme de censura livre; às vezes, as crianças adoráveis acabam mortas.

SADISTA E HORRÍVEL

Como essa segurança transforma a experiência ficcional?

Em primeiro lugar, ela nos ajuda a ter prazer com a dor e a morte dos outros. Você pode rir muito na cena da comédia pastelão em que o pedestre cai no bueiro porque não teme que ele morra ou fique aleijado pelo resto da vida. Você não pensa no sofrimento da esposa e dos filhos, não se preocupa com nada disso porque sabe que o personagem não existe realmente.

A tolerância maior à violência se manifesta no prazer dos videogames. Com frequência, esses jogos oferecem versões diluídas de experiências prazerosas no mundo real, como nos simuladores de voo e nos jogos de corrida, que reproduzem os prazeres de voar e correr. Grande parte da violência dos videogames pode ser explicada dessa maneira. Num jogo típico, você mergulha numa simulação em que faz algo excitante e moralmente bom — defender o mundo de um ataque de alienígenas, matar nazistas, matar zumbis, matar zumbis nazistas — o tipo de ação que, se fosse seguro, os jogadores de videogame adorariam fazer no mundo real.

Mas há um prazer mais sombrio também. A segurança dos videogames permite às pessoas exercitar seus piores impulsos. A maioria dos jogadores de vez em quando opta por balear um adolescente na cabeça, atropelar um civil ou enfiar um avião num edifício (no caso do *Microsoft Flight Simulator*, criado em 1982, o alvo mais fácil eram as Torres Gêmeas em Nova York). Algum tempo atrás, quando jogávamos *The Sims*, um jogo de computador em que você cria seu próprio mundo imaginário, meus filhos e eu privamos um homem de comida e sono por vários dias, e o acompanhamos enquanto ele gritava, implorava e chorava. Quando ele morreu, nós festejamos.

COMO O PRAZER FUNCIONA | 221

Isso piora. Em *Grand Theft Auto*, você pode assassinar prostitutas. Há jogos, como *Rape Lay*,[17] importado do Japão, em que fazer o mal é o principal objetivo. É de se imaginar quem joga esses jogos. De qualquer modo, a segurança desses jogos (segurança em relação a se ferir, em relação à lei e em relação a preocupações com pessoas reais) permite a expressão de impulsos sádicos presumivelmente não exercitados na vida real.

A segurança pode nos ajudar também a resolver um antigo enigma do prazer da ficção, belamente resumido por David Hume em 1757:

> *Parece inexplicável o prazer que os espectadores de uma tragédia bem escrita têm com a tristeza, o terror, a ansiedade e outras paixões que por si só são desagradáveis e incômodas. Quanto mais eles ficam comovidos e afetados, mais ficam encantados com o espetáculo... Eles ficam satisfeitos na proporção em que ficam aflitos, e nunca ficam tão felizes como quando usam lágrimas, soluços e choros para dar vazão à sua tristeza e aliviar seus corações, cheios da mais terna simpatia e compaixão.*[18]

Hume está se maravilhando com o fato de os espectadores de uma tragédia terem prazer com emoções que normalmente não é bom ter, como tristeza, terror e ansiedade — quanto mais eles têm essas emoções, mais felizes ficam.

Esse enigma se torna mais evidente quando nos voltamos para o que o filósofo Noël Carroll chama de "o paradoxo do horror".[19] Diferentemente das tragédias, os filmes de terror com frequência não têm qualquer estética remissora ou qualidade intelectual. Mas as pessoas gostam deles,

222 | PAUL BLOOM

fazendo fila para ver inocentes sendo mortos, torturados e devorados por criaturas como zumbis, psicopatas brandindo machados, alienígenas sádicos, seres do pântano, bebês realmente maus e, num clássico do qual me lembro de muito tempo atrás (*Enraivecida na fúria do sexo*), um tentáculo fálico que sai da axila de uma mulher atraente. A década passada nos trouxe filmes como *O albergue* e a série *Jogos mortais*, nos quais a principal intenção é retratar torturas sádicas. Estas não estão restritas a algum nicho de perversão. Você pode encontrar pornografia com tortura no multiplex,[20] ao lado de dramas reflexivos sobre mulheres divorciadas que encontram o amor novamente e de comédias imbecis sobre dois companheiros idiotas e sabichões.

Tenha em mente que o enigma não é apenas o modo como suprimimos a situação desagradável da morte e da dor. O problema é por que gostamos tanto disso. *Sexta-feira 13* não seria um filme popular se Jason não atacasse as pessoas com um taco de beisebol Nerf, assim como *Hamlet* não seria uma peça melhor se o protagonista tivesse vivido feliz para sempre. As pessoas gostam de filmes assustadores *porque* são assustadores. Pelo menos num nível visceral, os filmes modernos são bem mais assustadores que os antigos, e isso reflete o suprimento e a demanda. Quanto mais assustador, melhor o filme. Como Hume teria explicado se estivesse aqui hoje, as emoções negativas não são um defeito; são uma característica.

A atração por esse tipo de situação desagradável não é necessariamente de baixo nível cultural. Em 2008, o *New York Times* teve uma discussão sobre *Blasted*,[21] uma peça bastante popular, com apresentações esgotadas e críticas excelentes. O artigo discutia uma cena em que um homem estupra outro e em seguida arranca com a boca seus globos oculares e os come. A plateia dessa peça é mais idosa, sofisticada e bem de vida; não são adolescentes assoviando e tentando mostrar quem é mais macho. Mas nenhum envolvido com a produção acha que a peça seria mais popular se tivessem reduzido um pouco o estupro e o canibalismo. A plateia adora a cena; é um dos motivos pelos quais a peça é tão popular.

Há uma teoria sobre o que acontece aqui, que começa com Aristóteles, mas foi elaborada e se tornou famosa com Freud. Trata-se da *catarse*:[22] certos acontecimentos dão início a um processo de purgação psicológico, por meio do qual o medo, a ansiedade e a tristeza são liberados, e depois nos sentimos melhores, mais calmos e purificados. Sofremos com as experiências repulsivas, portanto, por causa da compensação positiva no final — por causa da liberação.

Talvez isso aconteça às vezes — há pessoas que dizem se sentir melhor depois de um bom choro — mas a catarse é uma teoria pobre sobre as emoções, sem qualquer suporte científico. Não é verdade que as experiências emocionais tenham um efeito purgador. Para citar um caso bastante estudado, assistir a um filme violento não deixa alguém num estado mental mais relaxado e tranquilo — excita o espectador. As pessoas não saem de filmes de terror se sentindo leves e seguras; não saem de tragédias se sentindo eufóricas. O resultado típico de se sentir mal é se sentir pior, e não melhor. O prazer do horror e da tragédia não pode, portanto, ser explicado como uma espécie de arrebol de felicidade.

PREPARE-SE PARA O PIOR

Deixe de lado a ficção por um momento e pense em outro enigma: por que os animais jovens, inclusive os humanos,

224 | PAUL BLOOM

brincam de lutar?[23] Por que as crianças têm prazer em se atracar, em esmurrar e derrubar umas as outras? Não é apenas um desejo de exercitar os músculos; se fosse, elas fariam flexões de braço e exercícios abdominais em vez disso. Não é sadismo ou masoquismo. O prazer está em lutar, não em ferir ou ser ferido.

A solução desse enigma é que brincar de lutar é uma espécie de prática. Lutar é uma habilidade útil, e a prática torna você melhor — se você entrar em muitas lutas, será melhor nelas. Mas, se você perder uma luta, poderá ficar estropiado ou morrer, e mesmo os vencedores ficam com dedos quebrados, narizes amassados e muita dor. Como conseguir os benefícios sem sofrer o custo? A solução inteligente aqui é que animais que são parentes ou amigos podem usar um ao outro para aprimorar suas habilidades enquanto se contêm para ninguém se ferir. É por isso que a brincadeira de luta evoluiu.

Em geral, brincar é uma prática segura. Você melhora em uma coisa quanto mais a pratica. Mas a experiência no mundo real pode ser custosa, portanto as pessoas são atraídas a se envolver, de maneira segura, em certas situações físicas, sociais e emocionais. Os esportes são brincadeiras físicas; os jogos são brincadeiras intelectuais; e as histórias e os sonhos acordados são brincadeiras sociais em que exploramos novas situações de maneira indireta e segura.

Grande parte da brincadeira acontece dentro de nossas cabeças, e isso nos ajuda a dar sentido à nossa fome de ficções repulsivas. Assim como brincar de luta envolve lançar-se numa situação que seria perigosa se fosse real, nossa brincadeira imaginativa muitas vezes nos leva a situações com elementos que seriam desagradáveis, e às vezes terríveis, se existissem no mundo real. Como argumenta o escritor de

COMO O PRAZER FUNCIONA | 225

terror Stephen King, criamos horrores imaginários para nos ajudar a lidar com os horrores reais; esta é "a maneira de a mente forte lidar com problemas terríveis".

Somos atraídos, então, pelos cenários mais desfavoráveis. Os detalhes dos cenários são muitas vezes irrelevantes. Não é que gostemos de filmes de zumbis porque precisamos nos preparar para uma rebelião de zumbis. Não temos que planejar o que fazer se matarmos acidentalmente nossos pais ou nos casarmos com nossas mães. Mas mesmo esses casos exóticos servem como uma prática útil para tempos ruins, exercitando nossas psiques para quando a vida se tornar um inferno. Dessa perspectiva, não são os zumbis que tornam os filmes de zumbis tão atraentes, e sim o fato de que o tema dos zumbis é uma maneira inteligente de inventar histórias sobre ser atacado por estranhos e traído por quem amamos. É isso que nos atrai; devorar o cérebro é um extra opcional.

Os filmes de terror são apenas um tipo de prática.[24] Algumas pessoas os evitam, assim como algumas nunca brincam de lutar. Mas há outras maneiras de se preparar para o pior, e cada um de nós escolhe seu próprio veneno.[25] Você pode não gostar de *Chainsaw Killers III*, mas se interessar em explorar as dimensões da perda assistindo a *Laços de ternura* (a mãe morre de câncer) ou *O doce amanhã* (crianças, ônibus escolar, penhasco).

Ou você pode parar de observar acidentes na estrada. Esse mau hábito foi previsto por Platão.[26] Em *A república*, ele fala de Leôncio, que está caminhando em Atenas e vê uma pilha de corpos, homens recém-executados. Ele quer olhar para os corpos, mas vira as costas, luta, em guerra consigo mesmo, e por fim corre até os corpos e diz para seus próprios olhos: "Olhem por si mesmos, seus desgraçados, satisfaçam-se com a bela visão!" Os corpos são bastante reais, mas são vistos a distância, em segurança, e a vontade de olhar para eles é a mesma que nos leva ao derramamento de sangue imaginário e à morte imaginária.

Paul Rozin discutiu outros casos em que voluntariamente nos expomos a doses controladas de dor. Há o prazer exclusivamente humano com temperos como pimenta e bebidas como café preto. Há os atos de entrar num banho demasiadamente quente, assar numa sauna, instigar a náusea e o medo numa montanha-russa ou autoinfligir uma dor física moderada, como quando você pressiona a língua contra um dente dolorido ou põe um pouco de peso sobre um tornozelo torcido.

Será que todo esse "masoquismo benigno"[27] pode ser explicado pela prática segura? Talvez não — é difícil entender por que precisaríamos da prática de comer alimentos picantes ou tomar banho quente. Esses casos de Rozin podem ter uma explicação mais utilitária, algo na linha da velha e terrível piada sobre o cara que estava batendo a cabeça na parede; quando lhe perguntaram por que estava fazendo isso, ele disse: "A sensação é muito boa quando eu paro." Em alguns exemplos de Rozin, a dor inicial pode valer a pena porque é compensada pelo prazer posterior. Podemos passar a gostar da dor de entrar num banho quente porque este é sempre seguido pelo prazer de quando a temperatura se torna adequada.

MASOQUISMO NÃO TÃO BENIGNO

Ainda não falamos sobre os verdadeiros masoquistas, que fazem com que os outros os espanquem, torturem e humi-

COMO O PRAZER FUNCIONA | 227

lhem. Essas pessoas são incomuns, e uma teoria aplicada a quem gosta de *Sexta-feira 13* e pimenta forte pode não se aplicar a eles.

Não faltam possibilidades. Alguns masoquistas podem estar saturados, tão habituados à monotonia, que a descarga de adrenalina da dor e do medo é necessária para despertar seu interesse. Ou, em casos de autoferimento e automutilação, pode ser um convite ao sofrimento, uma prova de que a pessoa está desesperada o bastante para causar danos a seu corpo.[28] Ou, como alguns especulam, talvez exista uma forma estranha de aprendizado aí: a dor leva a uma descarga de opiáceos que a reduzem, mas, com o tempo, algumas pessoas podem passar a ter mais prazer com os opiáceos do que dor com a própria dor.[29] Essa é a teoria do banho quente levada ao extremo.

Ou talvez seja uma autopunição. O desejo de punir é uma característica que surgiu cedo e é universal. Em algumas pesquisas recentes que fiz com as psicólogas Karen Wynn e Kiley Hamlin, verificamos que crianças com menos de 2 anos punem (tirando a comida) um indivíduo que roubou uma bola de outro.[30] E há muitas demonstrações, em laboratório e no mundo real, de que adultos empregam a chamada *punição altruísta*.[31] Eles sacrificam algo que possuem, como dinheiro, para punir um malfeitor. Freud sugeriu que o masoquismo é o sadismo direcionado para dentro; a ideia aqui é semelhante — talvez o masoquismo severo seja uma punição direcionada a si mesmo.[32]

Um exemplo na ficção que se encaixa nisso é o maltratado elfo doméstico Dobby, da série Harry Potter. Ele causa danos a si mesmo quando faz algo errado: "Ah, não senhor, não... Dobby terá que se castigar com a maior severidade por ter vindo vê-lo, meu senhor. Dobby terá que prender as orelhas

228 | PAUL BLOOM

no forno por causa disso."[33] Mas isso não ocorre apenas na ficção. Num estudo engenhoso, universitários foram convidados a aplicar choques elétricos em si mesmos virando um botão. A descoberta interessante é que a intensidade do choque aumentava quando, antes de serem ligados à máquina, eles eram solicitados a se lembrar de algum pecado, algo de errado que haviam feito em sua vidas.[34]

Um paralelo entre o masoquismo severo e o masoquismo corriqueiro é que em ambos você precisa controlar a intensidade da dor. O apreciador de comidas picantes precisa ter poder sobre o que está acontecendo em sua boca; o fã de filmes de terror pode escolher o filme e está livre para fechar os olhos ou virar o rosto. E, no sadomasoquismo (S/M), é crucial a pessoa experimentar o M para ter algum tipo de sinal que signifique *Pare*, para a pessoa que está fazendo o S responder imediatamente. O sinal às vezes é chamado, apropriadamente, de palavra de "segurança".

O filósofo francês Gilles Deleuze podia estar parcialmente certo, portanto, quando insistiu que o masoquismo não é realmente uma questão de dor e humilhação, mas sim de suspense e fantasia.[35] O controle é essencial, e é isso que torna o prazer masoquista tão diferente do prazer comum. Numa discussão perturbadora, o escritor Daniel Bergner descreve como um comprador de cavalos chamado Elvis optou por ser besuntado de mel e gengibre, amarrado a uma vara de metal e assado no espeto durante três horas e meia.[36] É um bocado de dor. Eu aposto, porém, que se um dia Elvis acordasse, saísse da cama e levasse uma topada feia no dedão do pé, não gostaria nem um pouco, porque não havia sido combinado.

O teste final aqui é ir ao dentista. (Sabe qual é a diferença entre um sádico e um dentista? As revistas mais novas.[37])

COMO O PRAZER FUNCIONA | 229

Um artigo sobre sadomasoquismo descreve uma mulher com grande necessidade de dor em sessões de S/M com seu namorado, mas que odiava ir ao dentista. O namorado tentou fazê-la interpretar uma consulta dentária como uma aventura masoquista erótica, mas fracassou. Não havia como evitar o fato de que o dentista era uma dor necessária, e não algo que ela escolhera.[38]

SONHAR ACORDADO

A mente vagueia. Quando nossa consciência não está envolvida em outra coisa, nós refletimos sobre o passado, programamos nossas férias, aceitamos prêmios humildemente, vencemos discussões, fazemos amor e salvamos o mundo. É difícil calcular com precisão quanto tempo de nossas vidas passamos fazendo isso, mas numa série de estudos realizados cerca de trinta anos atrás, pessoas foram ligadas a um bipe com uma programação quase aleatória, enquanto passavam o dia, e solicitadas a registrar o que faziam quando o bipe soasse. Elas passavam aproximadamente metade do tempo em que estavam acordadas sonhando de algum modo.[39]

Um recente estudo com imagens de ressonância magnética levou isso além, observando as atividades cerebrais de pessoas que cumpriam uma tarefa repetidamente. Os pesquisadores encontraram uma rede de regiões do cérebro que fica ativa quando as pessoas relatam que suas mentes estão vagueando e concluíram que a ativação dessa parte do cérebro é o estado padrão.[40] Ela só fica inativa quando as pessoas estão fazendo algo que exige atenção consciente.

Sonhar acordado envolve a criação de mundos imaginários. Você pode se imaginar num bosque, ou caminhando

230 | PAUL BLOOM

numa praia, ou voando. Aqui nós somos os cenógrafos. Também estamos escolhendo diretores e roteiristas, criando seres imaginários para habitar esses mundos, indivíduos que interagem conosco como se fossem pessoas. Uma versão radical disso se manifesta na esquizofrenia, na qual essa criação de outro eu é involuntária e a vítima da doença acredita que esses "eus" são agentes externos de verdade, tais como demônios, ou alienígenas, ou a CIA.[41] Mas na versão habitual a pessoa controla esses indivíduos e sabe que eles são gerados por ela. E cada ser humano que tem o dom da oratória às vezes exercita esse dom conversando com pessoas que não estão realmente ali.

Às vezes, um ser imaginário específico gruda na pessoa. Deixa de ser um personagem sem importância para se tornar um personagem que retorna regularmente. Quando isso acontece com crianças, descrevemos esse eu alternativo como um amigo ou companheiro imaginário.[42] A psicóloga Marjorie Taylor é a maior estudiosa desse fenômeno e observa que, ao contrário de alguns estereótipos, as crianças que têm esses companheiros não são fracassadas, solitárias ou psicóticas limítrofes. Na verdade, são mais aptas socialmente do que crianças que não têm esses companheiros. E de forma alguma são iludidas. Elas têm plena consciência de que os personagens vivem apenas em sua imaginação.

Companheiros imaginários por longos períodos são incomuns em adultos, embora existam — Taylor constata que escritores que escrevem livros com personagens duradouros com frequência afirmam que esses personagens têm vontade própria e começam a ter alguma influência em seus destinos.[43]

Sonhos acordados podem dar vários tipos de prazer. Nosso controle perfeito os torna o lugar ideal para o tipo de

COMO O PRAZER FUNCIONA | 231

brincadeira dolorosa do qual estávamos falando. Muitos sonhos acordados são masoquistas. As pessoas imaginam o pior: fracasso, humilhação, a morte de pessoas amadas. Há também o prazer mais simples de simular deleites do mundo real. Quando sonhamos acordados, produzimos filmes particulares em nossas cabeças nos quais somos as estrelas — com orçamentos ilimitados, plenos poderes para escolher o elenco, grandes efeitos especiais e nenhuma censura.

Isso suscita um enigma, porém. Se nossos sonhos acordados são tão bons, por que saímos de casa? Por que buscamos outros prazeres imaginativos e outros prazeres reais?

Um ponto fraco é que as experiências imaginadas e autogeradas são menos vívidas do que as reais. Imagine, tão bem quanto possível, a sensação de morder a língua. Agora morda. Está vendo? Imagens numa tela podem evocar excitação sexual, horror ou nojo com uma intensidade à qual as imagens autogeradas não podem se comparar.

O segundo ponto fraco é que nos filmes de minha imaginação, eu sou o diretor e o roteirista. Isso é ruim, porque não sou um diretor ou roteirista talentoso. Steven Spielberg e Pedro Almodóvar podem dirigir filmes melhor do que eu; os irmãos Cohen são roteiristas melhores. Shakespeare pode escrever peças melhores. Eles são capazes de inventar fantasias prazerosas para mim que eu não teria criatividade suficiente para inventar. Ou alguma interação fascinante entre pessoas. Ou mesmo uma experiência masoquista adequadamente dolorosa.

O terceiro ponto fraco dos sonhos acordados é a falta de limite. Como explica o psiquiatra George Ainslie, os sonhos acordados sofrem de "falta de escassez".[44] Isso diminui o poder masoquista deles, porque nunca se pode surpreender

232 | PAUL BLOOM

a si mesmo de maneira desagradável. Isso também diminui a alegria de simular um prazer do mundo real, porque muitos prazeres do mundo real envolvem alguma perda de controle, e num sonho acordado você tem perfeito controle. Não há nada que você possa fazer; todos os seus fracassos acontecem porque você opta por fracassar e, portanto, onde está o valor de vencer?

A questão foi avaliada num episódio clássico de *Além da imaginação*, no qual um bandido violento morre e se vê num lugar em que todos os desejos são satisfeitos. Ele fica chocado por estar no paraíso e, de início, tudo é maravilhoso. Mas fica frustrado e entediado e, um mês depois, diz para seu guia: "Eu não pertenço ao paraíso, sabe? Quero ir para outro lugar." O guia responde: "O que o levou a pensar que você está no paraíso, senhor Valentine? Este *é* o outro lugar!" Deixa para uma risada maléfica.[45]

Os sonhos acordados são o oposto dos sonhos, portanto, porque nos sonhos você não tem controle algum. Isso significa que um bom sonho pode ser mais prazeroso do que um bom sonho acordado, enquanto um pesadelo pode ser de fato terrível.[46]

Existem maneiras engenhosas de melhorar os sonhos acordados. O filósofo Jon Elster observa que se pode sonhar acordado junto a um amigo.[47] Parte da vantagem aqui está no fato de que o amigo pode pensar em novos cenários engenhosos, mas o verdadeiro benefício é que a outra pessoa restringe a situação. É preciso lidar com os interesses e desejos conflitantes do outro, uma forma de restrição que pode aumentar o prazer.

É possível também mergulhar em mundos virtuais — desde os mundos físicos despojados de um jogo de corrida ou de um simulador de voo até os universos sociais plenamente

COMO O PRAZER FUNCIONA | 233

desenvolvidos da *Second Life* ou do *World of Warcraft*. Isso pode ser visto como uma forma aprimorada de sonhar acordado: você é um agente num mundo irreal, mas esse mundo é restrito e nem sempre você consegue o que quer. Você também pode se beneficiar dos recursos imaginários de outros — há experiências disponíveis na *Second Life*, por exemplo, que eu jamais teria pensado em proporcionar a mim mesmo.

Esses mundos são cada vez mais populares, e maiores do que muitos países. Há quem passe a maior parte do tempo dentro deles, e desconfio que isso se tornará mais comum à medida que a tecnologia for aprimorada. Uma psicóloga que conheço pediu a uma de suas assistentes de pesquisa para examinar um desses mundos e relatar como ele é e como as pessoas se comportam ali. A assistente de pesquisa jamais voltou; ela preferiu o mundo virtual ao mundo real.

A imaginação muda tudo. Evoluiu para planejar o futuro e raciocinar sobre nossas mentes, mas, agora que a temos, é a principal fonte de prazer. Podemos participar de experiências melhores do que as reais. Podemos nos deliciar com as mentes que criam mundos imaginários. E podemos usar o potencial de dor da imaginação para brincar em realidades desagradáveis, praticando mentalmente em cenários ao mesmo tempo seguros e terríveis.

Há mais por vir. Mundos virtuais expandirão, tornando mais atraente o sonho acordado interativo, e melhorias tecnológicas tornarão vaga a distinção entre realidade e imaginação. Um dia, teremos mesas holográficas e enfermeiras orgásticas — ou pelo menos aparelhos de televisão mais avançados.

A imaginação tem seus limites, porém. Nossas ambições vão além da aquisição de experiências; estendem-se para fora da cabeça. Uma pessoa que treina para uma maratona não quer simplesmente a experiência de correr uma maratona ou a crença de que o fez. Ela quer correr uma maratona. Todo o resto permanecendo igual, voar de avião é melhor do que um simulador de voo; o sexo real é melhor do que a masturbação; a fofoca real é melhor do que os diálogos imaginados inteligentes entre personagens da televisão. Os prazeres da imaginação são uma parte central da vida — mas não são suficientes.

8. Por que o prazer importa

Durante a maior parte da história de nossa espécie, não havia televisão, nem internet, nem livros. Nosso ambiente ancestral não tinha McDonald's, pílulas anticoncepcionais, Viagra, cirurgia plástica, armas nucleares, relógio despertador, iluminação fluorescente, testes de paternidade ou códigos de lei escritos. Não havia bilhões de pessoas.

Nossas mentes não são modernas, e muitas de nossas angústias têm a ver com esse descompasso entre nossa psicologia da Idade da Pedra e o mundo em que vivemos agora. A obesidade é um exemplo simples disso. Para a maioria das pessoas, durante a maior parte da história humana, era difícil conseguir comida.[1] Mesmo algumas centenas de anos atrás, a família europeia média gastava mais da metade de seu orçamento em comida e não conseguia muita com o dinheiro que tinha — a ingestão calórica diária de um francês do século XVIII era equivalente à de um cidadão contemporâneo de um país africano subnutrido. Num mundo onde a comida é escassa, é inteligente um animal comer quando pode e armazenar gordura, e é uma atitude suicida perder a oportunidade de comer frutas, doces e carne fresca. Mas muitos humanos vivem agora em ambientes onde a comida é barata, farta e engenhosamente

236 | PAUL BLOOM

fabricada para ser o mais saborosa possível. É difícil — impossível para muitos de nós — resistir ao imperativo darwiniano de devorar tudo.

Em outro exemplo, seria inteligente tratar como irrelevantes os insultos e as provocações de estranhos — um comportamento grosseiro na estrada, comentários maldosos na internet. Não há compensação por ficar irritado. Mas nossas mentes não são evoluídas para pensar em estranhos, e somos obcecados, desnecessariamente, pelo que as pessoas pensam de nós e com o modo como esses insultos nos depreciarão perante os outros. É por isso que temos raiva ao volante e brigamos nas redes sociais.

Por fim, evoluímos num mundo de leões, tigres e ursos; de plantas, aves, pedras e coisas.[2] Obtemos prazer e satisfação no mundo natural.[3] Muitos humanos modernos se esquecem disso, porque passamos nossos dias em ambientes construídos. O biólogo E. O. Wilson argumentou que esse estranhamento em relação à natureza é ruim para a alma: "[Nós] nos afastamos mais do ar do paraíso quando esquecemos o quanto o mundo natural significa para nós."[4] Vários estudos mostram agora que mesmo uma dose limitada de natureza — como a oportunidade de olhar o mundo lá fora pela janela — é bom para a saúde. Pacientes hospitalizados se curam mais rapidamente; prisioneiros ficam doentes com menos frequência; passar algum tempo com um animal de estimação melhora a vida de todo mundo — de crianças autistas a pacientes com Alzheimer.[5]

Esses descompassos são interessantes e importantes, e são o foco de muitas pesquisas e teorizações da psicologia evolutiva. O que os estudiosos às vezes esquecem, porém,

COMO O PRAZER FUNCIONA | 237

é que não somos espectadores inocentes. Não somos como ratos jogados num labirinto de psicólogos ou como elefantes empurrados para um circo. Nós produzimos esse mundo inatural. Nós inventamos o Big Mac e o Twinkie; as vias expressas, a internet e o arranha-céu; o governo, a religião e as leis.

Este livro até agora foi sobre de que gostamos e por que gostamos. Neste breve capítulo final, eu me volto para algumas implicações da natureza essencialista do prazer e discuto sua influência sobre o mundo onde vivemos agora.

ABSURDOS ESSENCIAIS

Arthur Koestler conta a história de uma menina de 12 anos, filha de um amigo, que é levada ao Greenwich Museum e mais tarde lhe pedem para dizer qual é a coisa mais bonita ali. Ela diz que é a camisa do almirante Lorde Nelson. E explica: "A camisa com sangue era bem legal. Imagine sangue de verdade numa camisa de verdade que pertenceu a alguém realmente histórico."[6]

Você quase pode ouvir Koestler suspirando quando escreve: "Já não podemos escapar da força da magia dentro de nós tanto quanto da força da gravidade." Magia aqui é uma palavra carregada, com sua implicação de irracionalidade, mas talvez seja justa. Uma coisa é preferir uma cadeira por ser mais confortável ou gostar de uma pintura por ficar impressionado com sua beleza. Mas não é estranho gostar de coisas — como a camisa de um homem morto — não por algo que elas possam fazer por nós, e não por causa de suas propriedades tangíveis, e sim por causa de suas

238 | PAUL BLOOM

histórias, incluindo suas essências invisíveis? Essências que não existem realmente! De fato, não seria este livro até agora uma crônica das tolices humanas — tolices como comida, sexo e assim por diante? Não seria este um longo argumento de que o prazer é afetado por fatores que não deveriam realmente importar?

Alguns psicólogos diriam que não. Meu colaborador Bruce Hood apresenta um ponto de vista semelhante ao de Koestler, argumentando que essas ligações perversas deveriam ser agrupadas juntamente com as preocupações com gatos pretos e casas mal assombradas. Não são razoáveis. Em sua discussão sobre originais e falsificações, ele escreve: "Quando críticos de arte e donos de galerias falam sobre a essência de uma obra de arte, estão falando absurdos essenciais."[7] E, num artigo experimental que explora o apreço por objetos corriqueiros, Hood e seus colegas contrastam "decisões econômicas racionais" — relacionadas à utilidade no mundo real — com "julgamentos claramente irracionais" — pelos quais estão se referindo a valorizar um objeto por razões sentimentais, como a ligação de uma criança com uma coberta de estimação.[8]

Demonstrações de irracionalidade humana não têm nada de novo.[9] Considere a pesquisa feita por Amos Tversky e Daniel Kahneman, pela qual Kahneman ganhou o Prêmio Nobel de Economia em 2002. Os pesquisadores verificaram que muitas vezes somos bem fracos em dedução lógica e raciocínio probabilístico. Podemos pagar US$ 99,99 por um novo conjunto de caixas de som, mas vamos embora se o preço é US$ 100; ficamos atormentados com o perigo de armas dentro de casa, mas somos indiferentes à ameaça (muito mais séria) de uma piscina. Nossa imperfeição não é surpreendente. Somos animais, e não anjos. Nossas mentes

COMO O PRAZER FUNCIONA | 239

foram moldadas pela seleção natural para raciocinar de maneira útil sobre o mundo, mas a evolução leva à satisfação, e não à otimização. Lembre-se também que nossas mentes evoluíram para um mundo diferente daquele em que vivemos agora. Faz sentido, portanto, que possamos raciocinar de maneira não apenas imperfeita, mas ineficiente. Como tão bem argumentou o psicólogo Gary Marcus, nossos cérebros contêm "kluges"*[10].

Seria o essencialismo um deles? Certamente as pessoas têm crenças essencialistas equivocadas. O sexo com uma virgem não cura a aids, e comer o corpo de um falante de inglês não vai melhorar o seu domínio do idioma. Grupos humanos, como negros e judeus, não têm essências que os diferenciem claramente de outros grupos. Num recente caso judicial na Grã-Bretanha, a Procter & Gamble argumentou que Pringles não é batata frita (e consequentemente não estaria sujeita a regras de impostos sobre valor agregado) porque não contém batata suficiente para ter a "essência da batata".[11] A Suprema Corte de Justiça acertadamente rejeitou a alegação, explicando que esse tipo de noção aristotélica não se aplica aqui — Pringles não têm essências.

Grande parte do que pensamos sobre essências é equivocado. Mas isso não significa que a intuição essencialista geral esteja equivocada. Conforme discutimos no início deste livro, de fato existe uma realidade mais profunda nas coisas: os tigres não são simplesmente um tipo de animal com determinada aparência; os tigres têm propriedades mais profundas que os tornam tigres, e que têm a ver com o DNA e a história de sua evolução. O ouro não é apenas uma

---

* Gíria americana para soluções improvisadas, como remendos, sendo usada por Marcus para se referir à construção desordenada da mente. (*N. do T.*)

240 | PAUL BLOOM

substância com determinada cor; o que o torna ouro tem a ver com sua estrutura molecular. Os indivíduos também têm essências. Pode ser difícil diferenciar dois recém-nascidos, mas se um deles é seu filho e o outro não, este é um fato genético invisível que realmente importa. Essências existem, e faz sentido para nós estar em sintonia com elas.[12]

Mas por que a menina deveria se importar com o sangue na camisa de Nelson? O que está havendo com uma pessoa que pagou US$ 50 mil por uma fita métrica da casa de Kennedy? O comprador foi Juan Molyneux, um designer de interiores de Manhattan, e ele comentou: "Quando comprei a fita métrica, a primeira coisa que medi foi minha sanidade."

Acho que ele está sendo duro demais consigo mesmo. Ele estaria equivocado se estivesse confuso em relação à fita métrica — se achasse, por exemplo, que ela tinha poderes mágicos. Mas se ele simplesmente gosta dela por causa de quem a possuiu, isso é apenas uma questão de gosto. Não é nem racional nem irracional.[13] Se você gosta de creme e eu, de chocolate, temos uma divergência, mas nenhum de nós está deixando de ser razoável. De maneira semelhante, se Sarah gosta de fitas métricas principalmente pelo apelo sensorial e pela utilidade no dia a dia, e Juan gosta de fitas métricas principalmente pela história, é confuso dizer que Sarah é mais inteligente (ou mais virtuosa, ou mais razoável) do que Juan — ou vice-versa.

Esse argumento tem uma aplicação mais geral. Em sua discussão sobre indivíduos com desejos sexuais incomuns, Daniel Bergner entrevistou um masoquista, um homem na casa dos 40 anos que deixou Wall Street para passar mais tempo com seus filhos. A entrevista aconteceu na oficina de uma dominatrix, com o homem amarrado pelas costas a uma mesa de trabalho, usando uma roupa colante de látex e

COMO O PRAZER FUNCIONA | 241

uma máscara com uma abertura apenas para a boca. Preso a seu pênis havia um anel condutor que levava a uma pequena máquina. A dominatrix ligara a máquina para gerar choques elétricos ao som da fala, o que tornava o entrevistador um cúmplice da tortura do homem. Mas quando Bergner perguntou delicadamente sobre suas experiências na infância, o masoquista negou que fossem incomuns: "Eu nunca fui estuprado por anões homossexuais. Esta é uma maneira estranha de lidar com a vida? Pense no homem que comprou a bola de beisebol da septuagésima *home run* de Mark McGwire por US$ 3 milhões. Quem é mais estranho?"[14]

Na verdade, acho que os dois homens são bem estranhos. Mas nenhum dos dois está *equivocado* em qualquer sentido. Pode-se imaginar uma espécie bem parecida conosco, exceto que seus cérebros são estruturados de maneira diferente, de modo que eles não são essencialistas natos e, consequentemente, são indiferentes à natureza mais profunda das coisas. Essas criaturas não experimentariam muitos de nossos prazeres. Elas trocariam felizes suas prezadas alianças de casamento por duplicatas. Não colecionariam autógrafos nem objetos de recordação, e os jovens dessa espécie não ficariam apegados a objetos de estimação, como cobertas macias. Não teriam os mesmos prazeres com a arte e a ficção, e nem mesmo com o masoquismo, porque não se importariam com o ato de criação humano subjacente a essas experiências. Esses indivíduos não seriam mais inteligentes, ou mais burros, ou mais ou menos racionais do que nós — seriam apenas diferentes.

Há bastante espaço para julgar. A questão não é se é verdadeiro ou falso, racional ou irracional. É sobre ser certo e errado. Alguns prazeres são imorais. Alguns deles levam ao sofrimento humano. Se seu amor por comida leva você a destruir seu próprio corpo ou a tomar o que pertence aos outros, você é um glutão, e isso deve ser desencorajado.

Parte de nosso essencialismo nos leva a nos comportarmos de maneira imoral. Já discutimos esses casos, inclusive com exemplos horríveis, como o assassinato de crianças por causa da carne delas e a feia obsessão pela virgindade feminina.

O essencialismo também pode nos levar a ficar obcecados por objetos materiais e a ignorar as necessidades de pessoas reais. Economistas como Robert Frank e Richard Layard e psicólogos evolutivos como Geofrey Miller argumentam que a obsessão de muitos de nós por adquirir bens de luxo tem um custo social, e que a sociedade estaria melhor se essas aquisições fossem impedidas ou desencorajadas.[15] O filósofo Peter Singer apresentou esse argumento em termos mais precisos, descrevendo as questões morais que surgem quando gastamos nosso dinheiro em carros e roupas caras em vez de usá-lo para salvar vidas de crianças que estão morrendo de fome.[16] Se fôssemos uma espécie não essencialista, valorizaríamos muito menos certos bens materiais e talvez valorizássemos um pouco mais as pessoas. Nosso prazer tem um custo.

BUSCANDO ESSÊNCIAS

As pessoas muitas vezes insistem, de maneira superficial e inconclusiva, que a água engarrafada cara é mais saborosa do que aquela que sai da torneira, ou que o Chagall original parece superior ao falso — qualquer pessoa perspicaz seria capaz de ver isso. Em casos assim, não temos consciência da profundidade de nossos prazeres.

COMO O PRAZER FUNCIONA | 243

Em outros domínios, porém, somos explicitamente conscientes de nosso interesse em essências. Esse interesse se manifesta na curiosidade de muitas pessoas pelas intenções subjacentes de um artista ou de um contador de histórias e, em particular, na curiosidade delas em saber se a história é real ou inventada. Isso acontece quando estamos envolvidos em amor e romance. Alguns se interessam muito pela idade real da pessoa, em oposição à idade que ela aparenta ter, e há uma intensa curiosidade sobre quem fez cirurgia plástica, pôs Botox, fez transplante de cabelo e coisas assim. Em geral, tentativas modernas de obscurecer o que consideramos uma pessoa real muitas vezes nos perturbam, moral e esteticamente, e isso se reflete no incômodo que sentimos em relação a diversas melhorias físicas e psicológicas.

Ou considere a atração exercida pela natureza. Pagamos para viver perto de oceanos, montanhas e árvores — um apartamento em Manhattan com vista para o verde do Central Park vale muito mais do que um de frente para o outro lado. Edifícios de escritórios têm átrios e plantas; damos flores aos doentes e às pessoas queridas, e voltamos para casa para assistir ao Animal Planet e ao Discovery Channel. Temos animais de estimação, que são uma estranha combinação de coisas construídas (gatos e cachorros foram gerados para fazer companhia a humanos), substitutos de pessoas e canais de ligação com o mundo natural. E muitos de nós tentam escapar de ambientes fabricados sempre que podemos — para caminhar, acampar, passear de canoa ou caçar.[17]

Quando se trata da natureza, queremos o real; ficamos desconfortáveis com substitutos. Há uma fortuna a ser ganha, por exemplo, com a fabricação de um robô ao qual as crianças reagiriam como se fosse um animal. Muitas

244 | PAUL BLOOM

tentativas têm sido feitas, mas estas não evocam nem de perto as mesmas reações que temos com cãezinhos, gatinhos ou mesmo hamsters. São brinquedos, não companheiros. Considere também um estudo do psicólogo Peter H. Kahn Jr. com seus colegas. Eles puseram HDTVs de 50 polegadas nos escritórios sem janelas da faculdade e uma equipe para oferecer imagens ao vivo de uma paisagem natural. As pessoas gostaram, mas quando foram testadas com o uso de medições fisiológicas do batimento cardíaco na recuperação do estresse, assistir à HDTV mostrou ser inútil.[18] O efeito era o mesmo de olhar para uma parede em branco. O que ajudava a se recuperar do estresse era dar às pessoas uma janela de vidro com vista para o verde de verdade. Acho que buscamos a natureza de verdade, e nossa compreensão sobre o quanto isso é importante para nós está subjacente à ansiedade que sentimos com a perda da natureza.

Há exemplos de domínios em que pelo menos alguns de nós têm consciência de nosso essencialismo. Mas há algo mais. Muitas pessoas — talvez todos nós — têm consciência de que há algo mais no mundo do que aquilo que percebemos. Há uma realidade subjacente com a qual queremos fazer contato.

Há uma motivação por trás do empreendimento da ciência. Vários anos atrás, o biólogo Richard Dawkins escreveu um livro chamado *Desvendando o arco-íris*. O título era uma reação à preocupação de Keats de que Newton tivesse destruído a poesia do arco-íris com sua física. O biólogo argumenta que isso não é verdade: "O sentimento de assombro arrebatador que a ciência pode nos dar é uma das experiências mais elevadas de que a psique humana é capaz. É uma paixão estética profunda que se equipara ao melhor que a música e a poesia podem oferecer. É realmente uma das coisas que fazem valer a pena viver."[19] Dawkins está falando aqui sobre os prazeres da ciência, sobre a alegria dessa maneira de fazer contato com a natureza mais profunda das coisas.

Agora, a ciência como instituição não existe há tanto tempo, e algumas sociedades ainda não a têm. Mesmo no Ocidente, há provavelmente mais fetichistas de pés do que cientistas. Mas o argumento de Dawkins tem o propósito de se estender mais amplamente àqueles que são consumidores ou potenciais consumidores de insights científicos, e eu acho que o apetite público por livros do tipo que Dawkins escreve é uma prova de que muitas pessoas que não são cientistas estão interessadas — e têm algum prazer — em saber sobre a natureza mais profunda das coisas.

Ainda assim, a ciência não é a maneira mais popular de entrar em contato com uma realidade transcendente. A maioria das pessoas esfrega essa coceira de uma maneira diferente. Elas alcançam o prazer do "assombro arrebatador" sem precisar refletir sobre a genética mendeliana ou a tabela periódica ou a dualidade onda-partícula do elétron. Em vez disso, o desejo de fazer contato com o transcendente é satisfeito por meio de um empreendimento social diferente: a religião.[20]

As pessoas querem dizer coisas diferentes quando falam sobre religião. Uma abordagem popular é ver as religiões como sistemas de crença, caracterizados por certas alegações sobre como as coisas realmente são. Essa foi a abordagem do antropólogo Edward Burnett Tylor, que, em 1871, escreveu que a "definição mínima de religião" é uma crença na existência de seres espirituais — deuses, anjos, espíritos e afins. Se você tem essas crenças, é religioso. Acho que essa é uma maneira sensível de captar o que todas as religiões

246 | PAUL BLOOM

têm em comum, e meu livro anterior é, em parte, uma exploração da origem dessas crenças. Pode-se pensar também sobre as religiões como conjuntos de práticas e afiliações a grupos específicos. Ser cristão, por exemplo, é participar de certos rituais e se agrupar a certas pessoas. Desse ponto de vista, as questões psicológicas interessantes dizem respeito à natureza dos rituais e aos motivos pelos quais as pessoas optam por participar deles, bem como às maneiras como se formam grupos sociais distintos.

Penso, porém, que há mais na religião do que crença, ritual e sociedade.[21] Há algo mais básico comum a todas as religiões e que se estende também sobre a chamada *espiritualidade*. Trata-se da noção de que há mais no mundo do que aquilo que atinge nossos sentidos. Há uma realidade mais profunda com significado pessoal e moral. O sociólogo e teólogo Peter Berger fala sobre a suposição central "de que há *uma outra realidade*, de significado elementar para o homem, que transcende a realidade dentro da qual nossa experiência cotidiana se desdobra".[22] William James, em *As variedades da experiência religiosa*, escreve que a religião "consiste na crença de que há uma ordem invisível, de que nosso bem supremo está harmonicamente nos ajustando a isso". É sobre isso que os estudiosos estão falando quando discutem o sagrado *versus* o profano: o profano é o mundo cotidiano; o sagrado é a outra realidade pela qual as pessoas anseiam.[23]

A realidade subjacente da religião é diferente daquela da ciência de duas maneiras. Em primeiro lugar, a ciência nos diz, conforme explicou certa vez o físico Steven Weinberg, que o universo não tem propósito.[24] Não tem interesse algum em nosso sucesso ou felicidade; não oferece qualquer orientação moral. Em contraste, a realidade mais profunda

COMO O PRAZER FUNCIONA | 247

expressada na religião é repleta de significados ou moralidade e amor. Em segundo lugar, embora a ciência possa nos
dizer sobre a realidade mais profunda (por meio de instrumentos como os microscópios) e às vezes até manipulá-la
(por meio de técnicas como o *splicing* de genes), a religião tem
um encanto ainda mais forte, porque oferece instrumentos
que funcionam num nível experiencial.

Essa é uma das funções do ritual.[25] Em alguns rituais, a
realidade mais profunda — ou o sobrenatural — pode de
algum modo se manifestar nos objetos do ritual, como na
Eucaristia, em que o vinho e o pão se tornam o sangue e o
corpo de Cristo. (Estudiosos, como Walter Benjamin e Ellen
Dissanayake, argumentaram que isso é semelhante ao que
acontece na criação de arte.[26]) Em outros rituais, uma pessoa
pode ficar diretamente ligada a essa realidade mais profunda, como na prece, na meditação ou em algum outro tipo
de experiência pessoal transcendente. Essas experiências
podem ter significados imensos.

A religião e a ciência são instituições sociais que existem
em parte para satisfazer o interesse das pessoas no transcendente, mas o interesse em si é anterior a essas instituições.
Você não precisa de religião para ter um ritual, por exemplo;
as crianças podem criá-los espontaneamente.[27] Alguns deles
podem ser uma associação reflexiva — eu ganhei o jogo de
bola quando usei minhas meias da sorte, e agora eu as uso
em todos os jogos — mas outros podem refletir um sistema
de crença mais profundo. Em seu amplo estudo sobre os
sistemas de crença de milhares de crianças, os folcloristas
Peter e Iona Opie concluem que a necessidade de criar esses rituais faz parte da natureza humana e que as crianças
"têm uma consciência inata de que há mais na ordenação
do destino do que o que aparece na superfície".

248 | PAUL BLOOM

De maneira semelhante, não é preciso ser um cientista para se interessar em saber de que são feitas as coisas e de onde elas vêm. A psicóloga Alison Gopnik defende a boa tese de que os chamados "terríveis dois anos" podem ser explicados como a criança insanamente curiosa fazendo "experiências" no mundo, agindo sobre pessoas e objetos e acompanhando os resultados.[28] E há muito tempo existe um movimento mais amplo na psicologia de desenvolvimento, surgido na obra da psicóloga Susan Carey, em que o desenvolvimento cognitivo das crianças é visto como análogo ao progresso científico.[29]

Um crítico pode se perguntar, porém, quantos desses impulsos pré-religiosos e pré-científicos refletem o essencialismo num sentido forte, em oposição a um desejo mais geral das crianças de melhor manipular e entender o mundo. Eu mesmo me pergunto isso. Estou convencido pela pesquisa experimental resumida no primeiro capítulo de que mesmo as crianças pré-escolares são essencialistas de senso comum, pois elas tacitamente acreditam que categorias e indivíduos têm essências escondidas e invisíveis. Mas será que elas têm um desejo específico de fazer contato com essas essências? Será que o essencialismo delas lhes dá *prazer*? Acho que é cedo demais para dizer.

No entanto, as evidências são mais claras nos adultos. Mesmo aqueles que rejeitam explicitamente as crenças religiosas mostram sinais de impulsos transcendentes. Eles não estão cegos para a atração de uma realidade mais profunda; apenas ressoam essa atração fora dos limites da religião organizada. Como exemplo, considere a visão de alguns proeminentes ateus dos tempos modernos. Já discuti como Richard Dawkins escreveu um livro sobre o apelo transcendente da investigação científica. Sam Harris é conhecido por seu ataque às fés monoteístas, mas é um

COMO O PRAZER FUNCIONA | 249

forte entusiasta do budismo, descrevendo-o como "a mais completa metodologia disponível para descobrir a liberdade de consciência intrínseca, sem o peso de qualquer dogma".[30] E Christopher Hitchens, autor de *Deus não é grande*, falou sobre a importância do "numinoso"[31] — o que geralmente se refere à experiência do contato com o divino — e argumentou que se pode experimentar isso sem crença religiosa ou sobrenatural. Ele sugere que os humanos se fiam no numinoso e no transcendente, e diz que pessoalmente não confiaria em ninguém que não tivesse esses sentimentos.

Mesmo racionalistas radicais têm em comum esse anseio pelo transcendente. Se você está procurando indivíduos que são cegos a isso, pode estar olhando para a espécie errada.

ASSOMBRO

Essa experiência do transcendente pode estar ligada à emoção fascinante e pouco compreendida do assombro.

Há muitos desencadeadores do assombro.[32] O psicólogo Dacher Keltner observa que os casos clássicos envolvem o encontro com o divino. A conversão de Paulo na estrada para Damasco, em que uma luz o cega, é um exemplo famoso. Um relato mais detalhado está no fim do Bhagavad Gita hindu, quando o herói Arjuna pergunta a Krishna se ele pode ver o universo por si mesmo, e então Krishna lhe dá um "olho cósmico". Arjuna vê deuses, sóis e o espaço infinito: "Coisas que nunca vi, e minha alegria é um êxtase; ainda assim o medo e o tremor perturbam minha mente." Isso é o assombro.

Ao longo do tempo, pesquisadores começaram a ver essa emoção como ligada a outras experiências, não divinas. Em

250 | PAUL BLOOM

1757, Edmund Burke falou sobre o sublime — uma reação semelhante ao assombro, que podemos ter ao ouvir o trovão, ao ver uma arte e ao ouvir uma sinfonia. Para ele, os dois ingredientes do sublime são o poder e a obscuridade. Em nossos tempos, a abrangência é ainda maior. Quando Kelner pede a estudantes da Universidade da Califórnia, em Berkeley, para falar sobre suas experiências de assombro, eles falam sobre música, arte, pessoas poderosas e famosas, experiências sagradas, certas experiências perceptivas, meditação e preces. Eles falam sobre como se sentiram quando o Red Sox venceu a World Series, ou durante a mais recente experiência de sexo, ou quando foram erguidos no ar numa roda punk, ou quando estavam sob efeito de LSD.

O que essas experiências têm em comum? Keltner, trabalhando com o psicólogo Jonathan Haidt, enfatiza as características da vastidão — física, social, intelectual e outras — e da acomodação, em que lutamos para lidar com essa vastidão. Ele observa que, quando sentimos o assombro, nos sentimos pequenos, e isso corresponde a certas respostas físicas que às vezes acompanham a experiência, como curvar-se, ajoelhar-se ou se enrolar como uma bola. (Quando viu a luz no caminho para Damasco, Paulo caiu no chão.)

De uma perspectiva evolutiva, o assombro é um mistério. Keltner sugere que, em seu cerne, o assombro é uma emoção social; corresponde a um "sentido de reverência à coletividade".[33] Seu desencadeador primário são pessoas poderosas que unem a comunidade, e nos apequenamos e somos subservientes àqueles que inspiram assombro. Neste sentido, o assombro é semelhante a emoções sociais como a lealdade ao que está dentro do grupo e o temor e ódio ao que está fora dele. Isso é uma adaptação social.[34]

Esta é uma hipótese interessante, mas tem algumas lacunas. Em primeiro lugar, não está claro por que o assombro é induzido por entidades e experiências que nada têm a ver com manter unida uma coletividade, tais como o Grand Canyon ou uma obra de arte impressionista ou ficar doidão de ácido. Em segundo lugar, há algo de suspeito na alegação de que desenvolvemos uma emoção especialmente concebida para nos assombrarmos com os poderosos. Essas pessoas não são santas. O que elas querem de nós não é necessariamente subserviência para o bem da comunidade — é subserviência a *elas*. Elas querem nossos parceiros, nossos filhos e nossos recursos. Por que então estaríamos estruturados para entregar tudo isso alegremente? Como essa reação poderia ter evoluído? Se você pensar em dois hominídeos, um deles com tendência a cair de joelhos e renunciar a tudo pelo grande líder e o outro mais cético, não fica claro por que os genes do adorador do herói teriam uma probabilidade maior de prosperar.

Keltner consideraria isso cético demais. Ele é um fã do assombro, vendo-o como uma emoção "que transforma as pessoas e as energiza na busca de uma vida significativa e a serviço do bem maior". Eu acho que o mundo seria melhor se o assombro não existisse. Estaríamos melhores se pudéssemos avaliar com frieza as capacidades e os objetivos de líderes prováveis e não teríamos tanta tendência a desmaiar. Quando Keltner pensa em pessoas que foram objetos de assombro, pensa em tipos merecedores como Gandhi e o Dalai Lama. Eu penso em Hitler e Stalin, além de outros incontáveis ditadores baratos, fanáticos religiosos polígamos e maquiavélicos detestáveis, todos querendo explorar esse ponto cego psicológico.

Se o assombro não é uma adaptação social, qual é a alternativa? Uma tentativa de hipótese — coerente com o trabalho de Keltner e Haidt — é a de que não é uma adaptação,

252 | PAUL BLOOM

mas sim um acidente. As pessoas são atraídas pela busca da essência mais profunda das coisas; somos curiosos, e a compensação por aprender mais é um clique de satisfação. De fato, num artigo interessante chamado "Explanation as Orgasm",[35] Alison Gopnik associa entre a satisfação do orgasmo como um estímulo para fazer mais sexo e uma boa explicação como um estímulo para explorar mais. Mas você pode ter uma coisa boa em demasia. Talvez o assombro seja o que sentimos quando o sistema está sobrecarregado; há coisas demais para processar, vastidão física demais, ou aparentemente poder divino, ou virtuosidade humana.

IMAGINE

A capacidade de pensar em mundos que não existem é um poder humano útil. Permite a avaliação contemplativa de futuros alternativos, algo indispensável para planejarmos nossas ações; faz-nos ver o mundo como os outros o veem (mesmo que saibamos que eles estão errados), o que é essencial para atos humanos como ensinar, mentir e seduzir. E, combinado ao nosso essencialismo, isso leva a prazeres que são centrais para nossa vida moderna.

Em primeiro lugar, isso torna a ficção e a arte possíveis. É óbvio que o criador de uma história ou de uma obra de arte precisa do poder da imaginação, mas isso também vale para a plateia. O prazer da ficção só é acessível se você tem o poder da imaginação para criar uma realidade alternativa. E o prazer de uma obra de arte com frequência envolve um salto interpretativo, uma suposição fundamentada sobre o que aconteceu durante o processo criativo. O prazer estético é, até certo ponto, um ato de engenharia reversa, mas em

COMO O PRAZER FUNCIONA | 253

vez de desmontar fisicamente o objeto para ver como ele é feito, você faz isso em sua mente. Sem a capacidade de imaginação, você pode gostar de umas manchas coloridas numa tela, mas nunca gostará de arte do mesmo modo que as pessoas normais gostam.

A imaginação também torna a ciência e a religião possíveis, porque ambas exploram realidades que não estão presentes nos sentidos. Nada restaria dessas práticas humanas se não pudéssemos imaginar um inferno abaixo de nós e um paraíso acima, ou se não pudéssemos pensar numa esfera perfeita ou num espaço infinito. Estaríamos perdidos sem a capacidade de apreciar que um líquido parece vinho mas na verdade é o sangue de Cristo, ou que uma pedra é composta por partículas minúsculas e campos de energia. De fato, o que estamos fazendo neste exato momento — pensando no que perderíamos se não tivéssemos o poder da imaginação — é por si só um exercício da imaginação.

Na ciência, um papel específico da imaginação está na ajuda do que os filósofos chamam de "experiências mentais",[36] em que uma pessoa ilustra ou testa uma hipótese específica imaginando uma situação. Galileu usou uma experiência mental envolvendo a queda de duas pedras do alto de uma torre para refutar a alegação de Aristóteles de que objetos mais pesados caem mais rápido; Einstein usou uma experiência mental envolvendo um trem em movimento para ilustrar a teoria da relatividade.

Na religião, há uma ênfase especial em histórias; os textos religiosos estão cheios delas. As histórias fazem as ideias religiosas se fixarem com o passar do tempo — são bem mais memoráveis do que listas de fatos. Tornam as ideias atraentes para crianças, devido ao prazer que elas têm com a ficção e o faz de conta.

254 | PAUL BLOOM

As histórias podem desempenhar outro papel na religião. Há um elemento de encenação em grande parte da religião, em que você finge que algo é verdade.[37] Agora, seria errado e ofensivo alegar que, quando um devoto diz que está consumindo o sangue e o corpo de Cristo, está brincando, como uma criança de 4 anos faz ao atirar em criminosos com o dedo ou imaginando que uma banana é um telefone. Com frequência, as alegações religiosas são crenças sinceras na realidade, semelhantes à crença de um cientista em que a água é formada por moléculas; você não pode vê-las, mas é verdade.

Mas as religiões fazem inúmeras alegações, e nem todas elas devem ser levadas igualmente a sério. Para me referir a um ritual de minha própria tradição, na cerimônia da Páscoa judaica abrimos a porta para que Elias possa entrar e beber uma taça de vinho que está à mesa. Isso é pura brincadeira, uma história infantil. E em seguida, joga-se fora o vinho da taça ou ele é posto de volta na garrafa. Talvez alguns católicos pensem na Eucaristia de modo parecido, como um ritual sem qualquer implicação metafísica. Ou pense no ato de rezar. Para alguns, trata-se de uma verdadeira comunicação com um ser divino; para outros, é pouco mais do que um tique nervoso. E para muitos está entre uma coisa e outra.

São esses casos que estão entre uma coisa e outra que são particularmente interessantes. A situação aqui lembra o que o psicanalista Donald Winnicott disse sobre as relações de bebês com objetos transicionais, como ursinhos de pelúcia e cobertas macias. Ele afirmou — de forma plausível, veja o Capítulo 4 — que esses objetos são substitutos da mãe, ou talvez apenas do peito da mãe. Mas o que os bebês pensam deles? Será que reconhecem que eles são substitutos ou acham que são realmente a mãe/o peito? Winnicott faz

COMO O PRAZER FUNCIONA | 255

um comentário estranho sobre isso: "Do objeto transicional pode-se dizer que é uma questão de acordo entre nós e o bebê jamais fazermos a pergunta: 'Você concebeu isso ou isso lhe foi presenteado, vindo de fora?'[38] A questão importante é que nenhuma decisão sobre essa questão é esperada. A pergunta não deve ser formulada."

Em outras palavras: não pergunte. Acho que o comentário de Winnicott capta a ambiguidade que muitas pessoas sentem em relação às suas crenças religiosas. Estas têm um status estranho e frágil. Também na ciência surgem questões sobre certos constructos teóricos. Os quarks e as supercordas são reais ou são abstrações convenientes? Alguns aconselhariam: não pergunte.

De qualquer modo, a imaginação e a transcendência estão intimamente relacionadas. A imaginação funciona como uma ferramenta com a qual alcançamos certas formas de prazer transcendente. Temos o poder não apenas de tentar nos conectar com uma realidade mais profunda, mas de visualizar como seria essa realidade.

Esse poder existe nas crianças também. Minha história favorita neste sentido foi contada pelo educador Ken Robinson, sobre uma interação em sala de aula da qual ele ouviu falar. Havia uma menina de 6 anos sentada com os braços enrolados em torno de uma folha de papel, intensamente absorta em seu desenho. Sua professora esperou mais de vinte minutos e então se aproximou da menina e perguntou o que ela estava desenhando. Sem erguer os olhos, a menina disse: "Estou fazendo um retrato de Deus."

A professora ficou surpresa e disse: "Mas ninguém sabe como é Deus..[39]

E a menina disse: "Em um minuto saberão."

Notas

Prefácio

1. Gould e Lewontin 1979.
2. The narrowness of psychology: Rozin 2006.

1. A essência do prazer

1. História de Van Meegeren: Dolnick 2008, Wynne 2006.
2. Romanes sobre prazer e dor: Citado por Duncan 2006.
3. Pinker 1997, p. 387.
4. Citado por Jacobs 2004.
5. À disposição de quem quiser: Menand 2002, p. 98.
6. Salinger 1959, pp. 4-5.
7. Para fundamentos filosóficos, veja Kripke 1980; Putnam 1973, 1975; para fundamentos psicológicos, veja Bloom 2004, Gelman 2003, Medin e Ortony 1989.
8. Locke 1690/1947, p. 26.
9. Keil 1989.
10. Bloom 1996, 2000, 2004; Medin 1989; Putnam 1975.
11. Bloom 2000.
12. Citada por Ackerman 2001, pp. 20-21.
13. Gould 1989, p. 98.
14. Markman 1989.
15. Gelman 2003.

258 | PAUL BLOOM

16. Bloom 2004; veja também Pinker 1997.
17. Grupos mínimos: Tajfel 1970, 1982.
18. Gelman 2003, p. 89.
19. Gil-White 2001.
20. Gelman 2003, p. 3.
21. Fodor 1988, p. 155.
22. Baldwin, Markman e Melartin 1993.
23. Gelman e Markman 1986, 1987.
24. Gelmanand Coley 1990; Graham, Kilbreath e Welder 2004; Jaswal e Markman 2002; Welder e Graham 2001.
25. Gelman e Wellman 1991.
26. Diesendruck, Gelman e Lebowitz 1998.
27. Keil 1989.
28. Gelman 2003.
29. Gelman e Heyman 2002.
30. Atran 1998.
31. Gelman e Taylor 2000.
32. Smith e Russell 1984; veja também Hirschfeld 1996.
33. Diesendruck, Markson e Bloom 2003; veja Bloom 2004 para análise e discussão.
34. Dennett 1996.
35. Inagaki e Hatano 2002.
36. E-mail de Emma Cohen, 11 de junho de 2009.
37. Newman, Diesendruck e Bloomunder em revisão.
38. http://www.happiness-project.com (procure "darshan").
39. Hood 2009.
40. Kass 1992, p. 73.
41. Sylvia e Nowak 1977.
42. Bloom e Gelman 2008.
43. Em Gould 1941 e Wangdu 1941; as citações são de Gould, p. 67, e Wangdu, p. 18.
44. Cosmides e Tooby 1994.
45. Em James 1892/1905, p. 394.

2. Gourmets

1. L. Harding, "Victim of cannibal agreed to be eaten", *The Guardian*, 4 de dezembro de 2003.
2. Smith 1995.
3. Smith 1995.
4. Rozin e Schiller 1980.
5. Rozin 1976.
6. Bartoshuk, Duffy e Miller 1994.
7. Rozin e Vollmecke 1986.
8. Harris 1985.
9. Rozin 1986.
10. Birch 1999, Rozin e Vollmecke 1986.
11. Harris 1998.
12. Shutts et al. 2009.
13. Theroux 1992.
14. Harris 1985, p. 154.
15. Pinker 1997.
16. Darwin 1872/1913, p. 260.
17. Bloom 2004; veja também Rozinand Fallon 1987.
18. Veja Rozin, Haidt e McCauley 2000 para análise.
19. Siegal e Share 1990.
20. Miller 1997.
21. Smith 1961.
22. Arens 1979.
23. Rozin 2004.
24. Hrdy 2009, p. 234.
25. Lindenbaum 2004.
26. "Keith Richards says he snorted his father's ashes", 4 de abril de 2007, http://www.msnbc.msn.com/id/1793369.
27. Harris 1985, p. 206.
28. Nemeroff e Rozin 1989.
29. Rawson 1985.
30. João 6:54 (Versão do Rei Jaime)

260 | PAUL BLOOM

31. Sendak 1988.
32. Na internet, procure "Want a slice of placenta with that?"
33. Hood 2009.
34. Taylor 2004.
35. J. Gettleman, "Albinos, long shunned, face threat in Tanzania", *New York Times*, 8 de junho de 2008.
36. Coetzee 1995.
37. McLaren 2007.
38. Rozin 2004.
39. Fishman 2007.
40. Rozin 2005.
41. Pollan 2006, pp. 96-97.
42. Cowen 2007, Frank 2000, Miller 2009.
43. Fishman 2007.
44. Veja Lee, Frederick, e Ariely 2006 para análise.
45. McClure et al. 2004.
46. Veja Lehrer 2009 para análise.
47. Descrito em Bohannon 2009.
48. Lee, Frederick e Ariely 2006.
49. Plassmann et al. 2008.
50. De Araujo et al. 2005.
51. Michaels 2007.
52. Rozin e Vollmecke 1986.
53. Kass 1994.
54. Pollan 2006.
55. Appiah 2008, Pinker 2008. A citação de Appiah está em Appiah 2008, pp. 245-46.

3. Enganos na cama

1. Doniger 2000.
2. Exemplo em McEwan 2005.
3. Gênesis 29:25 (Versão do Rei Jaime).

COMO O PRAZER FUNCIONA | 261

4. Agradeço a Murray Reiser por chamar minha atenção para isso.
5. Dekkers 2000, citado em Doniger 2000, p.130.
6. Trivers 1972, Clutton-Brock 1991; veja Diamond 1998 para uma análise acessível.
7. Diamond 1998.
8. Veja Pinker 2002 para análise.
9. Mas veja Miller, Tybur e Jordon 2007 para evidências de que os homens têm *alguma* sensibilidade ao período da ovulação feminina.
10. Diamond 1998
11. Aharon et al. 2001.
12. Langlois, Roggman e Reiser-Danner 1990; Slater et al. 1998.
13. Darwin 1874/1909.
14. Veja Rhodes 2006 para análise.
15. Langlois e Roggman 1990; Langlois, Roggman e Reiser-Danner 1990.
16. Perrett, May e Yoshikawa 1994.
17. Buss 1989.
18. Langlois et al. 2000.
19. Johnston et al. 2001, Jones et al. 2008, Penton-Voak et al. 1999.
20. Boese 2007.
21. Bergner 2009.
22. Wedekind e Füri 1997.
23. Zajonc 1968.
24. Kniffin e Wilson 2004.
25. Rhodes, Sumich e Byatt 1999.
26. Freud 1933/1965, p. 141.
27. Miller, Younger e Morse 1982; Quinn et al. 2002.
28. Martin, Eisenbud e Rose 1995; veja Gelman 2003 para análise.
29. Taylor 1996.

262 | PAUL BLOOM

30. Veja Gelman 2003 para análise.
31. Deuteronômio 22:5
32. Levy, Taylor e Gelman 1995.
33. Haidt 2001.
34. Pinker 1997.
35. Levítico 18:10 (tradução de Alter 2004).
36. Lieberman, Tooby e Cosmides 2007.
37. Lieberman, Tooby e Cosmides 2007.
38. Anderson 2006.
39. Daly e Wilson 1999.
40. Christenfeld e Hill 1995.
41. DeBruine et al. 2008, Pagel 1997.
42. "Don't ask the sexperts", 26 de setembro de 2007, Slate.com: http://www.slate.com/id/2174411.
43. Cowen 2007.
44. Hood 2009.
45. Desmond e Moore, 1994.
46. Quammen 2006.
47. Buss 1989.
48. Cronin 1991.
49. Miller 2000, citação em p. 5.
50. Miller 2000, p. 124.
51. Cowen 2007.
52. Miller 2000.
53. Pinker 1997, pp. 418, 416.
54. Fisher 2004.
55. Mayes, Swain e Leckman 2005.
56. Wright 1997.
57. Em Pinker 1997, que usa isso para fazer um argumento semelhante sobre como pensamos sobre as pessoas.
58. Ramachandran e Blakeslee 1998.
59. Feinberg e Keenan 2004, p. 53. Agradeço a Ryan McKay por chamar minha atenção para isso.

4. Insubstituível

1. Walzer 1984.
2. Fiske e Tetlock 1997, Tetlock et al. 2000.
3. Tetlock et al. 2000.
4. Ariely 2008.
5. Fiske 1992; veja Pinker 2002 para discussão.
6. Chen, Lakshminaryanan, e Santos 2006.
7. Para estimativas, veja seehttp://www.consumersunion. org/pub/core_financial_services/005188.html.
8. Kahneman, Knetsch e Thaler 1990, 1991.
9. Strahilevitz e Loewenstein 1998.
10. Brehm 1956.
11. Em 1967, Festinger 1957, Lieberman et al. 2001, Steele e Liu 1983.
12. Egan, Santos e Bloom 2007; Egan, Bloom e Santos no prelo; veja também Chen 2008, Chen e Risen 2009 e Sagarin e Skowronski 2009 para discussão.
13. Frazier, Gelman e Hood 2009.
14. C. McGrath, "A Kennedy plans a tag sale, so Sotheby's expects a crowd", New York Times, 1º de dezembro de 2004.
15. Pascoe 2005.
16. Pascoe 2007.
17. Foer 2004.
18. Frazer 1922, pp. 37-38.
19. Pascoe 2005, p. 3.
20. Hood 2009.
21. Newman, Diesendruck e Bloom em revisão.
22. Argo, Dahl e Morales 2008.
23. Hood 2009.
24. Rozin, Millman e Nemeroff 1986.
25. G. Stone, "'Murderabilia' sales distress victim's families", 15 de agosto de 2007, ABC News Online: http://abcnews. com (procure "murderabilia sales").

264 | PAUL BLOOM

26. Berkeley 1713/1979, p. 60.
27. Wynn 1992; veja Wynn 2000, 2002 para discussão e Xu 2007 para estudos relacionados.
28. Bloom 2000; veja também Macnamara 1982.
29. Bloom 2000.
30. Hood e Bloom 2008.
31. Hood e Bloom em revisão.
32. DeLoache, Miller e Rosengren 1997.
33. Gopnik 2006, p. 262.
34. Guthrie 1993.
35. Hume 1757/1957, p. 29.
36. Boyer 2003, p. 121.
37. Winnicott 1953.
38. Hobara 2003.
39. Hood e Bloom 2008.
40. Arnold e Reeves 1995.
41. Hood 2009.

5. Desempenho

1. G. Weingarten, "Pearls before breakfast", *Washington Post*, 8 de abril de 2007.
2. Koestler 1964, citações em pp.403, 408.
3. Dolnick 2008, Wynne 2006.
4. Dutton 2008.
5. Darwin 1874/1909.
6. Levitin 2008.
7. Vonnegut 2006.
8. McDermott e Hauser 2007, Levitin 2008.
9. Trainor e Heinmiller 1998, Trehub 2003.
10. Sacks 2007.
11. Pinker 1997, citações em pp.534, 525.
12. Pinker 2007.

COMO O PRAZER FUNCIONA | 265

13. Veja também Lerdahland e Jackendoff 1983.
14. Levitin 2006, 2008.
15. Chartrand e Bargh 1999, Wiltermuth e Heath 2009.
16. Lamont 2001.
17. Berlyne 1971.
18. Sapolsky 2005, citação em p. 201; para um estudo relacionado, veja Hargreaves, North e Tarrant 2006.
19. Levitin 2006.
20. Cowen 2007, p. 67.
21. Veja Silva 2006 para análise.
22. Pinker 1997.
23. Deaner, Khera e Platt 2005.
24. Hochberg e Brooks 1962; veja também Ekman e Friesen 1975.
25. DeLoache, Strauss e Maynard 1979.
26. DeLoache et al. 1998.
27. Rozin, Millman e Nemeroff 1986.
28. Hood et al. no prelo.
29. King et al. 2007.
30. Cutting 2006.
31. Cowen 2007.
32. Dutton 2008.
33. Miller 2000, 2001.
34. Darwin 1874/1909, p. 585.
35. Hooper e Miller 2008.
36. Styron 1979.
37. James 1890/1950, p. 386.
38. Para exemplo, Danto 1981; Davies 2004; Levinson 1979, 1989, 1993.
39. Dutton 1983, p. 176.
40. Bloom 2004, Cox 1992, Winner 1982.
41. Bloom 2004, Bloom e Markson 1998, Preissler e Bloom 2008.

266 | PAUL BLOOM

42. Citados por Kieran 2005
43. Yenawine 1991.
44. Kruger et al. 2004.
45. Norton, Mochon e Ariely 2009.
46. Os acontecimentos são contados no filme *My Child Could Paint That*. Veja Fineman 2007 para discussão.
47. Dutton 2008.
48. Danto 1981.
49. Gelman e Bloom 2000; veja também Gelman e Ebeling 1988.
50. Dutton 2008.
51. Kieran 2005.
52. R. Kennedy, "Yale demands end to student's performance", *New York Times*, 22 de abril de 2008.
53. Dutton 2008.
54. Dutton 2008.
55. Menand 2009.
56. Reza 1997, pp. 3, 15; discutido em Bloom 2004.
57. S. Jones, "Royal Academy's preference for plinth over sculpture leaves artist baffled", *The Guardian*, 5 de junho de 2006.
58. Dolnick 2008, p. 291.
59. Gladwell 2001.
60. Dutton 1983.
61. Gladwell 2001; veja também Sandel 2007.
62. Jarudi 2009.
63. Jarudi 2009; Jarudi, Castaneda e Bloom em revisão.
64. Tomasello et al. 2005.
65. Em: http://fairmodel.econ.yale.edu/rayfair/marath1.htm.
66. Dutton 2008.
67. Cowen 2007.
68. Danto 2007; agradeço a Jonathan Gilmore pela discussão sobre essas questões.
69. Kieran 2005.
70. http://en.wikipedia.org/wiki/Making_a_face.

COMO O PRAZER FUNCIONA | 267

6. Imaginação

1. Gleick 2000.
2. Em neilsonmedia.com:http://en.us.nielsen.com/main/insights/nielsen_a2m2_three.
3. Nettle 2005.
4. Melanie Green: http://www.unc.edu/~mcgreen/research.html.
5. Pinker 1997.
6. Harris 2000.
7. Veja Skolnick e Bloom 2006a para análise.
8. Onishi, Baillargeon e Leslie 2007.
9. Darwin 1872/1913, p. 358.
10. Bekoff 1995.
11. Onishi e Baillargeon 2005.
12. Zunshine 2006, p. 31.
13. Nuttall 1996, p. 77.
14. Leslie 1994; veja também Harris 2000.
15. Para exemplo, Chomsky 1987; para resumo, veja Pinker 1994.
16. Doniger 2000.
17. McEwan 2005, p. 11; veja também Barash e Barash 2008.
18. James 1911, p. 256.
19. Radford 1975; para outras perspectivas filosóficas, veja Gendler e Kovakovich 2005, Morreall 1993, Walton 1990.
20. Nichols 2006.
21. Green e Donahue 2009.
22. Real 1977.
23. Todos os exemplos são de Gendler 2008.
24. Gendler 2008, 2009.
25. Rozin, Millman e Nemeroff 1986; Nemeroff e Rozin 2000 (o estudo sobre a arma não foi publicado).
26. Mason et al. 2007.
27. Agradeço a Tamar Gendler.

268 | PAUL BLOOM

28. Gerrig 1993, Green e Brock 2000.
29. Analisado em Coplan 2004.
30. Carroll 1990.
31. Coplan 2004.
32. Dunbar 1998.
33. Weisman 2007.
34. Zunshine 2006, p. 26.
35. Henrich e Gil-White 2001.
36. Zunshine 2006.
37. Mar e Oatley 2008.
38. Dutton 2008; Pinker 1997, a citação está na p. 543.
39. Bloom 2004, Nussbaum 2001.
40. Citado por Nuttall 1996.
41. Zunshine 2008.
42. McGinn 2005, p. 55.

7. Segurança e dor

1. Haidt, McCauley e Rozin 1994.
2. E. Leonard, "Easy on the hooptedoodle", *New York Times*, 16 de julho de 2001.
3. Wright 2007, p. 280.
4. McGinn 2005.
5. Nozick 1974.
6. Isso está nas tramas de *O vingador do futuro*, *Vidas em jogo* e *O show de Truman* — *O show da vida*.
7. Veja Dale 2000 para uma extensa discussão.
8. Jacobs 2004, p. 46.
9. Johnson 2005.
10. Carroll 2004, p.48, citado por Dutton 2008.
11. Veja Skolnick e Bloom 2006a para análise.
12. Skolnick e Bloom 2006b.
13. Soussignan 2002.
14. Harris et al. 1991.

COMO O PRAZER FUNCIONA | 269

15. Rozin, Markwith e Ross 2006.
16. Weisberg et al. em revisão.
17. Alexander 2009.
18. Hume 1757/1993, p. 126.
19. Carroll 1990.
20. Edelstein 2006.
21. Patrick Healy, "Audiences gasp at violence; actors must survive it", *New York Times*, 5 de novembro de 2008.
22. McCauley 1998.
23. Burghardt 2005.
24. Esta proposta é influeciada substancialmente por Denison em revisão.
25. King 1981, p. 316.
26. Danto 2003.
27. Rozin e Vollmecke 1986.
28. Hagen em revisão.
29. Berns 2005.
30. Hamlin, Wynn e Bloom em revisão.
31. Fehr e Gächter 2002.
32. Freud 1905/1962.
33. Rowling 2000, p. 12, citado por Nelissen e Zeelenberg 2009.
34. Inbar et al. 2008; veja também Nelissen e Zeelenberg 2009.
35. Berns 2005.
36. Bergner 2009.
37. Piada de Jerry Seinfeld, em Cowen 2007.
38. Weinberg, Williams e Moser, 1984; agradeço a Lily Guillot por encontrar isso para mim.
39. Klinger 2009.
40. Mason et al. 2007.
41. Bloom 2008.
42. Taylor 1999, Taylor e Mannering 2007.
43. Taylor, Hodges e Kohanyi 2003.
44. Ainslie 1992, p. 258, citado por Elster 2000.
45. http://en.wikipedia.org/wiki/A_Nice_Place_to_Visit.

270 | PAUL BLOOM

46. Agradeço a Marcel Kinsbourne por chamar minha atenção para isso.
47. Elster 2000.

8. Por que o prazer importa

1. Fogel 2004, citado por Cowen 2007.
2. Brownell e Horgen 2004.
3. Bloom 2009.
4. Wilson 1999, p.351.
5. Veja Kahn 1997 para análise.
6. Koestler, 1964, p. 405.
7. Hood 2009, p. 145.
8. Frazier et al. 2009.
9. Kahneman, Slovic e Tversky 1982; para visões gerais acessíveis, veja Piattelli-Palmarini 1994 e Marcus 2008.
10. Marcus 2008.
11. Adam Cohen, "The Lord Justice hath ruled: Pringles are potato chips", *New York Times*, 31 de maio de 2009.
12. Gray 1996.
13. Para um argumento semelhante, veja Keys e Schwartz 2007.
14. Bergner 2009, p. 56.
15. Frank 2000, Layard 2005, Miller 2009.
16. Para exemplo, Singer 1999, 2009.
17. Bloom 2009.
18. Kahn, Severson e Ruckert 2009.
19. Dawkins 1998, p. x.
20. Tylor 1871/1958, p. 8.
21. Veja Bloom 2005, 2007 para análises.
22. Berger 1969, p. 2.
23. James 1902/1994, p. 61.
24. Weinberg 1977, p. 154, mas veja Wright 2000 para uma discussão crítica.
25. McCawley e Lawson 2002.

COMO O PRAZER FUNCIONA | 271

26. Benjamin 2008; Dissanayake 1988, 1992.
27. Opie e Opie 1959, p.210; veja Hood 2009 para discussão.
28. Gopnik 2000.
29. Carey 1986, 2009; veja também Gopnik 1996.
30. Harris 2005, pp. 283-84.
31. Em seu debate com Lorenzo Albacete, 22 de setembro de 2008: http://reasonweekly.com (procure "Hitchens Albacete").
32. Keltner 2009; veja também Keltner e Haidt 2003.
33. Keltner 2009, p. 252.
34. Keltner 2009, p. 252.
35. Gopnik 2000.
36. Gendler 2005.
37. Agradeço a Peter Gray por uma discussão sobre esse tema.
38. Winnicott 1953, p. 95.
39. Robinson 2009, p. xi.

Referências

Ackerman, J. 2001. *Chance in the house of fate: A natural history of heredity*. Nova York: Houghton Mifflin.

Aharon, I., Etcoff, N. L., Ariely, D., Chabris, C. F., O'Connor, E. & Breiter, H. C. 2001. Beautiful faces have variable reward value: fMRI and behavioral evidence. *Neuron*, 32: 537-51.

Ainslie, G. 1992. *Picoeconomics*. Nova York: Cambridge University Press.

Alexander, L. 2009. And you thought Grand Theft Auto was bad. Slate.com: http://www.slate.com/id/2213073.

Alter, R. 2004. *The five books of Moses: A translation withcommentary*. Nova York: Norton.

Anderson, K. G. 2006. How well does paternity confidence match actual paternity? *Current Anthropology*, 47:513-20.

Appiah, K. A. 2008. *Experiments in ethics*. Cambridge, Massachusetts: Harvard University Press.

de Araujo, I. E., Rolls, E. T., Velazco, M. I., Margot, C. & Cayeux, I. 2005. Cognitive modulation of olfactoryprocessing. *Neuron*, 46: 671-79.

Arens, W. 1979. *The man-eating myth: Anthropology and anthropophagy*. Nova York: Oxford University Press.

Argo, J. J., Dahl, D. W. & Morales, A. C. 2006. Consumer contamination: How consumers react to products touched by others. *Journal of Marketing*, 70:81-94.

_____. 2008. Positive consumer contagion: Responses to attractive others in a retail context. *Journal of Marketing Research*, 45: 690-712.

274 | PAUL BLOOM

Ariely, D. 2008. *Predictably irrational: The hidden forces that shape our decisions*. Nova York: HarperCollins.

Atran, S. 1998. Folk biology and the anthropology of science: Cognitive universals and cultural particulars. *Behavioral and Brain Science*, 21: 547-609.

Baldwin, D. A., Markman, E. M. & Melartin, R. L. 1993. Infants' ability to draw inferences about nonobvious object properties: Evidence from exploratory play. *Cognitive Development*, 64: 711-28.

Barash, D. P. & Barash, N. R. 2008. *Madame Bovary's ovaries: A Darwinian look at literature*. Nova York: Delacorte.

Bartoshuk, L. M., Duffy, V. B. & Miller, I. J. 1994. PTC/PROP tasting: Anatomy, psychophysics, and sex effects. *Physiology and Behavior*, 56: 1165-71.

Bekoff, M. 1995. Play signals as punctuation: The structure of social play in canids. *Behaviour*, 132:419-29.

Bem, D. J. 1967. Self-perception: An alternative interpretation of cognitive dissonance phenomena. *Psychological Review*, 74: 183-200.

Benjamin, W. 2008. *The work of art in the age of its technological reproducibility, and other writings on media*. Cambridge, Massachusetts: Harvard University Press.

Berger, P. L. 1969. *A rumor of angels. Modern society and the rediscovery of the supernatural*. Nova York: Doubleday.

Bergner, D. 2009. *The other side of desire*. Nova York: HarperCollins.

Berkeley, G. 1713/1979. *Three dialogues between Hylas and Philonous*. Nova York: Hackett.

Berlyne, D. E. 1971. *Aesthetics and psychobiology*. Nova York: Appleton-Century-Crofts.

Berns, G. 2005. *Satisfaction: The science of finding true fulfillment*. Nova York: Holt.

Birch L. 1999. Development of food preferences. *Annual Review of Nutrition*, 19: 41-62.

Bloom, P. 1996. Intention, history, and artifact concepts. *Cognition*, 60:1-29.

COMO O PRAZER FUNCIONA | 275

————·1998. Theories of artifact categorization. *Cognition*, 66:87-93.

————·2000. *How children learn the meanings of words*. Cambridge, Massachusetts: MIT Press.

————·2004. *Descartes' baby: How the science of child development explains what makes us human*. Nova York: Basic Books.

————·2005. Is God an accident? *Atlantic Monthly*, dezembro.

————·2007. Religion is natural. *Developmental Science*,10:147-51.

————·2008. First-person plural. *Atlantic Monthly*, novembro.

————·2009. Natural happiness. *New York Times Magazine*, 19 de abril.

Bloom, P. & Gelman, S. A. 2008. Psychological essentialism in selecting the 14th Dalai Lama. *Trends in Cognitive Sciences*, 12:243.

Bloom, P. & Markson, L. 1998. Intention and analogy in children's naming of pictorial representations. *Psychological Science*, 9:200-204.

Boese, A. 2007. *Elephants on acid: And other bizarre experiments*. Nova York: Harvest Books.

Bohannon, J. 2009. Gourmet food, served by dogs. *Science*, 323:1006.

Boyer, P. 2003. Religious thought and behaviour as by-products of brain function. *Trends in Cognitive Sciences*, 7:119-24.

Brehm, J. W. 1956. Post-decision changes in the desirability of alternatives. *Journal of Abnormal and Social Psychology*, 52:384-89.

Brownell, K. D. & Horgen, K. B. 2004. *Food fight: The inside story of the food industry, America's obesity crisis, and what we can do about it*. Nova York: McGraw-Hill.

Burghardt, G. M. 2005. *The genesis of animal play: Testing the limits*. Cambridge, Massachusetts: MIT Press.

Buss, D. M. 1989. Sex differences in human mate preferences: Evolutionary hypotheses in 37 cultures. *Behavioral and Brain Sciences*, 12:1-49.

Carey, S. 1986. *Conceptual change in childhood*. Cambridge, Massachusetts: MIT Press.

————·2009. *The origin of concepts*. Nova York: Oxford University Press.

276 | PAUL BLOOM

Carroll, J. 2004. *Literary Darwinism: Evolution, human nature, and literature*. Nova York: Routledge.

Carroll, N. 1990. *The philosophy of horror: Or, paradoxes of the heart*. Nova York: Routledge.

Chartrand, T. L. & Bargh, J. A. 1999. The chameleon effect: The perception-behavior link and social interaction. *Journal of Personality and Social Psychology*, 76:893-910.

Chen, M. K. 2008. Rationalization and cognitive dissonance: Do choices affect or reflect preferences? Artigo, Yale University, New Haven, Connecticut.

Chen, M. K., Lakshminaryanan, V. & Santos, L. R. 2006. The evolution of our preferences: Evidence from capuchin monkey trading behavior. *Journal of Political Economy*, 114:517-37.

Chen, M. K. & Risen, J. 2009. Is choice a reliable predictor of choice? A comment on Sagarin and Skowronski. *Journal of Experimental Social Psychology* 45:425-27.

Chomsky, N. 1987. *Language and problems of knowledge: The Managua lectures*. Cambridge, Massachusetts: MIT Press.

Christenfeld, N. J. S. & Hill, E. A. 1995. Whose baby are you? *Nature*, 378:669.

Clutton-Brock, T. H. 1991. *The evolution of parental care*. Princeton, Nova Jersey: Princeton University Press.

Coetzee, J. M. 1995. Meat country. *Granta*, 52:43-52.

Coplan, A. 2004. Empathic engagement with narrative fictions. *Journal of Aesthetics and Art Criticism*, 62:141-52.

Cosmides, L. & Tooby, J. 1994. Beyond intuition and instinct blindness: Towards an evolutionarily rigorous cognitive science. *Cognition*, 50:41-77.

Cowen, T. 2007. *Discover your inner economist*. Nova York: Penguin.

Cox, M. 1992. *Children's drawings*. Londres: Penguin Books.

Cronin, H. 1991. *The ant and the peacock*. Nova York: Cambridge University Press.

Curasi, C. F., Price, L. L. & Arnould, E. J. 2004. How individuals' cherished possessions become families' inalienable wealth. *Journal of Consumer Research*, 11:609-22.

COMO O PRAZER FUNCIONA | 277

Cutting, J. E. 2006. The mere exposure effect and aesthetic preference. Em P. Locher, C. Martindale, L.Dorfman, V. Petrov & D. Leontiv (Eds.), *New directions in aesthetics, creativity, and the psychology of art*. Amityville, Nova York: Baywood Publishing.

Dale, A. 2000. *Comedy is a man in trouble*. Minneapolis: University of Minnesota Press.

Daly, M. & Wilson, M. 1999. *The truth about Cinderella*. New Haven, Connecticut: Yale University Press.

Danto, A. C. 1981. *The transfiguration of the commonplace*. Cambridge, Massachusetts: Harvard University Press.

_____. 2003. *The abuse of beauty*. Nova York: Open Court.

_____. 2007. Max Beckmann. Em A. Danto (Ed.) *Unnatural wonders: Essays from the gap between art and life*. Nova York: Columbia University Press.

Darwin, C. 1859/1964. *On the origin of species*. Cambridge, Massachusetts: MIT Press.

_____. 1872/1913. *The expression of the emotions in man and animals*. Nova York: D. Appleton.

_____. 1874/1909. *The descent of man*. Amherst, Nova York: Prometheus.

Davies, D. 2004. *Art as performance*. Oxford: Blackwell.

Davies, S. 1991. *Definitions of art*. Ithaca, Nova York: Cornell University Press.

Dawkins, R. 1998. *Unweaving the rainbow: Science, delusion and the appetite for wonder*. Nova York: Penguin.

Deaner, R. O., Khera, A. V. & Platt, M. P. 2005. Monkeys pay per view: Adaptive valuation of social images by rhesus macaques. *Current Biology*, 15:543-48.

DeBruine, L. M., Jones, B. C., Little, A. C. & Perrett, D. I. 2008. Social perception of facial resemblance in humans. *Archives of Sexual Behavior*, 37:64-77.

Dekkers, M. 2000. *Dearest Pet: On bestiality*. Londres: Verso.

DeLoache, J. S., Miller, K. F. & Rosengren, K. S. 1997. The credible shrinking room: Very young children's performance with symbolic and nonsymbolic relations. *Psychological Science*, 8:308-13.

278 | PAUL BLOOM

DeLoache, J. S., Pierroutsakos, S. L., Uttal, D. H., Rosengren, K. S. & Gottlieb, A. 1998. Grasping the nature of pictures. *Psychological Science*, 9:205-10.

DeLoache, J. S., Strauss, M. & Maynard, J. 1979. Picture perception in infancy. *Infant Behavior and Development*, 2:77-89.

Denison, R. N. Em revisão. Emotion practice theory: An evolutionary solution to the paradox of horror.

Dennett, D. C. 1996. *Kinds of minds*. Nova York: BasicBooks.

Desmond, A. & Moore, A. 1994. *Darwin: The life of a tormented evolutionist*. Nova York: Norton.

Diamond, J. 1998. *Why is sex fun?* Nova York: BasicBooks.

Diesendruck, G., Gelman, S. A. & Lebowitz, K. 1998. Conceptual and linguistic biases in children's word learning. *Developmental Psychology*, 34:823-39.

Diesendruck, G., Markson, L. & Bloom, P. 2003. Children's reliance on creator's intent in extending names for artifacts. *Psychological Science*, 14:164-68.

Dissanayake, E. 1988. *What is art for?* Seattle: University of Washington Press.

———. 1992. *Homo aestheticus: Where art comes from and why*. Nova York: Free Press.

Dolnick, E. 2008. *The forger's spell: A true story of Vermeer, Nazis, and the greatest art hoax of the twentieth century*. Nova York: Harper Perennial.

Doniger, W. 2000. *The bedtrick: Tales of sex and masquerade*. Chicago: University of Chicago Press.

Dunbar, R.I.M. 1998. *Gossip, grooming, and the evolution of language*. Cambridge, Massachusetts: Harvard University Press.

Duncan, I. J. H. 2006. The changing concept of animal sentience. *Applied Animal Behavior Science*, 100:11-19.

Dutton, D. 1983. Artistic crimes. Em D. Dutton (Ed.), *The forger's art: Forgery and the philosophy of art*. Berkeley e Los Angeles: University of California Press.

———. 2008. *The art instinct: Beauty, pleasure, and human evolution*. Nova York: Bloomsbury Press.

COMO O PRAZER FUNCIONA | 279

Edelstein, D. 2006. Now playing at your local multiplex: Torture porn. *New York*, 28 de janeiro.

Egan, L. C., Bloom, P. & Santos, L. R. No prelo. Choice-based conitive dissonance without an real choice: Evidence from a blind two choice paradigm with young children and capuchin monkeys. *Journal of Experimental Social Psychology*.

Egan, L. C., Santos, L. R. & Bloom, P. 2007. The origins of cognitive dissonance: Evidence from children and monkeys. *Psychological Science*, 18:978-83.

Ekman, P. & Friesen, W. V. 1975. *Unmasking the face. A guide to recognizing emotions from facial clues*. Englewood Cliffs, Nova Jersey: Prentice-Hall.

Elster, J. 2000. *Ulysses unbound: Studies in rationality, precommitment, and constraints*. Nova York: Cambridge University Press.

Evans, E. M., Mull, M. A. & Poling, D. A. 2002. The authentic object? A child's-eye view. Em S. G. Paris (Ed.), *Perspectives on object-centered learning in museums*. Mahwah, Nova Jersey: Lawrence Erlbaum Associates.

Fehr, E. & Gächter, S. 2002. Altruistic punishment in humans. *Nature*, 415:137-40.

Feinberg, T. E. & Keenan, J. P. 2004. Not what, but where, is your "self"? *Cerebrum: The Dana Forum on Brain Science*, 6:49-62.

Festinger, L. 1957. *A theory of cognitive dissonance*. Stanford, Califórnia: Stanford University Press.

Fineman, M. 2007. My kid could paint that. Slate.com: http://www.slate.com/id/2175311.

Fisher, H. 2004. *Why we love: The nature and chemistry of romantic love*. Nova York: Henry Holt.

Fishman, C. 2007. Message in a bottle. *Fast Company*, 19 de dezembro.

Fiske, A. P. 1992. The four elementary forms of sociality: Framework for a unified theory of social relations. *Psychological Review*, 99:689-723.

280 | PAUL BLOOM

Fiske, A. P. & Tetlock, P. E. 1997. Taboo trade-offs: Reactions to transactions that transgress the spheres of justice. *Political Psychology*, 18:255-97.

Fodor, J. 1988. *Psychosemantics*. Cambridge, Massachusetts: MIT Press.

Foer, J. S. 2004. Emptiness. *Playboy*, janeiro, 148-51.

Fogel, R. 2004. *Escape from hunger and premature death, 1700-2100: Europe, America, and the third world*. Cambridge: Cambridge University Press.

Frank, R. H. 2000. *Luxury fever: Money and happiness in an era of excess*. Princeton, Nova Jersey: Princeton University Press.

Frazer, J. G. 1922. *The golden bough: A study in magic and religion*. Nova York: Macmillan.

Frazier, B. N., Gelman, S. A., Wilson, A. & Hood B. 2009. Picasso paintings, moon rocks, and hand-written Beatles lyrics: Adults' evaluations of authentic objects. *Journal of Cognition and Culture*, 9:1-14.

Freud, S. 1905/1962. *Three essays on the theory of sexuality*. Trad. James Strachey. Nova York: BasicBooks.

_____. 1933/1965. *New introductory lectures on psycho-analysis*. Nova York: Norton.

Gelman, S. A. 2003. *The essential child*. Nova York: Oxford University Press.

Gelman, S. A. & Bloom, P. 2000. Young children are sensitive to how an object was created when deciding what to name it. *Cognition*, 76:91-103.

Gelman, S. A. & Coley, J. D. 1990. The importance of knowing a dodo is a bird: Categories and inferences in 2-year-old children. *Developmental Psychology*, 26:796-804.

Gelman, S. A. & Ebeling, K. S. 1998. Shape and representational status in children's early naming. *Cognition*, 66:835-47.

Gelman, S. A. & Heyman, G. D. 2002. Carrot-eaters and creature--believers: The effects of lexicalization on children's inferences about social categories. *Psychological Science*, 10:489-93.

Gelman, S. A. & Markman, E. M. 1986. Categories and induction in young children. *Cognition*, 23:183-209.

———. 1987. Young children's inductions from natural kinds: The role of categories and appearances. *Child Development*, 58:1532-41.

Gelman, S. A. & Taylor, M. G. 2000. Gender essentialism in cognitive development. Em P. H. Miller & E. K. Scholnick (Eds.), *Developmental psychology through the lenses of feminist theories*. Nova York: Routledge.

Gelman, S. A. & Wellman, H. M. 1991. Insides and essences: Early understandings of the nonobvious. *Cognition*, 38:213-44.

Gendler, T. S. 2005. Thought experiments in science. *Encyclopedia of Philosophy*. Nova York: Macmillan.

———. 2008. Alief in action (in reaction). *Mind and Language*, 23:552-85.

———. 2009. Alief and belief. *Journal of Philosophy*, 105:634-63.

Gendler, T. S. & Kovakovich, K. 2005. Genuine rational fictional emotions. Em M. L. Kieran (Ed.), *Contemporary debates in aesthetics and the philosophy of art*. Oxford: Blackwell.

Gerrig, R. J. 1993. *Experiencing narrative worlds*. New Haven, Connecticut: Yale University Press.

Gil-White, F. J. 2001. Are ethnic groups biological "species" to the human brain? Essentialism in our cognition of some social categories. *Current Anthropology*, 42:515-54.

Gladwell, M. 2001. Drugstore athlete. *The New Yorker*, 10 de setembro.

Gleick, J. 2000. *Faster: The acceleration of just about everything*. Nova York: Vintage.

Gopnik, A. 1996. The scientist as child. *Philosophy of Science*, 63:485-514.

———. 2000. Explanation as orgasm and the drive for causal knowledge: The function, evolution, and phenomenology of the theory formation system. Em F. C. Keil & R. A. Wilson (Eds.), *Explanation and cognition*. Cambridge, Massachusetts: MIT Press.

282 | PAUL BLOOM

Gopnik, A. 2006. *Through the children's gate: A home in New York.* Nova York: Knopf.

Gould, B. J. 1941. *Discovery, recognition, and installation of the fourteenth Dalai Lama.* Nova Délhi: Government of India Press. Reimpresso em *Discovery, recognition, and enthronement of the fourteenth Dalai Lama: A collection of accounts* (editado por Library of Tibetan Work & Archives). Nova Délhi: Indraprastha Press.

Gould, S. J. 1989. *Wonderful life: The Burgess shale and the nature of history.* Nova York: Norton.

Gould, S. J. & Lewontin, R. C. 1979. The spandrels of San Marco and the Panglossian program: A critique of the adaptationist programme. *Proceedings of the Royal Society of London*, 205:281-88.

Graham, S. A., Kilbreath, C. S. & Welder, A. N. 2004. 13-month-olds rely on shared labels and shape similarity for inductive inferences. *Child Development*, 75:409-27.

Gray, P. 1996. What price Camelot? *Time*, 6 de maio.

Green, M. C. & Brock, T. C. 2000. The role of transportation in the persuasiveness of public narratives. *Journal of Personality and Social Psychology*, 78:701-21.

Green, M. C. & Donahue, J. K. 2009. Simulated worlds: Transportation into narratives. Em K. D. Markman, W. M.P. Klein & J. A. Suhr (Eds.), *Handbook of imagination and mental simulation.* Nova York: Psychology Press.

Guthrie, S. E. 1993. *Faces in the clouds: A new theory of religion.* Nova York: Oxford University Press.

Hagen, E. H. Em revisão. Gestures of despair and hope: A strategic reinterpretation of deliberate self-harm.

Haidt, J. 2001. The emotional dog and its rational tail: A social intuitionist approach to moral judgment. *Psychological Review*, 108:814-34.

Haidt, J., McCauley, C. & Rozin, P. 1994. Individual differences in sensitivity to disgust: A scale sampling seven domains of disgust elicitors. *Personality and Individual Differences*, 16:701-13.

COMO O PRAZER FUNCIONA | 283

Hamlin, J., Wynn, K. & Bloom, P. Em revisão. Third-party reward and punishment in young toddlers.

Hargreaves, D. J., North, A. C. & Tarrant, M. 2006. The development of musical preference and taste in childhood and adolescence. Em G. E. McPherson (Ed.), *The child as musician: Musical development from conception to adolescence*. Oxford: Oxford University Press.

Harris, J. R. 1998. *The nurture assumption: Why children turn out the way they do*. Nova York: Free Press.

Harris, M. 1985. *Good to eat: Riddles of food and culture*. Nova York: Simon & Schuster.

Harris, P. L. 2000. *The work of the imagination*. Oxford: Blackwell.

Harris, P. L., Brown, E., Marriott, C., Whittall, S. & Harmer, S. 1991. Monsters, ghosts, and witches: Testing the limits of the fantasy-reality distinction in young children. *British Journal of Developmental Psychology*, 9:105-23.

Harris, S. 2005. *The end of faith: Religion, terror, and the future of reason*. Nova York: Free Press.

Henrich, J. & Gil-White, F. 2001. The evolution of prestige: Freely conferred deference as a mechanism for enhancing the benefits of cultural transmission. *Evolution and Human Behavior*, 22:165-96.

Hirschfeld, L. 1996. Race in the making: *Cognition, culture, and the child's construction of human kinds*. Cambridge, Massachusetts: MIT Press.

Hobara, M. 2003. Prevalence of transitional objects in young children in Tokyo and New York. *Infant Mental Health Journal*, 24:174-91.

Hochberg, J. & Brooks, V. 1962. Pictorial recognition as an unlearned ability: A study of one child's performance. *American Journal of Psychology*, 75:624-28.

Hood, B. M. 2009. *SuperSense: Why we believe in the unbelievable*. Nova York: HarperOne.

284 | PAUL BLOOM

Hood, B. M. & Bloom, P. 2008. Children prefer certain individuals over perfect duplicates. *Cognition*, 106:455-62.

———. Em revisão. Do children believe that duplicating the body also duplicates the mind?

Hood, B. M., Donnelly, K., Leonards, U. & Bloom, P. No prelo. Modern voodoo: Arousal reveals an implicit belief in sympathetic magic. *Journal of Cognition and Culture*.

Hooper, P. L. & Miller, G. L. 2008. Mutual mate choice can drive costly signaling even under perfect monogamy. *Adaptive Behavior*, 16:53-60.

Hrdy, S. B. 2009. *Mothers and others: The evolutionary origins of mutual understanding*. Cambridge, Massachusetts: Harvard University Press.

Hume, D. 1757/1957. *The natural history of religion*. Stanford, Califórnia: Stanford University Press.

———. 1757/1993. Of tragedy. Em S. Copley & A. Edgar (Eds.), *Hume: Selected essays*. Oxford: Oxford University Press.

Inagaki, K. & Hatano, G. 2002. *Young children's naïve thinking about the biological world*. Nova York: Psychology Press.

Inbar, Y., Gilovich, T., Pizarro, D. & Ariely, D. 2008. Morality and masochism: Feeling guilt leads to physical self-punishment. Artigo apresentado no 80º encontro anual da Midwestern Psychological Association, Chicago, Illinois.

Jacobs, A. J. 2004. *The know-it-all: One man's humble quest to become the smartest person in the world*. Nova York: Simon & Schuster.

James W. 1890/1950. *The principles of psychology*. Nova York: Dover.

———. 1892/1905. *Psychology*. Nova York: Henry Holt.

———. 1902/1994. *Varieties of religious experience: A study in human nature*. Nova York: Random House.

———. 1911. *The will to believe: And other essays in popular philosophy*. Nova York: Longmans, Green, and Co.

Jarudi, I. 2009. Moral psychology is not intuitive moral philosophy. Dissertação de doutorado não publicada, Departamento de Psicologia, Universidade de Yale.

COMO O PRAZER FUNCIONA | 285

Jarudi, I., Castaneda, M. & Bloom, P. Em revisão. Performance enhancement and the status quo bias.

Jaswal, V. K. & Markman, E. M. 2002. Children's acceptance and use of unexpected category labels to draw non-obvious inferences. Em W. Gray & C. Schunn (Eds.), *Proceedings of the twenty-fourth annual conference of the Cognitive Science Society*. Mahwah, Nova Jersey: Lawrence Erlbaum Associates.

Johnson, C. N. & Jacobs, M. G. 2001. Enchanted objects: How positive connections transform thinking about the very nature of things. Pôster apresentado no encontro da Society for Research in Child Development, Minneapolis, Minnesota, abril.

Johnson, S. 2005. *Everything bad is good for you: How today's popular culture is actually making us smarter*. Nova York: Riverhead.

Johnston, V. S., Hagel, R., Franklin, M., Fink, B. & Grammer, K. 2001. Male facial attractiveness: Evidence for hormone-mediated adaptive design. *Evolution and Human Behavior*, 22:251-67.

Jones, B. C., DeBruine, L. M., Perrett, D. I., Little, A. C., Feinberg, D. R. & Law Smith, M. J. 2008. Effects of menstrual cycle phase on face preferences. *Archives of Sexual Behavior*, 37:78-84.

Kahn, P. H., Jr. 1997. Developmental psychology and the biophilia hypothesis: Children's affiliation with nature. *Developmental Review*, 17:1-61.

Kahn, P. H., Jr., Severson, R. L. & Ruckert, J. H. 2009. The human relation with nature and technological nature. *Current Directions in Psychological Science*, 18:37-42.

Kahneman, D., Knetsch, J., & Thaler, R. 1990. Experimental tests of the endowment effect and the Coase theorem. *Journal of Political Economy*, 98:1325-48.

———. 1991. Anomalies: The endowment effect, loss aversion, and status quo bias. *Journal of Economic Perspectives*, 5:193-206.

Kahneman, D., Slovic, P. & Tversky, A. 1982. *Judgment under uncertainty: Heuristics and biases*. Nova York: Cambridge University Press.

286 | PAUL BLOOM

Kass, L. 1992. Organs for sale? Propriety, property, and the price of progress. *The Public Interest*, 107:65-86.

———. 1994. *The hungry soul*. Nova York: Free Press.

Keil, F. 1989. *Concepts, kinds, and cognitive development*. Cambridge, Massachusetts: MIT Press.

Keltner, D. 2009. *Born to be good: The science of a meaningful life*. Nova York: Norton.

Keltner, D. & Haidt, J. 2003. Approaching awe, a moral, spiritual, and aesthetic emotion. *Cognition and Emotion*, 17:297-314.

Keys, D. J. & Schwartz, B. 2007. "Leaky" rationality: How research on behavioral decision making challenges normative standards of rationality. *Perspectives on Psychological Science*, 2:162-80.

Kieran, M. 2005. *Revealing art*. Nova York: Routledge.

King, L. A., Burton, C. M., Hicks, J. A. & Drigotas, S. M. 2007. Ghosts, UFOs, and magic: Positive affect and the experiential system. *Journal of Personality and Social Psychology*, 92:905-19.

King, S. 1981. *Danse macabre*. Nova York: Everest.

Klinger, E. 2009. Daydreaming and fantasizing: Thought flow and motivation. Em K. D. Markman, W. M. P. Klein & J. A. Suhr (Eds.), *Handbook of imagination and mental simulation*. Nova York: Psychology Press.

Kniffin, K. & Wilson, D. S. 2004. The effect of non-physicaltraits on the perception of physical attractiveness: Three naturalistic studies. *Evolution and Human Behavior*, 25:88-101.

Koestler, A. 1964. *The act of creation*. Nova York: Dell.

Kripke, S. 1980. *Naming and necessity*. Cambridge, Massachusetts: Harvard University Press.

Kruger, J., Wirtz, D., Van Boven, L. & Altermatt, T. 2004. The effort heuristic. *Journal of Experimental Social Psychology*, 40:91-98.

Lamont, A. M. 2001. Infants' preferences for familiar and unfamiliar music: A socio-cultural study. Artigo lido na Society for Music Perception and Cognition, 9 de agosto.

Langlois, J. H. & Roggman, L. A. 1990. Attractive faces are only average. *Psychological Science*, 1:115-21.

COMO O PRAZER FUNCIONA | 287

Langlois, J. H., Roggman, L. A. & Rieser-Danner, L. A. 1990. Infants' differential social responses to attractive and unattractive faces. *Developmental Psychology*, 26:153-59.

Langlois, J. H., Kalakanis, L., Rubenstein, A. J., Larson, A., Hallam, M. & Smoot M. 2000. Maxims or myths of beauty? A meta-analytic and theoretical review. *Psychological Bulletin*, 126:390-423.

Layard, R. 2005. *Happiness: Lessons from a new science*. Nova York: Penguin.

Lee, S., Frederick, D. & Ariely, D. 2006. Try it, you'll like it. The influence of expectation, consumption, and revelation on preferences for beer. *Psychologial Science*, 17:1054-58.

Lehman, E. B., Arnold, B. E. & Reeves, S. L. 1995. Attachments to blankets, teddy bears, and other nonsocial objects: A child's perspective. *Journal of Genetic Psychology*, 156:443-59.

Lehrer, J. 2009. *Proust was a neuroscientist*. Nova York: Houghton Mifflin.

Lerdahl, F. & Jackendoff, R. 1983. *A generative theory of tonal music*. Cambridge, Massachusetts: MIT Press.

Leslie, A. M. 1994. Pretending and believing: Issues in the theory of ToMM. *Cognition*, 50:193-200.

Levinson, J. 1979. Defining art historically. *British Journal of Aesthetics*, 19:232-50.

———. 1989. Refining art historically. *Journal of Aesthetics and Art Criticism*, 47:21-33.

———. 1993. Extending art historically. *Journal of Aesthetics and Art Criticism*, 51:411-23.

Levitin, D. J. 2006. *This is your brain on music*. Nova York: Dutton.

———. 2008. *The world in six songs: How the musical brain created human nature*. Nova York: Dutton.

Levy, G. D., Taylor, M. G. & Gelman, S. A. 1995. Traditional and evaluative aspects of flexibility in gender roles, social conventions, moral rules, and physical laws. *Child Development*, 66:515-31.

Lieberman, D., Tooby, J. & Cosmides, L. 2007. The architecture of human kin detection. *Nature*, 445:727-31.

288 | PAUL BLOOM

Lieberman, M. D., Ochsner, K. N., Gilbert, D. T. & Schacter, D. L. 2001. Do amnesiacs exhibit cognitive dissonance reduction? The role of explicit memory and attention in attitude change. *Psychological Science*, 12:135-40.

Lindenbaum, S. 2004. Thinking about cannibalism. *Annual Review of Anthropology*, 33:251-69.

Locke, J. 1690/1947. *An essay concerning human understanding.* Nova York: Dutton.

Macnamara, J. 1982. *Names for things: A study in human learning.* Cambridge, Massachusetts: MIT Press.

Mar, R. A. & Oatley, K. 2008. The function of fiction is the abstraction and simulation of social experience. *Perspectives on Psychological Science*, 13:173-92.

Marcus, G. 2008. *Kluge: The haphazard construction of the human mind.* Nova York: Houghton Mifflin.

Markman, E. 1989. *Categorization and naming in children.* Cambridge, Massachusetts: MIT Press.

Martin, C. L., Eisenbud, L. & Rose, H. 1995. Children's gender-based reasoning about toys. *Child Development*, 66:1453-71.

Mason, M. F., Norton, M. I., Van Horn, J. D., Wegner, D. M., Grafton, S. T. & Macrae, C. N. 2007. Wandering minds: The default network and stimulus-independent thought. *Science*, 315:393-95.

Mayes, L. C., Swain, J. E. & Leckman, J. F. 2005. Parental attachment systems: Neural circuits, genes, and experiential contributions to parental engagement. *Clinical Neuroscience Research*, 4: 301-13.

McCauley, C. 1998. When screen violence is not attractive. Em J. Goldstein (Ed.), *Why we watch: The attractions of violent entertainment.* Nova York: Oxford University Press.

McCauley, R. N. & Lawson, E. T. 2002. *Bringing ritual to mind: Psychological foundations of cultural forms.* Nova York: Cambridge University Press.

McClure, S. M., Li, J., Tomlin, D., Cypert, K.S., Montague, L. M. & Montague, P. R. 2004. Neural correlates of behavioral preference for culturally familiar drinks. *Neuron*, 44:379-87.

COMO O PRAZER FUNCIONA | 289

McDermott, J. & Hauser, M. D. 2007. Nonhuman primates prefer slow tempos but dislike music overall. *Cognition*, 104:654-68.

McEwan, I. 2005. Literature, science, and human nature. Em J. Gottschall & D. S. Wilson (Eds.), *The literary animal: Evolution and the nature of narrative*. Evanston: University of Illinois Press.

McGinn, C. 2005. *The power of movies*. Nova York: Random House.

McGraw, A. P., Tetlock, P. E. & Kristel, O. V. 2003. The limits of fungibility: Relational schemata and the value of things. *Journal of Consumer Research*, 30:219-29.

McLaren, A. 2007. *Impotence: A cultural history*. Chicago: University of Chicago Press.

Medin, D. L. 1989. Concepts and conceptual structure. *American Psychologist*, 44:1469-81.

Medin, D. L., & Ortony, A. 1989. Psychological essentialism. Em S. Vosniadou & A. Ortony (Eds.), *Similarity and analogical reasoning*. Nova York: Cambridge University Press.

Menand, L. 2002. What comes naturally. *The New Yorker*, 22 de novembro.

_____. 2009. Saved from drowning: Barthelme reconsidered. *The New Yorker*, 23 de fevereiro.

Michaels, J. 2007. Três escolhas de *The masochist's cookbook*: http://www.mcsweeneys.net/2007/6/5michaels.html.

Miller, C. L., Younger, B. A. & Morse, P. A. 1982. The categorization of male and female voices in infancy. *Infant Behavior and Development*, 5:143-59.

Miller, G. F. 2000. *The mating mind: How sexual selection shaped human nature*. Londres: Heinemann.

_____. 2001. Aesthetic fitness: How sexual selection shaped artistic virtuosity as a fitness indicator anda esthetic preferences as mate choice criteria. *Bulletin of Psychology and the Arts*, 2:20-25.

_____. 2009. *Spent: Sex, evolution, and consumer behavior*. Nova York: Viking.

Miller, G. F., Tybur, J. & Jordan, B. 2007. Ovulatory cycle effects on tip earnings by lap-dancers: Economic evidence for human estrus? *Evolution and Human Behavior*, 28:375-81.

290 | PAUL BLOOM

Miller, W. I. 1997. *The anatomy of disgust*. Cambridge, Massachusetts: Harvard University Press.

————. 1998. Sheep, joking, cloning, and the uncanny. Em M. C. Nussbaum & C. R. Sunstein (Eds.), *Clones and clones: Facts and fantasies about human cloning*. Nova York: Norton.

Moreland, R. D. & Beach, S. 1992. Exposure effects in the classroom: The development of affinity among students. *Journal of Experimental Social Psychology*, 28:255-76.

Morreall, J. 1993. Fear without belief. *The Journal of Philosophy*, 90:359-66.

Nelissen, R. M. & Zeelenberg, M. 2009. When guilt evokes self-punishment: Evidence for the existence of a Dobby effect. *Emotion*, 9: 118-22.

Nemeroff, C. & Rozin, P. 1989. "You are what you eat": Applying the demand-free "impressions" technique to an unacknowledged belief. *Ethos: The Journal of Psychological Anthropology*, 17:50-69.

————. 2000. The makings of the magical mind. Em K. S. Rosengren, C. N. Johnson & P. L. Harris (Eds.), *Imagining the impossible: Magical, scientific, and religious thinking in children*. Nova York: Cambridge University Press.

Nettle, D. 2005. What happens in Hamlet? Exploring the psychological foundation of drama. Em J. Gottschall & D.S. Wilson (Eds.), *The literary animal: Evolution and the nature of narrative*. Evanston: University of Illinois Press.

Newman, G., Diesendruck, G. & Bloom, P. Em revisão. Celebrity contagion and the value of objects.

Nichols, S. 2006. Introduction. Em S. Nichols (Ed.), *The architecture of the imagination: New essays in pretence, possibility, and fiction*. Nova York: Oxford University Press.

Norton, M. I., Mochon, D. & Ariely, D. 2009. *The IKEA effect: Why labor leads to love*. Artigo apresentado na Society of Personality and Social Psychology, Tampa, Flórida.

Nozick, R. 1974. *Anarchy, state, and utopia*. Nova York: Basic Books.

COMO O PRAZER FUNCIONA | 291

Nussbaum, M. C. 2001. *Upheavals of thought: The intelligence of emotions*. Nova York: Cambridge University Press.

Nuttall, A. D. 1996. *Why does tragedy give pleasure?* Nova York: Oxford University Press.

Onishi, K. H. & Baillargeon, R. 2005. Do 15-month-old infants understand false beliefs? *Science*, 308:255-58.

Onishi, K. H., Baillargeon, R., & Leslie, A. M. 2007. 15-month-old infants detect violations in pretend scenarios. *Acta Psychologica*, 124:106-28.

Opie, I. & Opie, P. 1959. *The lore and language of schoolchildren*. Nova York: Oxford University Press.

Pagel, M. 1997. Desperately concealing father: A theory of parent-infant resemblance. *Animal Behaviour*, 53:973-81.

Pascoe, J. 2005. *The hummingbird cabinet: A rare and curious history of romantic collectors*. Ithaca, Nova York: Cornell University Press.

—————. 2007. Collect-me-nots. *New York Times*, 17 de maio.

Penton-Voak, I. S., Perrett, D. I., Castles, D., Burt, M., Koyabashi, T. & Murray, L. K. 1999. Female preference for male faces changes cyclically. *Nature*, 399:741-42.

Perrett, D. I., May, K. A., Yoshikawa, S. 1994. Facial shape and judgments of female attractiveness. *Nature*, 368:239-42.

Piattelli-Palmarini, M. 1994. *Inevitable illusions: How mistakes of reason rule our minds*. Nova York: Wiley.

Pinker, S. 1994. *The language instinct*. Nova York: Norton.

—————. 1997. *How the mind works*. Nova York: Norton.

—————. 2002. *The blank slate: The denial of human nature in modern intellectual life*. Nova York: Viking.

—————. 2007. Toward a consilient study of literature. *Philosophy and Literature*, 31:161-77.

—————. 2008. The moral instinct. *New York Times Magazine*, 13 de janeiro.

Plassmann, H., O'Doherty, J., Shiv, B. & Rangel, A. 2008. Marketing actions can modulate neural representations of experienced pleasantness. *Proceedings of the National Academy of Sciences*, 105:1050-54.

292 | PAUL BLOOM

Pollan, M. 2006. *The omnivore's dilemma: A natural history of four meals.* Nova York: Penguin.

Preissler, M. A. & Bloom, P. 2008. Two-year-olds use artist intention to understand drawings. *Cognition,* 106:512-18.

Putnam, H. 1973. Meaning and reference. *Journal of Philosophy,* 70:699-711.

_____. 1975. The meaning of "meaning." Em H. Putnam (Ed.), *Philosophical papers 2: Mind, language and reality.* Cambridge: Cambridge University Press.

Quammen, D. 2006. *The reluctant Mr. Darwin: An intimate portrait of Charles Darwin and the making of his theory of evolution.* Nova York: Norton.

Quinn, P. C., Yahr, J., Kuhn, A., Slater, A. M. & Pascalis, O. 2002. Representation of the gender of human faces by infants: A preference for female. *Perception,* 31:1109-21.

Radford, C. 1975. How can we be moved by the fate of Anna Karenina? *Proceedings of the Aristotelian Society,* 49:67-80.

Ramachandran, V. S. & Blakeslee, S. 1998. *Phantoms in the brain.* Nova York: Harper Perennial.

Rawson, C. 1985. Eating people. *London Review of Books,* 24 de janeiro.

Real, M. R. 1977. *Mass-mediated culture.* Edgewood Cliffs, Nova Jersey: Prentice-Hall.

Reza, Y. 1997. *Art: A play.* Trad. C. Hampton. Londres: Faber & Faber.

Rhodes, G. 2006. The evolutionary psychology of facial beauty. *Annual Review of Psychology,* 57:199-226.

Rhodes, G., Sumich, A. & Byatt, G. 1999. Are average facial configurations attractive only because of their symmetry? *Psychological Science,* 10:52-58.

Robinson, K. 2009. *The element: How finding your passion changes everything.* Nova York: Viking.

Rowling, J. K. 2000. *Harry Potter and the chamber of secrets.* Nova York: Scholastic.

COMO O PRAZER FUNCIONA | 293

Rozin, P. 1976. The selection of food by rats, humans, and other animals. Em J. S. Rosenblatt, R. A. Hinde, E. Shaw & C. Beer (Eds.), *Advances in the study of behavior*, vol. 6, Nova York: Academic Press.

———. 1986. One-trial acquired likes and dislikes inhumans: Disgust as a US, food predominance, and negative learning predominance. *Learning and Motivation*, 17:180-189.

———. 2004. Meat. Em S. Katz (Ed.), *Encyclopedia of food*. Nova York: Scribner.

———. 2005. The meaning of "natural": Process more important than content. *Psychological Science*, 16:652-58.

———. 2006. Domain denigration and process preference in academic psychology. *Perspectives on Psychological Science*, 1:365-76.

Rozin, P. & Fallon, A. 1987. A perspective on disgust. *Psychological Review*, 94:23-41.

Rozin, P., Haidt, J. & McCauley, C. R. 2000. Disgust. Em M. Lewis & J. M. Haviland-Jones (Eds.), *Handbook of emotions*, 2ª ed. Nova York: Guilford Press.

Rozin, P., Markwith, M. & Ross, B. 2006. The sympathetic magical law of similarity, nominal realism, and neglect of negatives in response to negative labels. *Psychological Science*, 1:383-84.

Rozin, P., Millman, L. & Nemeroff, C. 1986. Operation of the laws of sympathetic magic in disgust and other domains. *Journal of Personality and Social Psychology*, 50:703-12.

Rozin, P. & Schiller, D. 1980. The nature and acquisition of a preference for chili pepper by humans. *Motivation and Emotion*, 4:77-101.

Rozin, P. & Vollmecke, T. A. 1986. Food likes and dislikes. *Annual Review of Nutrition*, 6:433-56.

Sacks, O. 2007. *Musicophilia: Tales of music and the brain*. Nova York: Knopf.

Sagarin, B. J. & Skowronski, J. J. 2009. The implications of imperfect measurement for free-choice carry-over effects: Reply to M. Keith Chen's (2008) "Rationalization and cognitive dissonance:

294 | PAUL BLOOM

Do choices affect or reflect preferences?" *Journal of Experimental Social Psychology*, 45:421-23.

Salinger, J. D. 1959. *Raise high the roof beam, carpenters, and Seymour: An introduction*. Nova York: Little, Brown & Company.

Sandel, M. J. 2007. *The case against perfection: Ethics in the age of genetic engineering*. Cambridge, Massachusetts: Harvard University Press.

Sapolsky, R. M. 2005. *Monkeyluv: And other essays on our lives as animals*. Nova York: Scribner.

Sendak, M. 1988. *Where the wild things are*. Nova York: Harper-Collins.

Shutts, K., Kinzler, K. D., McKee, C. B. & Spelke, E. S. 2009. Social information guides infants' selection of foods. *Journal of Cognition and Development*, 10:1-17.

Siegal, M. & Share, D. 1990. Contamination sensitivity in young children. *Developmental Psychology*, 26:455-58.

Silva, P. J. 2006. *Exploring the psychology of interest*. Nova York: Oxford University Press.

Singer, P. 1999. The Singer solution to world poverty. *New York Times Magazine*, 5 de setembro.

_____. 2009. *The life you can save: Acting now to end world poverty*. Nova York: Random House.

Skolnick, D. & Bloom, P. 2006a. The intuitive cosmology of fictional worlds. Em S. Nichols (Ed.), *The architecture of the imagination: New essays on pretense, possibility, and fiction*. Oxford: Oxford University Press.

_____. 2006b. What does Batman think about SpongeBob? Children's understanding of the fantasy/fantasy distinction. *Cognition*, 101:B9-B18.

Slater, A., Von der Schulenburg, C., Brown, E., Badenoch, M., Butterworth, G., Parsons, S. & Samuels, C. 1998. Newborn infants prefer attractive faces. *Infant Behavior and Development*, 21:345-54.

COMO O PRAZER FUNCIONA | 295

Smith, E. W. 1961. The power of dissonance techniques to change attitudes. *Public Opinion Quarterly*, 25:626-39.

Smith, J. 1995. People eaters. *Granta*, 52:69-84.

Smith, J. & Russell, G. 1984. Why do males and females differ? Children's beliefs about sex differences. *Sex Roles*, 11:1111-20.

Soussignan, R. 2002. Duchenne smile, emotional experience, and autonomic reactivity: A test of the facial feedback hypothesis. *Emotion*, 2:52-74.

Steele, C. M. & Liu, T. J. 1983. Dissonance processes as self-affirmation. *Journal of Personality and Social Psychology*, 45:5-19.

Strahilevitz, M. & Lowenstein, G. 1998. The effect of ownership history on the valuation of objects. *Journal of Consumer Research*, 25:276-89.

Styron, W. 1979. *Sophie's choice*. Nova York: RandomHouse.

Sylvia, C. & Nowak, W. 1997. *A change of heart: A memoir*. Nova York: Time Warner.

Tajfel, H. 1970. Experiments in intergroup discrimination. *Scientific American*, 223:96-102.

————. 1982. Social psychology of intergroup relations. *Annual Review of Psychology*, 33:1-39.

Taylor, M. 1996. The development of children's beliefs about social and biological aspects of gender differences. *Child Development*, 67:1555-71.

————. 1999. *Imaginary companions and the children who create them*. Nova York: Oxford University Press.

Taylor, M., Hodges, S. D. & Kohanyi, A. 2003. The illusion of independent agency: Do adult fiction writers experience their characters as having minds of their own? *Imagination, Cognition, and Personality*, 22:361-80.

Taylor, M. & Mannering, A. M. 2007. Of Hobbes and Harvey: The imaginary companions of children and adults. Em A. Goncu & S. Gaskins (Eds.), *Play and development: Evolutionary, sociocultural and functional perspectives*. Mahwah, Nova Jersey: Lawrence Erlbaum Associates.

296 | PAUL BLOOM

Taylor, T. 2004. *The buried soul: How humans invented death*. Boston: Beacon Press.

Tetlock, P. E., Kristel, O. V., Elson, B., Green, M. C. & Lerner, J. 2000. The psychology of the unthinkable: Taboo trade-offs, forbidden base rates, and heretical counterfactuals. *Journal of Personality and Social Psychology*, 78:853-70.

Theroux, P. 1992. *The happy isles of Oceania*. Nova York: Putnam.

Tomasello, M., Carpenter, M., Call, J., Behne, T. & Moll, H. 2005. Understanding and sharing intentions: The origins of cultural cognition. *Behavioral and Brain Sciences*, 28:675-91.

Trainor, L. J. & Heinmiller, B. M. 1998. The development of evaluative responses to music: Infants prefer to listen to consonance over dissonance. *Infant Behavior and Development*, 21:77-88.

Trehub, S. E. 2003. The developmental origins of musicality. *Nature Neuroscience*, 6:669-73.

Trivers, R. L. 1972. Parental investment and sexual selection. Em B. Campbell (Ed.), *Sexual selection and the descent of man, 1871—1971*. Chicago: Aldine.

Tylor, E. B. 1871/1958. *Primitive culture, vol 2: Religion in primitive culture*. Nova York: Harper & Brothers.

Vonnegut, K. 2006. Vonnegut's blues for America. *Sunday Herald* (Escócia), 5 de fevereiro.

Walton, K. L. 1990. *Mimesis as make-believe*. Cambridge, Massachusetts: Harvard University Press.

Walzer, M. 1984. *Spheres of justice: A defense of pluralism and equality*. Nova York: Basic Books.

Wangdu, K. S. 1941. Report on the discovery, recognition, and enthronement of the fourteenth Dalai Lama. Nova Délhi: Government of India Press. Reimpresso em *Discovery, recognition, and enthronement of the fourteenth Dalai Lama: A collection of accounts* (editado por Library of Tibetan Work & Archives). Nova Délhi: Indraprastha Press.

Wedekind, C. & Füri, S. 1997. Body odour preferences in men and women: Do they aim for specific MHC combinations or simply

COMO O PRAZER FUNCIONA | 297

heterozygosity? *Proceedings of the Royal Society of London, Series B, Biological Sciences*, 264:1471-79.

Weinberg, M. S., Williams, C. J. & Moser, C. 1984. The social constituents of sadomasochism. *Social Problems*, 31:379-89.

Weinberg, S. 1977. *The first three minutes: A modern view of the origin of the universe*. Nova York: BasicBooks.

Weisberg, D. S., Sobel, D. M., Goodstein, J. & Bloom, P. Em revisão. Preschoolers are reality-prone when constructing stories.

Weisman, A. 2007. *The world without us*. Nova York: Thomas Dunne Books.

Welder, A. N. & Graham, S. A. 2001. The influence of shape similarity and shared labels on infants' inductive inferences about nonobvious object properties. *Child Development*, 72:1653-73.

Wilson, E. O. 1999. *The diversity of life*. Nova York: Norton.

Wiltermuth, S. S. & Heath, C. 2009. Synchrony and cooperation. *Psychological Science*, 20:1-5.

Winner, E. 1982. *Invented worlds: The psychology of the arts*. Cambridge, Massachusetts: Harvard University Press.

Winnicott, D. W. 1953. Transitional objects and transitional phenomena: A study of the first not-me possession. *International Journal of Psychoanalysis*, 34:89-97.

Wright, L. 1997. *Twins: And what they tell us about who we are*. Nova York: Wiley.

Wright, R. 2000. *Nonzero: The logic of human destiny*. Nova York: Little, Brown.

Wright, R. N. 2007. *Black boy: A record of childhood and youth*. Nova York: Harper Perennial.

Wynn, K. 1992. Addition and subtraction by human infants. *Nature*, 358:749-50.

———. 2000. Findings of addition and subtraction in infants are robust and consistent: A reply to Wakeley, Rivera and Langer. *Child Development*, 71:1535-36.

———. 2002. Do infants have numerical expectations or just perceptual preferences? *Developmental Science*, 2:207-9.

298 | PAUL BLOOM

Wynne, F. 2006. *I was Vermeer: The rise and fall of the twentieth century's greatest forger.* Nova York: Bloomsbury.

Xu, F. 2007. Sortal concepts, object individuation, and language. *Trends in Cognitive Sciences*, 11:400-406.

Yenawine, P. 1991. *How to look at modern art.* Nova York: Harry N. Abrams.

Zajonc, R. B. 1968. Attitudinal effects of mere exposure. *Journal of Personality and Social Psychology Monographs*, 9:1-27.

Zunshine, L. 2006. *Why we read fiction: Theory of mind and the novel* Columbus: Ohio State University Press.

_____. 2008. Theory of mind and fictions of embodied transparency. *Narrative*, 16:65-92.

Índice

#

24 horas (programa de TV), 213
4'33'' (Cage), 169
60 Minutes II, 166

A

acordos pré-nupciais, 104
Act of Creation, The (Koestler), 141
adaptações sociais, 148-49, 188-90, 251-52
afrodisíacos, 58
água engarrafada, 38, 59-60, 62, 103, 242
aids, 100, 239
Ainslie, George, 231
albergue, O, 222
albinos, 58
Além da imaginação (programa de TV), 232
Ali, Muhammad, 173
alief, 195-198, 214, 217-218
  sendo mais intenso em crianças, 217-19
alimentos naturais, 59, 62, 67, 72
Allen, Melissa, 13, 163

Almodóvar, Pedro, 231
Amazing Race, The (programa de TV), 205
Amazônia, 145
amigos imaginários, 9, 230
Amnésia, 26
amor romântico, 107
Anatomy of Disgust, The (Miller), 51
animais, 18-21, 38, 145, 223-224
  aversão a comer de, 46, 49, 71, 72
  capacidade de imaginação em, 253
  criação de arte por, 247
  hábitos alimentares de, 48, 53, 68
  hábitos de reprodução sexual de, 75-79, 80, 86, 102-103, 106, 157, 158
  prazer visual demonstrado por, 153
  valorização de objetos em, 119
Aniston, Jennifer, 200

300 | PAUL BLOOM

antropomorfização, 134
Appiah, Kwame Anthony, 72
Ardrey, Robert, 19
Ariely, Dan, 113-114
Aristóteles, 223, 253
Armstrong, Neil, 17
Art (peça de teatro), 171
Art Instinct, The (Dutton), 157
arte feia, 178
arte moderna, 61, 142, 171, 178
arte pós-moderna, 170
assombro, emoção de, 245, 249-
-52
astecas, 53
ateísmo, 18
ateus, 248
atração física, 84-86, 102, 106,
152, 176
Austrália, 157
autismo, 26, 183
automutilação, 227
autopunição, 227
Axé, 34-35

B

Bannister, Roger, 173
barras de proteína, 63
Bartoshuk, Linda, 44
Batista, João, 46
bebês, 84, 88, 90, 128, 152, 183
apreciação de música em,
145, 146, 150
distinção entre faz de conta
e realidade em, 183-84

mentalidade essencialista
em, 26, 30
"objetos transicionais" de,
135, 254-55
preferências alimentares
de, 49, 50
raciocínio sobre objetos
individuais em, 128-29
veja também crianças
Bell, Joshua, 139-142, 144, 158
Benjamin, Walter, 164, 247
Berger, Peter, 246
Bergner, Daniel, 86, 228, 240
Bhagavad Gita, 249
Bíblia hebraica, 74, 97, 190
Blasted (peça de teatro), 222
Bloom, Max, 14, 163
Bloom, Zachary, 14, 219
Boijmans, Galeria, 142
Bordeaux, vinho, 63
Borges, Jorge Luis, 25
Bosch, Hieronymus, 178
Botox, 87, 243
Brandes, Bernd, 41-43, 71
Brasil, 55
Brehm, Jack, 118
brigas no blog, 236
Brillo Box (Warhol), 169
brincar de faz de conta, 183,
189-190, 216-217, 253
brincar de lutar, 224
British Broadcasting Standards
Commission, 58
Brochette, Frederic, 64
Brooks, Virginia, 154

COMO O PRAZER FUNCIONA | 301

Bruce Museum, 143
Brudos, Jerome, 86
budismo, 249
Budweiser, 65
Burke, Edmund, 250
Bush, George W., 15

C
cachorros, 19, 46, 76, 184, 197, 216, 243
Cage, John, 169
Canadá, 47
canibalismo, 36, 42-43, 53-58, 61, 71
comer placenta como forma de, 57
dois tipos de, 55
em ritual religioso, 55
essencialismo de força da vida e, 36, 38
tráfico de partes de corpos humanos e, 58
Carey, Susan, 14, 248
Carroll, Joseph, 213
Carroll, Noël, 198, 221
"casa estigmatizada", 126
catarse, 223
católicos, catolicismo, 56, 254
ceia em Emaús, A (Van Meegeren), 16, 142-144
cerveja, 45, 48, 59
Chaplin, Charlie, 211
Charles, príncipe de Gales, 36
chimpanzés, 19-20, 25, 53, 76, 80, 168, 191

China, 94, 191
Chomsky, Noam, 190
ciclos menstruais, 85-86
ciência, 10, 12, 244
essências descobertas em, 25, 27, 30, 244-45, 247, 248
imaginação usada em, 253-54, 255
transcendência e, 39, 247, 248
cirurgia plástica, 87, 176, 235, 243
claques, 212
Clinton, Bill, 98
Clooney, George, 35, 124, 137
cobertas de estimação, 20
Coca-Cola, 63, 67, 69, 113
Código Da Vinci, O (Brown), 195
Cohen, Emma, 14, 34
Cohen, irmãos, 231
comédia em pé, 177
competição, 177-178
concursos de careta, 178
"consumo conspícuo", 60
contágios positivos, 35-36, 123-25, 132, 134, 137
em valorização de obras de arte, 156, 164, 169
Corcoran School, 140
correspondência por igualdade, 114, 116
córtex orbitofrontal medial, 67
Cosmides, Leda, 95
Costa do Marfim, 154
Cowen, Tyler, 104, 149

302 | PAUL BLOOM

crianças, 47, 50-52, 58, 61, 63, 82, 91-92, 94-95, 100, 108, 126, 129, 133-134, 216-219, 224, 248
    alief experimentado mais intensamente em, 195--198, 214, 217-218
    apreciação de imagens realistas em, 153
    brincadeira de faz de conta em, 189-190, 216-217
    capacidade de diferenciar o faz de conta da realidade em, 183-84, 189, 195, 216, 218
    capacidade de imaginação em, 253
    diferenças sexuais percebidas por, 78-81, 85
    mentalidade essencialista em, 58, 62
    preferências alimentares em, 45, 47
    tendências de desempenho em, 172-179
    valorização de objetos por, 9, 108, 113, 119, 126-32, 134-37, 238, 241, 254-55
    veja também bebês
cristianismo, 47, 56, 98, 121, 156, 246-247, 253-254
Cristo e a mulher adúltera (Van Meegeren), 15
Cutting, James, 155-156

D

Dahmer, Jeffrey, 42, 125-126
darshan, 35
Darwin, Charles, 50-51, 78, 84, 100, 102, 144, 157-158, 184, 189
Darwin, William, 184
Dawkins, Richard, 94, 244
Deleuze, Gilles, 228
Dennett, Daniel, 34
"depressão endogâmica", 94
depressão pós-parto, 57
Descartes, René, 208
Descartes' Baby (Bloom), 50
desejo sexual, 109-110
Deus não é grande (Hitchens), 249
Deuteronômio, 92
Diamond, Jared, 80
Diana, princesa de Gales, 17, 200
Dickens, Charles, 192
Diesendruck, Gil, 13, 124
dilema do onívoro, O (Pollan), 60
Dissanayake, Ellen, 247
doce amanhã, O, 225
doença de Alzheimer, 236
Doniger, Wendy, 73
Donkey Kong, 178
Duchamp, Marcel, 167, 169, 171, 173, 178
Dutton, Denis, 13-14, 157-160, 162, 167, 174, 177, 201
Dylan, Natalie, 99

E

ebay, 120

efeito da "mera exposição", 88--89, 150, 155-57

efeito dotação, 118

"efeito IKEA", 166

Egan, Louisa, 13, 120

egoísta, 93

Einstein, Albert, 120, 173, 253

elefantes, 20, 168, 237

Elizabeth II, rainha da Inglaterra, 130-131

Elster, Jon, 232

Emin, Tracey, 167

empatia, 198

Empório celestial de conhecimentos benévolos, O (Borges), 25

endocanibalismo, 53, 55

enganos na cama, 73-74, 191

Enraivecida na fúria do sexo, 222

Escócia, 194

escolha de Sofia, A (Styron), 160

esnobe sexual, 142

esnobes sociais, 142

esnobismo, 141, 144

espetáculos estranhos, 178

espiritualidade, 246, 248, 249

esportes, 10, 103, 144, 172, 176, 181, 224

esquizofrenia, 230

essencialismo biológico, 21, 23, 25, 27-34, 129, 239, 242, 252

   apreciação de arte e, 157--59, 160

atração física e, 84-86, 106

em diferenças sexuais, 30, 33, 75-84, 92

em sexualidade e reprodução, 75-86, 94, 96, 97, 103, 157-58

veja também teorias evolutivas

essencialismo de categoria, 36, 38

   aversão a comida e, 47

   diferenças sexuais e, 78--81, 85

   em preferências sexuais, 80-82

   força da vida versus, 33-34

   virgindade feminina e, 99, 242

essencialismo de força da vida

   canibalismo e, 36, 42-43, 53--59, 127-28

   categoria versus, 36-37

   contato especial e contágios positivos em, 35--36, 123-27, 137, 164, 169

   em objetos corriqueiros, 34-35, 123-26, 237, 247

   em rituais religiosos, 35, 37--38, 56, 247

essencialismo permeando, 24--27, 31-32

essencialismo, essências, 22-40, 152, 237-51

   atos imorais induzidos por, 242

biológico, *veja* essencialismo biológico; teorias evolutivas

contactar o transcendente e, 39, 245-49, 250, 255

crianças como possuidoras de conceito de, 29-33, 91, 131-33, 136, 162-63, 241, 247, 248

curiosidade em e busca de, 25, 243-49, 251, 255

de categoria, *veja* essencialismo de categoria

de indivíduos sociais, 132--34, 239

definição de, 10, 24

e atração pela natureza e purismo, 60-61, 67, 72, 87, 176, 243-44

em arte e desempenho, *veja* obras de arte; valorização de desempenho

em demonstrações de virtuosidade, 134, 161-62, 164-65, 166, 171, 174-75, 178, 179, 209-14, 242

em objetos corriqueiros, *veja* valorização de objetos

em prazeres com comida, *veja* prazeres com comida

em prazeres imaginativos, *veja* imaginação e prazeres imaginativos

em rituais religiosos, 35, 37--38, 56, 245-48

em sexualidade e prazeres sexuais, *veja* sexualidade e prazeres sexuais

força da vida, *veja* essencialismo de força da vida

história e origens como fator em, 16-18, 25, 34-35, 113, 119-126, 137, 141-44, 162-72, 179, 237, 239, 241

intenção criativa e, 25, 32, 162-63, 167-69, 170, 243

irracionalidade percebida de, 141, 237-42

permeando a linguagem, 25-26, 32-33

propensão e falhas em, 27--29, 67-68, 238-40

respostas emocionais de assombro e, 245, 249-52

tabus de dinheiro e, 113-118

teoria de sinalização versus, 61-63

teorias sobre origem de, 11, 30

Essential Child, The (Gelman), 29

esteroides, 175

estética experimental, 152

etiqueta, violações de, 70-71

Eucaristia, 56, 247, 254

exocanibalismo, 54-55

"experiências mentais", 253

"Explanation as Orgasm" (Alison Gopnik), 252

COMO O PRAZER FUNCIONA | 305

F

Fair, Ray C., 14, 177

falácia patética, 200

falsificações, 22, 87, 143, 238

Família Soprano (programa de TV), 191

familiaridade em, 89, 155-156

Family Guy, 67

Fear Factor (programa de TV), 205

feromônios, 88

fetiches sexuais, 76

fetichistas de pés, 245

ficção, 9-11, 22, 73-74, 146, 177, 192-195, 199-203, 208, 210--217, 219, 223, 227-228, 241, 252-253

   alief experimentado em, 214, 216-19

   apreciar virtuosidade do criador em, 208-214, 241

   ativação de emoção por, 192-95, 199, 202-03, 214, 217-19, 221-23

   catarse em, 223

   como ferramenta de aprendizado social, 199-201

   como mais cativante que a realidade, 203-04

   como prática para lidar com horrores da vida real, 201, 224-26

   confundir realidade com, 194-95, 218

   desenvolver gostos em, 212-14

   dor e medo explorados em, 208, 221, 222-23, 224-25

   humor em, 210-11, 212

   intimidade psíquica em, 203-04, 214

   papel religioso de, 253

   segurança em, 201, 214-16, 219-20, 221, 224

   tecnologia e realismo crescente em, 208-09

   tragédia em, 202-03, 221, 222, 223

   tramas universais em, 21, 190-92

   violência e terror como atrativos em, 211, 220, 221-23, 224-25

filmes de terror, 42, 70, 208, 218, 223, 225, 228

filmes, 9, 181, 190, 193, 204, 207, 208, 211, 214, 216

   de terror, 182, 204, 211, 218, 222, 223, 225, 227

filosofia hindu, 35

fisiologia da língua, 45

fisiologia, em preferências alimentares, 33, 45, 68

Fiske, Alan, 114

Fixação de Preços pelo Mercado, 114, 116-117

Fodor, Jerry, 30

Foer, Jonathan Safran, 121

Fonte (Duchamp), 167, 169

306 | PAUL BLOOM

forças armadas americanas, 53
Fore, povo, 54
Foreman, George, 173
Fountain/After Marcel Duchamp
  (Levine), 171
Frank, Robert, 242
Free Willy 219
Freud Museum em Londres,
  122
Freud, Sigmund, 84, 90, 122,
  223, 227
Friends (programa de TV), 187,
  203
Furukawa, Stacy, 140

G
gafanhotos, 46
Gajdusek, Carleton, 54
Galileu Galilei, 253
Gandhi, Mohandas, 58, 251
Garbo, Greta, 143
Gates, Bill, 164
Gelman, Susan, 13-14, 28-29,
  32, 167
  percepção de crianças de,
    29, 32, 90-92
  teoria de investimento pa-
    rental em, 78-80, 82
  teorias culturais de, 92
  transgressões de papel se-
    xual e, 92
Gendler, Tamar, 13, 196
General, Mills, 60
Gênese, 97
Gil-White, Francisco, 28
Gladwell, Malcolm, 175

Goodstein, Joshua, 13, 218
Gopnik, Adam, 133
Gopnik, Alison, 248, 252
Gopnik, Olivia, 133
gorilas, 53
Göring, Hermann, 15-16, 142
gosto, 76
Gould, Stephen Jay, 11, 26
Gracy, John Wayne, 126
  diferenças sexuais, 30, 90-
    93, 105
  em sexualidade humana,
    80-83, 85-86
  essencialismo biológico e
    origens evolutivas de,
    77-83, 91
Grand Theft Auto (videogame),
  220
Grand Canyon Skywalk, 196,
  251
Greenwich Museum, 237
gregos, 172
"guerra de espermatozoides", 83
Guiness World Records, 177
Gyatso, Tenzin, 38

H
Haidt, Jonathan, 92, 207, 250-251
Hamlet (Shakespeare), 222
Hamlin, Kiley, 13, 225
Harris, Judith, 48
Harris, Marvin, 46, 49
Harris, Sam, 248
Harry Potter, série, 130, 192
Hatano, Giyoo, 34
Hensel, David, 172

COMO O PRAZER FUNCIONA | 307

heterozigotia, 85
Heyman, Gail, 32
hímen, refazer o, 99
Hirst, Damien, 178
histórias, *ver* ficção
Hitchens, Christopher, 249
Hitler, Adolf, 15, 126, 142, 251
Hochberg, Julian, 154
Homero, 94
homossexualidade, 76, 77, 80, 92
Hood, Bruce, 13-14, 125, 129-130, 132, 135-136, 238
Hrdy, Sara, 53
Hume, David, 134, 195, 222
humor, 103, 106, 179, 191, 193, 210, 213, 218
Hussein, Saddam, 126

I

I Am Not Spock (Nimoy), 195
I Am Spock (Nimoy), 195
Idade Média, 121
imagens realistas, 152-153
imaginação e prazeres imaginativos, 9, 10, 181-226, 229-34, 252-55
   alief experimentado em, 195-198, 214, 217-218
   apreciar virtuosidade de criadores em, 209-14
   ativação de emoção por, 9, 192-99, 202-03, 207, 214, 216-19, 221-23
   capacidade de raciocinar sobre falsa crença de outro em, 186, 199, 252-53

catarse em, 223
como ferramentas de aprendizado social, 199-201, 233
como prática para lidar com horrores da vida real, 233
confundir realidade com, 194-95
de cenários violentos e sádicos, 211, 220-23, 224-25
desenvolver gostos em, 212-14
distinguir realidade de, 182, 183-84, 190, 194, 195, 216-17, 218
dor e medo explorados em, 24, 241, 254, 255
em brincar de faz de conta, 27, 213-16, 221, 230
em crianças, 9, 183-84, 184-85, 190, 195, 216-19, 223-24, 230, 254, 255
em ficção e histórias, 9, 10, 11-12, 21, 146, 182, 190-95, 198, 199-204, 208-23, 224-25, 253, 254
em investigação científica, 253-54, 255
em sonho acordado, 181, 182, 189, 197, 208, 229-33
em videogames, 181, 182, 198-99, 220-221, 232-33
intimidade psíquica em, 203-05, 214

308 | PAUL BLOOM

metarrepresentação e, 216--21

papel religioso de, 253, 254-55

planejamento de futuro possível com, 219-21

poder de ser transportado por, 230-31, 244

segurança em, 201, 213-16, 219-21, 224, 233

tecnologia e crescente realismo para, 208-09, 232-33

teorias biológicas e evolutivas em 11-12, 184, 188--90, 199-201, 233

Inagaki, Kayoko, 34

incesto entre irmãos, 96

incesto, evitar, 93-94, 96

infanticídio, 53

insetos, 46, 49-50, 52

instinto sexual, 76, 78

International Flavors & Fragrances, 60

intimidade física, em ficção, 203-204

intolerância a lactose, 44

Introduction to Shakespeare (Johnson), 202

investimento parental, teoria do, 78-81, 82

iogurte congelado, 65

iogurte, 63

Isabel, rainha da Espanha, 53

J

Jacobs, A. J., 212

Jagger, Mick, 158

James, Clive, 203

James, William, 39, 81, 161, 191, 246

Janela indiscreta, 204

Jarudi, Izzat, 13, 175

Jogos mortais, série, 222

Johnson, Marcia, 13

Johnson, Samuel, 202

Johnson, Steven, 213

Jordan, Michael, 131

Jornada nas estrelas: A próxima geração, 120

jovem Cristo ensinando no templo, O (Van Meegeren), 16

Jovem sentada ao virginal (Vermeer), 143

judaísmo, 28-29, 56, 239

K

Kahn, Peter H., Jr., 244

Kahneman, Daniel, 238

Kass, Leon, 36, 71

Keats, John, 123, 244

Keil, Frank, 14, 31

Kelly, Ellsworth, 140

Keltner, Dacher, 249-250

Kennedy, John F., 17, 120-122, 137, 240

Kienholz, Ed, 178

King, Stephen, 225

Kleven, Deborah, 165

COMO O PRAZER FUNCIONA | 309

"kluges", 239
Koestler, Arthur, 141-142, 237-
-238
Kruger, Justin, 165
kuru, 54

L
Laços de ternura, 193, 225
Lama, Dalai 36-38, 251
latim, 61, 99
Layard, Richard, 242
Lee, Leonard, 65
Leithauser, Mark, 139
Leonard, Elmore, 208
Leslie, Alan, 190
Levine, Sherrie, 171
Levítico, 93
Levitin, Daniel, 147-148, 151
Lewontin, Richard, 11
Lieberman, Debra, 95
linguagem, 146-147, 176, 190-
-192, 197
Livro de culinária do masoquista,
69
lobos, 184
Locke, John, 24
Londres, 186
Lone Star — A estrela solitária, 94
Louisiana, Museu de Arte Mo-
derna de, 178
Louvre, Museu do, 176

M
macacos, 145, 153, 198
macacos-pregos, 120

macacos-resos, 153
macacos-verdes, 105
Malrax, André, 164
mandril, 105
Manson, Charles, 126
Manzoni, Piero, 170-171, 178
Mar, Raymond, 201
Maratona de Nova York, 174
Marcus Welby, médico, 195
Marcus, Gary, 237
Markson, Lori, 13, 163
masoquismo benigno, 70, 224,
226-228, 241
masoquismo, 9, 69-70, 225-29,
240, 241
em sonhos acordados, 182,
231, 232
masturbação, 98-99, 234
Matrix Corporation, 52
Matson, Katinka, 13
McEwan, Ian, 191
McFarlene, Todd, 17
McGinn, Colin, 204, 208
McGwire, Mark, 17, 241
mediania, atratividade física e,
84, 85, 88, 89
Meiwes, Armin, 41-43
Mekranoti, povo, 145
memorabilia de celebridades,
10, 17, 35, 119-122, 123, 124-
-26, 129, 131, 134, 137, 240
Menand, Louis, 21, 171
metarrepresentação, 185-90
micos, 145
Microsoft Flight Simulator (videogame), 220

310 | PAUL BLOOM

Miller, Geoffrey, 13-14, 103-106, 157-160, 242
Miller, William Ian, 51
Molyneux, Juan, 240
monógamia, 81
Montaigne, 196
moralidade, 71, 175
mosca das frutas, 103
mundo sem nós, O (Weisman), 199
mundos virtuais, 207, 232-233
música, 9, 12, 22, 67, 76, 144-52, 168, 174, 179, 199, 213
   ativação de emoção por, 146
   como "teste de aptidão darwiniano", 158
   como prazer exclusivamente humano, 19, 144-45
   contexto em apreciação de, 139-40, 141
   efeito da "mera exposição" em, 150
   preferências de gosto individuais em, 44, 148-52
   regra de prazer do U invertido em, 150
   teorias de prazer evolutivas e adaptacionistas em, 144-49, 159
   vínculo e solidariedade estabelecidos com, 147-48
muti, 58
mutilação genital, 100
My Bed (Emin), 167

N
Napoleão, 121, 123, 127
National Gallery, 139-140
Nature, 95
nazistas, 16
Nevins, Bruce, 62
New Age, movimento, 57
New York Times, 222
New Yorker, 187
Newman, George, 13, 124
Nimoy, Leonard, 195
NME, 54
nojo:
   preferências alimentares moldadas por, 48-52
   surgimento e desenvolvimento de, 51-52
Norton, Michael, 13, 166
Nova Guiné, 54, 157
Novo Testamento, 98
Nozick, Robert, 209
nudez representada, 153
"numinoso", 249
Nureyev, Rudolf, 178
Nussbaum, Martha, 201
Nuttall, A. D., 188

O
Oates, Joyce Carol, 122
Oatley, Keith, 201
Obama, Barack, 29, 121, 124, 126
obesidade, 235
objetos de estimação, 9, 10, 134-37, 238, 241
objetos sentimentais, 20, 108

COMO O PRAZER FUNCIONA | 311

obras de arte, 9, 10, 12, 15-17, 19, 37, 38, 76, 134, 153, 179, 212, 247, 252
contágio positivo em apreciação de, 156, 164, 169
contexto em apreciação de, 62, 167-69, 170, 243
demonstrações de feiura em, 178
e prazer em demonstração de virtuosidade, 134, 161-62, 164-65, 166, 170, 174, 179, 209, 213, 241
efeito da "mera exposição" em apreciação de, 150
elevar o status de, 156
em "testes de aptidão darwinianos", 153, 157
esforço percebido em apreciação de, 165-66
esnobismo em apreciação de, 141, 142, 144
esportes versus, 173-74, 176
falsificação de, 16, 129, 141, 142-45, 164, 173, 174, 238
modernas, 151,171, 235, 243
origens e história em apreciação de, 16-17, 108, 141-44, 162-71
originais como tendo valor especial, 17, 108, 141-42, 164, 238
teoria da seleção sexual para origem de, 156-60
teoria de sinalização em compra de, 60, 164

teoria do desempenho para definição de, 166-72
veja também pinturas
Odisseia (Homero), 73
Olmstead, Marla, 166
Onde vivem os monstros (Sendak), 57
One (Number 31, 1950) (Pollock), 164-165
One Day Closer to Paradise (Hensel), 172
opiáceos, 70, 227
Opie, Peter e Iona, 247
orgasmo feminino, 76

P
padrastos, 96
Papua Nova Guiné, 54
"paradoxo do horror", 222
Paranoia, 204
Parker, Dorothy, 81
Partilha Comunitária, 114, 116
Páscoa judaica, 254
pássaro-arquiteto, 157-158
pavões, 78, 102-103, 159
Pepsi, 63, 67
Perrier, 61-62, 67-69
perus, 86
Piaget, Jean, 30
Picasso, Pablo, 129, 141, 158-160
Pinker, Steven, 13, 19, 107, 146, 201
pinturas, 10, 15-17, 21, 38, 155--58, 212, 213
contexto em apreciação de, 140, 141

criadas por animais, 168
efeito da "mera exposição"
em apreciação de, 16-17,
108, 141-44, 162-72
intenção criativa em apreciação de, 167-70
veja também obras de arte
Pitt, Brad, 202
Pittsburg, Universidade de, 89
placentas, ingestão de, 57
planejamento de futuro, 187-90
Platão, 225
Playboy, 88
poligamia, 82, 83
Pollan, Michael, 60
Pollock, Jackson, 153, 164-166, 170
Popper, Karl, 188
Por que o sexo é divertido? (Diamond), 80
pornografia, 11, 21, 81, 109, 153, 222
Powers, Richard, 122
prazer transcendente, 12, 39, 245-48, 249, 255
prazeres com comida, 9-10, 19, 20, 21, 22, 41-72, 151, 161, 242
canibalismo e, 36, 41-43, 45, 49-50, 51, 52-58, 62, 71, 238-39
diferenças preferenciais em, 43-52, 59-60, 63
e aversões, 46, 47, 49-52, 70
em produtos naturais e puros, 59-61, 62, 67, 72

essencialismo de força da vida em, 36, 42-43, 53--58, 239
experiência pessoal e observação na formação de, 47-49, 52
moralidade em, 71
papel biológico em, 43-44
percepção de gosto alterado por crenças em, 62-69
regra do U invertido de, 150, 152
superdegustadores e, 45
teoria de sinalização de, 60-62
teorias culturais de, 45-49, 50-51, 72
violações de etiqueta e, 70-72
prazeres humanos, 18, 22
autoconsciência de, 68-69
capacidade de desassociar escolhas de, 68
como subproduto de mentalidade essencialista, 23, 38, 67-68
e contato com transcendente, 12, 39, 245-48, 249, 250
efeito da "mera exposição" em, 88-89, 150, 155-56
em acontecimentos trágicos, 203-04

em arte e desempenho, *veja* obras de arte; valorização de desempenho

em demonstrações de virtuosidade, 134, 161-62, 164-65, 166, 170, 174, 178, 179, 209-14, 242

em desempenho, *veja* valorização de desempenho

em dor, 9, 69-70, 208, 220, 223, 226-29, 231, 232, 241, 242

em imagens visuais, 76, 109, 141-44, 152-56, 157, 253; *veja também* obras de arte; pinturas

em imaginação, *veja* imaginação e prazeres imaginativos

em música e dança, 19, 144- -52

em natureza e pureza, 59- -60, 87, 243-44

em objetos corriqueiros, *veja* valorização de objetos

em religião e espiritualidade, 9, 10, 12, 245-47

em respostas emocionais de assombro, 245, 249-52

em sexo, *veja* sexualidade e prazeres sexuais

exclusivos de nossa espécie, 9, 19, 20, 144-46, 225

formas acidentais de, 11, 77, 146, 201, 252

masoquismo e, 9, 69-70, 182, 225-27, 231, 232, 241, 242

na busca da essência de coisas, 244-49, 251, 255

profundidade de, 10, 11, 12, 39-40, 72, 110, 144, 147, 242

proveniente de dor, 71-72

regra do U invertido de, 150, 152

teoria da sinalização em, 60-61, 71, 103-04, 156

teorias culturais e sociais de, 20-23, 45-49, 51-52, 77, 151-52

teorias evolutivas de função de, 18-22

tipos imorais de, 241

prazeres visuais, 76, 141-45, 152- -56, 157, 253

estética experimental de, 152

imagens realistas preferidas em, 152-54

veja também obras de arte; pinturas

Procter & Gamble, 239

prostituição, 81

punição altruísta, 227

Q

"que o dinheiro pode comprar, O" (Walzer), 111

314 | PAUL BLOOM

R

raça, 28, 30

raiva ao volante, 236

Rape Lay (videogame), 220

ratos, 19, 46-48, 186, 237

reações sublimes, 250

Real World, The (programa de TV), 205

reality shows, 22

religião, 9, 10, 12, 19, 35, 37-38, 149, 156, 248, 253

   canibalismo em, 56

   contactar o transcendente em, 39, 245-47

   papel da imaginação em, 253, 254-55

   virgindade feminina em, 97-98

Rembrandt van Rijn, 141-142, 170-171

Renoir, Pierre-Auguste, 158

república, A (Platão), 225

Richards, Keith, 54

Rijkmuseum, 141

risadas gravadas, 212-213

rituais, 35, 55, 245-48, 254

   canibalismo em, 55, 56

   em etiqueta ao comer, 70

Robinson, Ken, 225

Rocker, John, 26

Rodin, Auguste, 18

Rolling Stone, 176

Rolling Stones, 18

Romanes, George, 19

Ronda noturna, A (Rembrandt), 141

Rose, Carol, 13

Rowling, J. K., 192, 195

Royal Academy of Arts (Londres), 172

Rozin, Paul, 12-14, 44, 50, 59, 70, 126, 155, 196, 226

Rubin, Gretchen, 35

Ruiz, Rosie, 174

Ruskin, John, 200

S

sadomasoquismo, 228-229

saguis, 145

Salinger, J. D., 23

Sam Adams, 65

Samet, Ko, 188

Santo Graal, 195

Santos, Laurie, 13-14, 120

Sapolsky, Robert, 150

Sayles, John, 94

Second Life, 233

seleção natural, 19-21, 76, 78, 102, 127, 239

   veja também teorias evolutivas

"selecionador sensual", 222

Sendak, Maurice, 57

sexo oral, 98

Sexta-Feira 13, 222, 227

sexualidade e prazeres sexuais, 10, 82, 86-87, 106, 108, 153

   amor romântico em, 77, 106-09

   atração física em, 84-89, 102, 106, 152, 176

COMO O PRAZER FUNCIONA | 315

de origens de arte e música, 156-60
definir "relações sexuais" em, 98-99
diferenças sexuais em, 77-84, 85-86, 105
efeito da "mera exposição" em, 88-90
em pornografia, 11, 20, 80, 109, 153, 182
enganos na cama e, 73-97, 109, 191
essencialismo de categoria em, 90-100, 238
evitar incesto em, 93-97
fetiches em, 76, 87-88
hábitos reprodutivos de animais e, 75-79, 80, 86, 102-03, 106, 157, 159
história pessoal e, 77
importância da virgindade feminina em, 9, 97-100, 238, 242
masoquismo em, 9, 228, 229, 240
natureza essencialista do desejo romântico e sexual em, 75, 87, 106-10, 132
teoria da seleção sexual de, 82-83, 102-06, 107, 156-60
teoria da seleção sexual, 82, 102-06, 107
teoria do investimento parental em, 78-81, 82

teorias evolutivas de, 75-84, 88, 93, 97, 99, 102-06
Shakespeare, William, 73, 110, 121, 202, 231
Shakur, Tupac, 120
Sharkey, Lorelei, 98-99
Shaw, George Bernard, 107
Shelley, Percy Bysshe, 123
simetria, em atratividade física, 78, 84, 88, 90, 102, 152
Simpson, O. J., 202-203
Sims, The (videogame), 220
sinalizar que é caro, 103
síndrome de Capgras, 110
Singer, Isaac Bashevis, 108, 110, 122
Singer, Peter, 242
Slate, 98
Smith, Ewart E., 52
Smith, John Maynard, 103
Smith, Suzan, 202
Smith, Zadie, 122
Sobel, David, 13, 218
sonho acordado, 232-233
masoquista, 228-229, 231, 240-241
ponto fraco de, 231
Sontag, Susan, 122
sorrir, 89
sorvete, 63, 65
Sotheby's, 143
Spears, Britney, 121
Spielberg, Steven, 231
Sports Illustrated, 176
Stalin, Joseph, 251

316 | PAUL BLOOM

Stradivari, Antonio, 139
Styron, William, 160
suco de laranja, 63
superdegustadores, 45
Supersentido (Hood), 125
Suprema Corte de Justiça, 239
Survivor (programa de TV), 205
Symphony Hall (Boston), 139

T
tabus de dinheiro, 113-17
Tafjel, Henri, 27
Tailândia, 188
Taiwan, 94
Tanzânia, 58
Tate Gallery, 167, 170-171
Taylor, Emma, 98-99
Taylor, Marjorie, 14, 91, 230
teledildonics, 109
televisão, 9, 21, 57, 181, 182, 191, 194, 195, 203, 204, 235
   desenvolver programação em, 212-13
teoria da autopercepção, 119
teoria da sinalização, 61
   em preferências alimentares, 61-62
   em seleção sexual, 104-105
teorias adaptacionistas, 11, 19, 20, 23, 27, 76, 78, 83, 88, 106, 182
   de capacidade de imaginação e prazeres, 187-90, 199-201
   de prazer com música, 146--49

de respostas emocionais do assombro, 250-51
estética, experimental, 152
   teorias evolutivas versus, 11
teorias culturais, 46, 78
   de prazer sexual, 75
   de preferências alimentares, 92
   evolução versus, 11
teorias de socialização, 33
   de diferenças sexuais, 92
   de preferências alimentares, 45-49, 51-52
   de preferências de gosto musical, 151-52
   e evitar incesto, 93-97
   evolutivas versus, 20-23
   veja também teorias culturais
teorias evolutivas, 11-12, 53, 67, 102, 126, 176, 199, 235-37, 238
   de apreciação de música, 144-49, 158
   de capacidade de imaginação e prazer, 11-12, 188--90, 199-201, 233
   de diferenças sexuais, 77--84
   de função do prazer, 18-23
   de origens e apreciação de arte, 156-61
   de prazer sexual e reprodução, 75-84, 88, 94, 97, 99, 102-106
   de respostas emocionais de assombro, 250-51

COMO O PRAZER FUNCIONA | 317

de seleção sexual, 82-83, 94,
102-05, 106, 156-60
preferências alimentares
e, 43-44
teorias adaptacionistas
versus, 11
teorias culturais e sociais
versus, 20-22
veja também teorias adaptacionistas
teste com PROP, 45
testes cegos de sabor, 62
Tetlock, Philip, 112, 117
textos hindus, 190
Thomas, Sonya "A Viúva Negra", 178
tímpanos, 11
Tooby, John, 95
tortura em pornografia, 222
tragédia, prazer em, 202-03,
221, 222, 223
Traídos pelo desejo, 74, 191
Trainspotting — Sem limites, 192
tramas universais, 190
transações, 111-17
transplante de órgão, 36
trapacear, 174
treinamento para usar o vaso
sanitário, 51
Trivers, Robert, 78-79
"trocas tabus", 112, 116
Tubarão, 146, 193, 198-199
Tudo que é ruim é bom pra você
(Johnson), 213

Turgenev, Ivan, 200
TV Dinners (série britânica), 57
Tversky, Amos, 238
Tylor, Edward Burnett, 245

U

U invertido, regra de prazer do,
80, 150, 152
Updike, John, 122

V

vacas, 46-47
vale-presente, 115
valorização de desempenho,
10, 139-179
contexto em apreciação de,
139-41, 144
e prazer em demonstrações
de virtuosidade, 134,
161-62, 164-65, 166, 170,
174-75, 178, 179, 209, 213
em demonstrações feias e
paradoxais, 178-79
em esportes, 172-76, 177, 179
esforço percebido em, 165-
-66
esnobismo em, 141, 142
essencialismo biológico e,
158-59, 160-61
intenção criativa em, 162-
-63, 167-69, 170, 243
origens e história como fatores em, 16-17, 141-44,
162-72, 179

originalidade e exclusividade como fatores em, 172-73
prazer visual e, 152-54, 155
regra de prazer do U invertido em, 150, 155-56
teoria dos "testes de aptidão darwinianos" e, 156-61, 177-78, 179
teoria para definir arte em, 167-72
trapacear e, 174-76
veja também obras de arte; música; pinturas
valorização de objetos, 10, 23, 108, 111-37
antropomorfismo em, 135
apego sentimental em, 17, 19, 108, 116, 123, 137, 238
capacidade de raciocinar sobre indivíduos em, 126-29
contato especial e contágio positivo em, 35-36, 119-22, 123-27, 129, 131, 134, 137, 156, 164, 169, 239
contato negativo e, 125-26
de memorabilia de celebridades, 10, 17, 35, 119-22, 123, 124-26, 130, 131, 134, 137, 240
efeito dotação em, 118-19
essencialismo de força da vida em, 34-35, 123-26, 137, 164, 169, 237, 247

história e origens em, 17-18, 113, 119-27, 130-32, 137, 237, 239, 240
história pessoal em, 117-20, 123
irracionalidade percebida de, 237-242
lado imoral de, 242
objetos "transicionais" ou de estimação em, 9, 10, 135-37, 238, 241, 254-55
por crianças, 9, 108, 113, 119, 126-32, 135-37, 238, 240, 254-55
rituais religiosos e, 35, 37-38, 56, 247
tabus de dinheiro e trocas em, 111-17
veja também obras de arte; pinturas
van Meegeren, Han, 15-16, 109, 142-143, 166
Vanilli, Milli, 174
variedades da experiência religiosa, As (James), 246
vasectomias, 105
Veblen, Thorstein, 60
vegetarianismo, 58-59
Vermeer, Johannes, 15-17, 109, 142-143
Viagra, 58
videogames, 22, 178, 181, 198, 220
vinho branco, 64

COMO O PRAZER FUNCIONA | 319

vinho tinto, 41, 64
vinho, 45, 63-64, 66
virgindade feminina, 99, 242
virgindade, 97-100, 242
von der Lippe, Angela, 13, 14
Vonnegut, Kurt, 145

W

Wallace, David Foster, 122
Walzer, Michael, 111
Warhol, Andy, 169
Washington Post, 139
Washington, atiradores em, 202
Wedgwood, Emma, 102, 189
Weinberg, Steven, 246
Weingarten, Gene, 139-140
Weisberg, Deena Skolnick, 13--14, 216, 218
West, Fred e Rosemary, 125
Westermarck, Edward, 95
"Where the Hell is Matt?" (vídeo no YouTube), 148

Wilson, E. O., 236
Winger, Debra, 193
Winnicott, Donald, 135, 254-255
World of Warcraft, 233
Wright, Richard, 208
Wynn, Karen, 13-14, 128, 227

Y

Yale, Universidade de, 13, 31, 114, 124, 169
Yankee Stadium, 176
Yenawine, Philip, 164-165
Young, Robert, 195
YouTube, 148
Yutang, Lin, 198

Z

Zodíaco, 194
Zunshine, Lisa, 14, 187, 199-200

Este livro foi composto na tipografia Palatino
LT Std, em corpo 10,5/15, e impresso em papel
off-white no Sistema Cameron da Divisão
Gráfica da Distribuidora Record.